鏡映反転

高野陽太郎
Yohtaro Takano

鏡映反転

紀元前からの難問を解く

岩波書店

はじめに

鏡に映ると左右が反対に見えるのは、なぜなのだろう？　上下は反対に見えないのに、なぜ左右だけが反対に見えるのだろう？

この疑問は、古来、数知れぬひとびとの頭をよぎってきたにちがいない。私たちはみな、毎日のように鏡を見ている。「左右が反対に見える」という経験も、毎日のようにしている。これほど身近な現象で、しかも、ただ「左右が反対に見える」というだけのことなのだから、「とうの昔に説明がついているはずだ」と思うのが普通だろう。

ところが、じつは、これがたいへんな難問なのである。いまから二〇〇〇年以上も前、紀元前四世紀に、哲学者のプラトンがすでにこの問題を論じている。以来、古代ローマの哲学者ルクレティウスをはじめとして、数多くのひとびとが「なぜ左右が反対に見えるのか」を論じてきた。現代の学者たち（哲学者、物理学者、数学者、心理学者……）も、それぞれに説明を試みている。そうした人たちのなかにはノーベル物理学賞の受賞者もいる。

にもかかわらず、この問題には、いまだに定説がないのである。

科学読みものには、よく「鏡のなかで左右が反対に見える理由」についての説明がのっている。しかし、その説明は、それを書いている人が正しいと思っている説明ではあっても、決して「万人が認めた定説」ではない。どの説明にも、いろいろな批判があり、その批判は克服されてはいないのである。

この本の目標は、「鏡映反転」という、紀元前からのこの難問を解決することである。

鏡に映ると左右が反対に見えるのは、なぜなのだろう？

このお馴染みの問からも分かるとおり、ふつうは、鏡映反転は、「左右が反対に見えることだ」と思われている。これまでに提案されてきたさまざまな説も、なぜ左右が反対に見えるのかを説明しようとしてきた。

ところが、じっさいには、「鏡に映ると、いつも左右が反対に見える」というわけではないのである。ふつうは「上下は反対に見えない」といわれているが、その「上下が反対に見えて、左右は反対には見えない」という場合もある。「上下も左右も、両方とも反対に見える」という場合もある。「どちらも反対には見えない」という場合もある。「反対に見えるのか見えないのか、よくわからない」という場合すらある。

鏡映反転は、じつは、「左右が反対に見える」という単純な現象ではなくて、かなり複雑な現象なのである。鏡映反転を説明するためには、その複雑な現象を全部、矛盾なく説明しなくてはならない。たとえば、「鏡に映ると、かならず左右が反対に見える」ということになってしまうような説明は、「左右が反対に見えない」という場合が説明できない以上、正しい説明とはいえないのである。

この本では、まず、「鏡映反転」という現象がどういう現象なのか、目で見て確認する。その上で、これまでに提案されてきたさまざまな説を紹介する。どの説についても、だれもが直観的に納得できそうな事実のうち、何が説明できて、何が説明できないのかを調べてみる。そうすると、どの説の場合もかならず、「説明できない事実がいくつもある」ということが分かってくる。つまり、どれも、ほんとうに正しい説明とはいえないのである。

そこで、「だれもが直観的に納得できそうな事実」を残らず、どれも矛盾なく説明する方法を考えてみる。そこで考えだした独自の説明方法が、ほんとうに正しい説明なのかどうかを見きわめるために、実験をしてみる。

「実験の話が出てくるのでは読みにくそうだ」と思うかもしれないが、それは杞憂である。「実験」とはいっても、脳波計やｆＭＲＩ（機能核磁気共鳴断層装置）のような複雑な機械を使うわけではないし、膨大な数値を込み入った統計的手法で分析するわけでもない。

この本に出てくる実験というのは、何かを鏡に映して見せ、「左右が反対になっていると思いますか？」と尋ねて、何パーセントのひとが「はい」と答えたのかを調べる、というような実験である。こんなシンプルな実験でも、鏡に何をどういうふうに映すのか、工夫をすれば、そのひとの頭のなかで何が起こっているのか、かなり正確に推察することができる。これが心理学実験の醍醐味でもあるのだが、まあ、それはともかくとして、実験の話が出てくるからといって、そのせいで読みにくくなるという心配はないわけである。

この本では、その独自の説明だけではなく、ほかのいろいろな学説についても、実験結果に照らして、正しいかどうかを調べてみる。

人間の想像力は限られているので、鏡像の見えかたを言葉で説明されただけでは、じっさいに鏡像がどう見えるのか、うまく想像できないことも多い。しかし、鏡像が目の前にあれば、「百聞は一見に如かず」で、鏡像がどう見えるのかは、ひと目で分かる。その見えかたが特定の説明と矛盾するのかしないのかも、判断がつけやすくなる。そこで、この本では、写真や図をふんだんに使って説明をすることにした。

この本の内容を理解するためには、専門的な知識は必要ない。鏡の光学的な性質については、初歩的な知識は必要だが、それは小中学校で習う程度のものだし、この本のなかでも、わかりやすく解説する。心理学の研究成果を論拠として引用することもあるが、それは、直観的にも納得できる話について、科学的な裏づけがあることを示すだけである。本文を丁寧にたどっていけば、この本の内容は、とくに苦労することもなく、すんなり理解できるのではないかと思う。

「鏡に映ると、なぜ左右が反対に見えるのか、なぜ上下が反対に見える場合もあるのか……」といった疑問については、この本を読んでいただければ、かならず解答が見つかるはずである。その解答以外のいろいろな学説がどういう点で間違っているのかについても、できるだけ多くの読者に納得していただけるように説明をする。

しかし、そうした説明は、納得がいくところまでやろうとすると、どうしても複雑な議論になってしまう。また、ここで紹介する解答に向けられた批判についても、どこがどう間違っているのかを明らかにしなければならないが、これもまた複雑な議論になってしまう。そうした複雑な議論を全部入れると、分厚い専門書になってしまって、「鏡に映るとなぜ左右が反対に見えるのか、それだけを知りたい」という読者には、手にとっていただくのが難しくなってしまう。

そこで、そういった議論は、全部「附章」として、この本からは切り離し、ＰＤＦファイルとして岩波書店のホームページからダウンロードできるようにした。ダウンロードは無料なので、複雑な議論にも興味があるという読者は、是非、そちらにも目を通していただきたい。「複雑な議論」とはいっても、専門的な知識を必要とするわけではないので、腰を据えてじっくり取り組んでいただければ、正確に理解することは、かならずしも困難ではないと思う。ダウンロード・サイトのＵＲＬは以下の通りである。

http://iwnm.jp/005248m

このサイトからは、もうひとつ、「図表ファイル（本論）」も無料でダウンロードすることができる。「図表ファイル（本論）」には、この本に掲載した図表と写真がすべて収録されている。本文で引用されている順に出てくるが、繰り返し引用されている図表や写真は、本文で引用されるたびに、繰り返し出てくる。

本の場合は、ずっと前に掲載されていた図表や写真が再び引用されたときには、ページをめくって、その図表や写真を探し出さなければならない。しかし、「図表ファイル（本論）」をダウンロードして、ディスプレイに表示しながらこの本を読んでいけば、順にスクロールしていくだけで、前のページに戻ったりせずに、図表や写真を参照しながら本文を読み進めることができる。是非、活用していただきたい。

「鏡に映ると、上下は反対に見えないのに、なぜ左右は反対に見えるのだろう？」という疑問を一度でも抱いたことのある読者なら、この本に出てくる写真や議論には、おおいに興味をそそられるにちがいない。一方、「鏡映反転という現象には関心がない」という読者にも、「知的なパズルとしては、これほど面白い問題は滅多にない」と感じていただけるのではないかと思う。面白いだけではない。鏡映反転の問題は、専門的な知識なしに、科学研究の最前線に立つ醍醐味を味わうことのできる希有な問題なのである。好奇心に溢れた中高生から、科学者、ビジネスマン、学校の先生にいたるまで、多くの読者に知的な刺戟を味わっていただくことができれば本懐である。

さて、それでは、いよいよ、古代からの難問をめぐる探検に乗り出すことにしよう。

目次

第1章　鏡の中のミステリー

1　鏡映反転

鏡のなかでは、なぜ左右が反対に見えるのだろう？

この古代からの難問に挑戦するための準備段階として、まず、「鏡映反転」という現象を目で見て、ほんとうに「左右が反対に見える」ことを確認しておくことにしよう。

床屋や美容院で鏡の前に座ったとき、その鏡のなかに、うしろの壁にかかっている時計が映っている――そんな場面を思い出してみよう。鏡に映った時計の文字盤は、図1-1のように見える。

文字盤の文字は、どれも左右が逆になっている。たとえば、「10」という文字の「1」は、普通は「0」の左にあるが、鏡に映った「10」の場合は、左ではなく、右にある。「3」時は、普通は文字盤の右端にあるが、鏡に映った「3」時は、右端ではなく、左端にある。残念ながら写真ではわからないが、時計の秒針も、時計まわり(右まわり)ではなく、反時計まわり(左まわり)に動いている。たしかに、鏡のなかでは、すべてが左右反対になっている。

一方、上下は、反対にはなっていない。鏡に映った文字盤のなかでは、左右が反対になった「12」は、左右が反対になった「6」の真上に位置している。左右が反対になった「5」の横棒は、丸い部分の上にある。文字盤をじかに見た場合とすこしも変わっていない。たしかに、鏡に映っても、上下は反対には見えないのである。

つぎに、図1-2を見てみよう。鏡のほうを向いている園児は、右手で敬礼をしている。しかし、鏡に映った園児は、左手で敬礼をしている。やはり、左右が反対になっている。しかし、上下は反対になっていない。鏡に映った園児は、足を上にして、逆さにぶら下がっているようには見えない。この場合もやはり、鏡に映ったとき、左右は反対に見えるが、上下は反対に見えないということが確認できる。

2　即席の説明

「鏡に映ると左右が反対に見える」ということは、だれもが知っている。ごく単純なことに思えるの

図1-1　鏡に映った時計

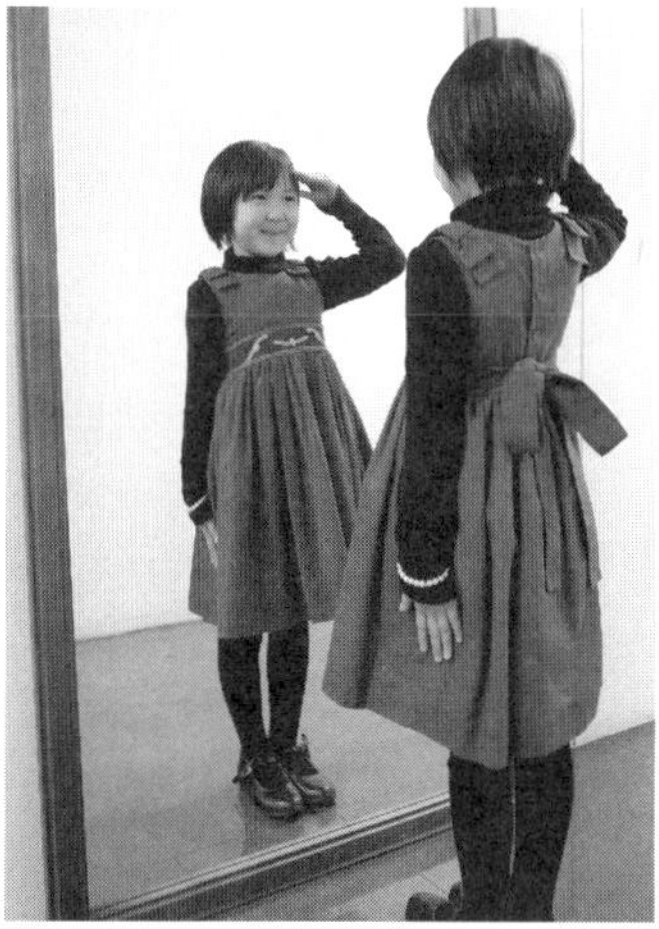

図1-2　鏡に映った人

で、なぜそうなるのかは、ちょっと考えてみれば、すぐにわかりそうな気がする。じっさい、鏡映反転の話をすると、たいがいのひとが、すぐにその場で答をひねりだそうとする。

朝永振一郎のエッセイにも、そんな話がでてくる。朝永は、量子力学の研究で名高い理論物理学者である。一九六五年、湯川秀樹に次いで、日本で二番目のノーベル賞受賞者になった。朝永はエッセイストとしても知られているが、数多いエッセイのなかに、「鏡の中の世界」という小文［朝永 一九六三／一九九七］がある。そこには、鏡映反転がおこる理由について、理化学研究所の物理学者たちが即席の説明を出しあって議論した様子が描かれている。

いろいろな説が出てきたようで、そのなかには、たとえば、「左右が逆になるのは、人間の目が横に二つついているからではないか」というような説もあったという。この説には、「片目をつぶっても、左右はやはり反対に見えるではないか」という反論が出てきて、すぐに葬り去られてしまったそうである。

もっとも、片目をつぶってみなくても、この説がおかしいことは、すぐに分かる。もし、「人間の目が横に二つついていること」が「左右が反対に見えること」の原因だとしたら、鏡像にかぎらず、あらゆるものが左右反対に見えるはずだからである。もちろん、じっさいには、実物は左右反対には見えない。鏡映反転の正しい説明は、鏡像の見えかたと実物の見えかたの違いも説明できなければならないわけである。

「なぜ左右が反対に見えるか」ではなく、「なぜ上下は反対に見えないか」を説明しようとして、つぎのような議論が出てきたという。

幾何光学によれば、鏡の前に立った人の顔のところから鏡に向って引いた垂線の延長上には顔がうつり、足のところから引いた垂線の延長上には足がうつり、決して顔の向うに足がうつり、足の向うに顔がうつることはない。だから、上と下とが逆になることはない。〔朝永 一九六三／一九九七：七〜八頁〕

この議論にたいしては、ただちに、「それなら、左右も反対にならないはずだ」という反論が出た。

幾何光学によれば、鏡の前に立った人の右手のところから鏡に向って引いた垂線の延長上には右手がうつり、左手のところから引いた垂線の延長上には左手がうつり、決して右手の向うに左手がうつり、左手の向うに右手がうつることはない。だから、その論法だと、右と左とが逆になるということはないはずだという結論になる。〔上掲書八頁〕

「重力場の存在が空間の上下の次元を絶対的なものにしているからという説」も出てきたという。詳しくは説明されていないが、おそらく、「上下の次元は絶対的なものだから、反対にはならないのだ」という議論なのだろう。朝永は、この議論について、こう述べている。

……重力場と光線の進路との間には何の関係もないだろう。そうすれば、この上下の絶対性は、物

理空間の中にあるわけではなく、むしろ心理的空間の性質であろう。［上掲書八頁］

結局、このときの議論では、だれもが納得するような説明はみつからず、朝永は、この話の終わりを、「何かもっと一刀両断、ずばりとした説明があるのか、数学セミナーの読者諸兄に教えていただきたい」と結んでいる(このエッセイは、はじめ、『数学セミナー』という雑誌に掲載された)。

3　古代の学説

イギリスに、リチャード・グレゴリー(Richard L. Gregory)という高名な心理学者がいた。二〇一〇年に亡くなったが、視覚研究の分野では、世界的な権威のひとりだった。グレゴリーは、鏡映反転について独自の説明を提案しており、その説明(物理的回転説)については、第2章と第6章、および、附章A(無料ダウンロード資料)でくわしく検討することになるが、それはさておき、このひとには、鏡映反転だけではなく、鏡にまつわるさまざまな話題を満載した『心の中の鏡』［Gregory 1997: 邦題『鏡という謎』］という著書がある。

プラトンの説明

この著書のなかで、グレゴリーは、鏡映反転の最初の説明として、古代ギリシャの哲学者プラトンが遺した『ティマイオス』という対話篇の一節を紹介している。それはつぎのような説明である(なお、この説明に出てくる「火」というのは、ものを燃やさない弱い火、つまり、光のことである。また、プラトンは、目から出る光と対象から来る光が衝突することによって視覚が生じると考えていたらしい。今日の科学的知識に照らしてみれば、むろん、これは正しくない)。

左側が右側に見えるのは、衝突の常則〔鏡を介さないで、対象を直視する場合の、内外の火の衝突の常則〕に反して、視覚の、いつもとは反対の部分に、〔見られる対象の〕反対の部分との接触が起こるからです。〔種山恭子訳『ティマイオス』六八頁、〔 〕内は訳者による補足〕

このプラトンの記述では、対象を直接見る場合とくらべたとき、鏡像を見る場合には、なぜ「反対の部分との接触が起こる」のか、その理由が説明されていない。現代の科学者なら、「説明の肝心な部分が抜けている」と感じるだろう。また、視覚についての理解がまちがっている以上、視覚の現象である鏡映反転の説明も、正しいはずはない。いずれにしても、プラトンの説明は、科学的な説明としての価値は薄いといわざるをえない。

しかし、鏡映反転がおこる理由について、古代からひとびとが頭をひねってきたらしいということは、プラトンの記述からはっきりと窺い知ることができる。プラトンの『ティマイオス』は、紀元前四世紀の著作である。

おそらく、ほかの古代文明のひとびとも、この問題について議論を交わしていたのではないかと思うが、現在のところ、そうした資料は、すくなくとも鏡映反転の問題を論じている学者のあいだでは知られていない。あるいは、印度哲学や中国哲学を専門とする学者のあいだでは知られているのかもしれない。読者諸兄のなかに、そうした資料をご存じの方がおいでなら、是非、ご教示いただきたいものである。

ルクレティウスの説明

グレゴリーは、『心の中の鏡』のなかで、ルクレティウスの説明も紹介している。ルクレティウスは、共和制時代のローマを代表する詩人・哲学者のひとりで、紀元前一世紀に活躍した人物である。ルクレティウスの説明は、グレゴリーによれば、大略、つぎのような主旨の説明である。

石膏で仮面を作ったとする。石膏が乾かないうちに、その凹凸を逆にすることができたとする。例えば、こちらに突き出ていた鼻は、今度は向こう側に突き出ていることになる。そうすると、はじめは右眼だったものは左眼となり、はじめは左眼だったものは右眼となる。こうして左右が反対になるのである。［鳥居修晃他訳『鏡という謎』一〇九頁による］

「凹凸を逆にする」ことによって人体の前と後ろを反転させるというのは、おそらく、鏡に映ると前後が反転するという(つぎの節で詳述する)光学的な原理を念頭においた話なのだろう。その点では、ルクレティウスのこの説明は、鏡映反転の重要な側面を捉えていることになる。

しかし、この説明では、鏡映反転のすべてを理解することはできない。たとえば、紙に書いた文字も鏡のなかでは左右が反対に見えるが、文字は二次元の(平面的な)パターンなので、「凹凸を逆にする」ことはできない。「凹凸を逆にする」という方法では、文字の鏡映反転は説明できないのである。

このように、鏡映反転が起こる理由については、古代から、いろいろな議論がなされてきたらしいということが分かる。しかし、そうした議論によって、鏡映反転の理由が解明されたわけではない。謎は現代にまで持ち越されたのである。

4　鏡の光学的な性質

鏡による反転と非反転

鏡映反転の理由を解明するためには、まず、なによりも鏡の光学的な性質を正しく理解しておく必要がある。

学者たちのなかには、「鏡は、「上下は反転しないが左右は反転する」という光学的な性質をもっているのだ」と主張するひともいることはいるのだが[Haig 1993]、この主張は間違っている。どこがどう間違っているのかについては、附章A(無料ダウンロード資料)で詳しく説明するが、こうしたわずかな例外を除けば、鏡映反転を論じている学者たちのあいだでは、鏡の光学的な作用については、共通の理解が存在するのである。「鏡はその表面に垂直な方向だけを反転する」という理解である。

鏡に「正対」している(向かいあっている)ときには、前後方向が鏡面と垂直になる。鏡面と垂直な方向が反転するのだから、この場合は前後が反転することになる。左右方向と上下方向は鏡面と平行である。

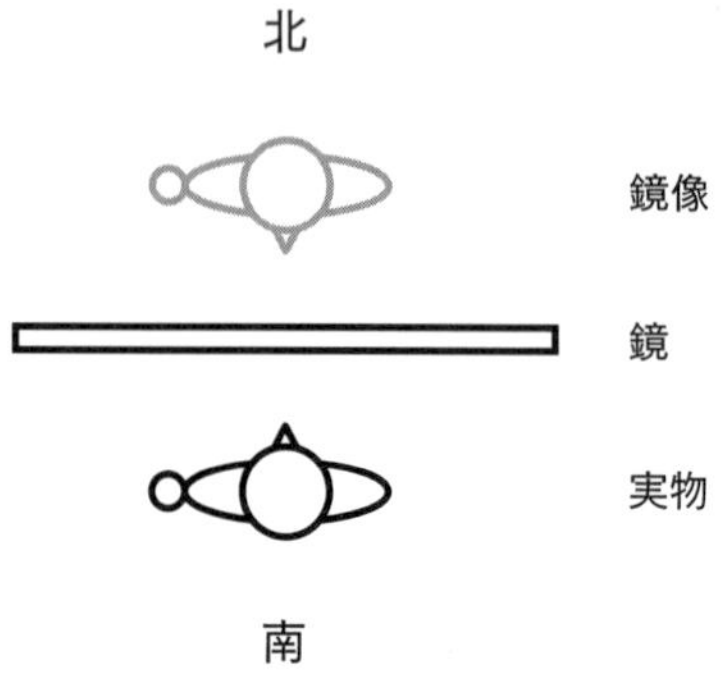

図 1-3　鏡に正対した人とその鏡像

したがって、左右と上下は反転しない。

図1－3は、鏡に正対している人物を上から見たところである。鏡に向かったときには、こんなふうに、鏡をはさんで、実物と鏡像が向かいあっているように見える。もちろん、鏡像はこの位置に物理的に存在するわけではないが、鏡を見ているひとには、この位置にあるように見える。この図で、実物の左についている丸印は、左腕の手首に巻いた腕時計だということにしよう。

理化学研究所での議論にも出てきたように、実物の頭は、鏡のなかでは、その真向かいに映り、足元に映ることはない。実物の足も、その真向かいに映り、顔の正面に映ることはない。つまり、上下は反対にならない。

同様に、実物の左手は、鏡のなかでは、その真向かいに映り、実物の右手も、やはりその真向かいに映る。図1－3を見ると、実物の左手がつけている腕時計は、その真向かい、すなわち、左側に映っている。上下だけではなく、左右も反対にはならないのである。このことは、じっさいに鏡に向かってみれば、すぐに確認することができる。

前後が反転していることは、指摘されるまで、それと気づかないことも多い。鏡映反転の解説のなかには、よく「前後は光学的に反転しているのだ」という話が出てくる。わざわざ解説をしなければならないほど、前後反転には気づきにくいのである(このことについては、第5章でくわしく述べる)。

しかし、前後は、まちがいなく反転している。図1－3では、実物は鏡像のほうを向いているが、鏡像は実物のほうを向いている。実物が北を向いているとすれば、鏡像は南を向いている。「前」にあたる方向が、実物と鏡像では反対になっているのである。つまり、前後が反転していることになる。

もし、前後が反転しないのであれば、鏡に向かったときには、図1－4のような鏡像が見えるはずである。この絵は、シュルレアリスムの画家ルネ・マグリットの「複製禁止(エドワード・ジェームスの肖像)」という作品である。鏡に向かっている人物の後ろ姿が鏡のなかにも映っている。もちろん、じっさいにはこんなふうに見えることはない。前後が反転するので、鏡のなかには、こちらを向いた人物が見えるのである。

図1-4　ルネ・マグリット「複製禁止」［Haddad 1996］

奥行き方向の反転

鏡面に垂直な奥行き方向(鏡に正対しているときには、前後方向)が反転するというのは、むろん、人の鏡像に限ってのことではない。あらゆる鏡像にあてはまる普遍的な性質である。図1－5を見てみよう。手前に湯呑みが置いてあり、その向こうにバナナパフェが置いてある。ところが、鏡のなかでは、バナナパフェのほうが湯呑みより手前に映っている。たしかに、奥行き方向が反転している。

図 1-5　奥行き方向の鏡映反転

こうした奥行き方向の反転は、「反射角は入射角に等しい」という鏡の基本的な性質にもとづいている。「入射角」というのは、光線が法線(鏡面と垂直な線)とのあいだになす角度のことである(図1-6ではθ)。「反射角」というのは、鏡面から反射する光線が法線とのあいだになす角度のことである(図1-6では$-\theta$)。

「反射角は入射角に等しい」という幾何光学の法則は、経験的には古くから知られていたが、なぜそうなるのかは、よく分かっていなかった。それが説明できるようになったのは、量子物理学が登場してからのことである[大津・田所 二〇〇八]。といっても、鏡映反転を理解するためには、量子物理学の知識までは必要ない。「反射角は入射角に等しい」という「反射の法則」さえ心得ておけば、それで充分である。

図1-6を見てみよう。机の上に置かれた対象Aの表面からくる光は、鏡面全体にぶつかって反射する(それは図には描かれていない)。しかし、鏡面上の点aから反射した光だけが眼に入る。点aでは、対象Aからの入射角と眼への反射角が等しくなるからである(図1-6では、どちらも絶対値がθになっている)。点aからすこしでもずれると、入射角が変わるので反射角も変わり、その光は眼には入らなくなる(じっさいには眼に入るのだが、「視覚を生じさせるだけの充分な強さではない」と考えられている)。その結果、「眼」から見たとき、対象Aは、鏡面上の点aの位置だけに映っているように見える。光は直進して来

るように見えるので、対象Aの鏡像はA′の位置に見えることになる。
対象Bについても同様で、鏡像はB′の位置に見える。実物をじかに見たときには、対象Aは対象Bより近くに見えるが、鏡像A′は鏡像B′より遠くに見える。こうして、対象Aと対象Bの奥行き方向は、鏡のなかで反転するのである。

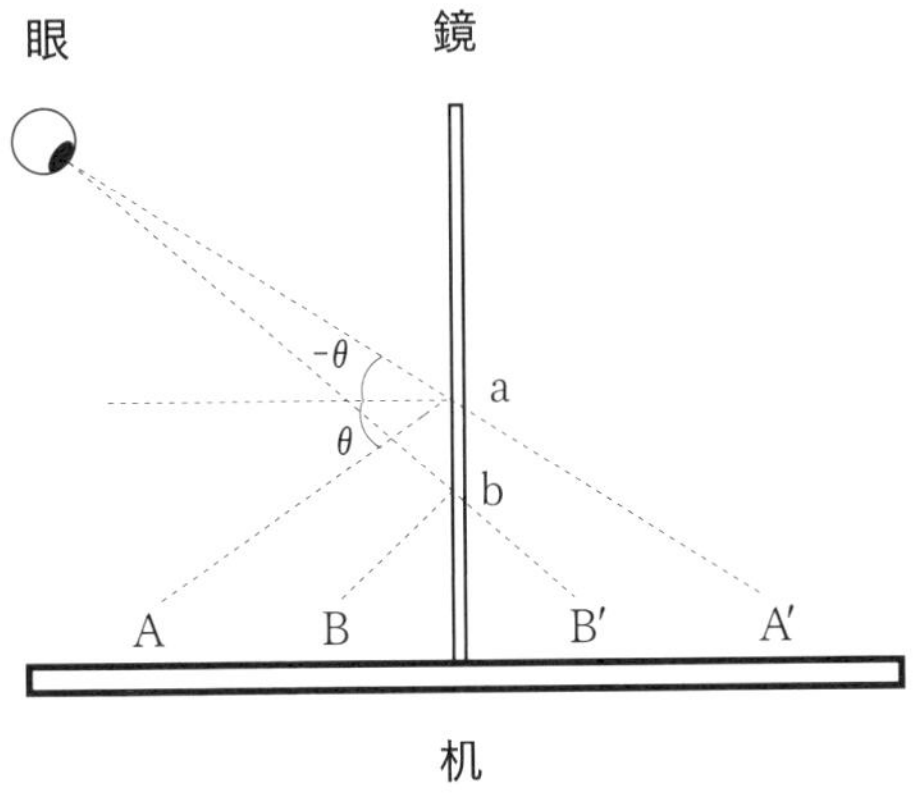

図1-6　奥行き方向の光学的反転

知覚される現象としての反転

むろん、A′やB′の位置に物理的な対象が存在しているわけではない。A′とB′とのあいだにある奥行きのちがいは、物理的には、鏡面上の位置のちがい（図1-6では、点aと点bのちがい）にすぎない。

しかし、鏡に反射されて眼に届く光のなかには、奥行きについてのさまざまな手がかりが含まれている。たとえば、遮蔽である。図1-5では、実物の湯呑みは実物のバナナパフェの一部を隠している。そのため、バナナパフェより湯呑みのほうが近くにあるということが分かる。

鏡像の場合は、逆のことが起きる。図1-5のように、鏡に近いバナナパフェは、湯呑みから鏡に届くはずの光を一部さえぎってしまう。そうすると、鏡のなかでは、湯呑みの一部がバナナパフェに隠されて見えなくなる。その結果、実物の場合とは逆に、湯呑みのほうがバナナパフェより遠くにあるように見えることになる。

ほかにも、遠くの方がすぼまって見える線遠近法や、右眼と左眼にすこしずつ違った像が見える両眼視差など、いろいろな奥行き手がかりが鏡像の場合にも利用できる。図1-6でも、こうした奥行き手がかりのおかげで、机の表面は鏡の向こうに水平に続いているように見え、その机の上では、手前に鏡像B′が、奥に鏡像A′が位置しているように見えるのである。

さきほど、「鏡はその表面に垂直な方向だけを反転する」と書いたが、鏡は平面だから、物理的にみれば、鏡像のなかには、「鏡面に垂直な方向」は存在しない。「鏡面に垂直な方向」は、知覚のプロセスが、私たちの頭のなかに作りだしているにすぎないのである。そう考えてみると、「鏡のなかでは、その表面に垂直な方向が反転する」という言いかたは、ほんとうは正確ではないということが分かる。正確を期すなら、「鏡は、その表面に垂直な方向が反転して見えるような光学的変換をおこなう」と言わねばならないだろう。

もっとも、いちいち正確を期していると煩雑になるので、この本でも、光学的変換については、「鏡は、その表面に垂直な方向を反転する」とか、あるいは、鏡と向かいあっている場合には、「鏡は前後方向を反転する」とかいった表現を使うことにする。しかし、この「反転」は、物理的な反転ではなく、あくまでも、「反転しているように見える」ということなのである。

認知の問題としての鏡映反転

ここまでの説明をまとめると、「鏡による光学変換は、鏡面に垂直な方向だけを反転し、鏡面と平行な方向は反転しない」ということになる。鏡と正対している(向かいあっている)場合には、「鏡による光学変換は、前後方向だけを反転し、上下方向と左右方向は反転しない」ということになる。

なぜ鏡映反転が起こるのかを理解するために必要になる光学的な知識は、じつは、これだけである。よく出てくる「対掌体《たいしょうたい》」についての話などは、いっさい必要がない(「対掌体」については、無料ダウンロード資料の附章Eで解説する)。

光学的にいえば(ということは、つまり、物理学的にいえば)、対象が鏡と正対しているとき、前後は反転するが、上下はもとより、左右も反転しないのである。したがって、純粋に物理学的な観点からみれば、「鏡が左右を反転するのはなぜか?」などという問題は存在しないのだ、ともいえる。じっさい、そう主張する物理学者もいる。「鏡が左右を反転するのはなぜか?」と問われたときには、「鏡は左右を反転したりはしない」と答えればよいのであって、「それで一件落着だ」というのである。

だが、大方のひとは、それでは納得しないだろう。「そうはいっても、鏡のなかでは、じっさいに左右が反対に見えるではないか。それはいったいなぜなのか?」という疑問は、かならず残るにちがいない。

こう考えてくると、鏡映反転というのは、物理の問題ではなく、認知の問題だということがはっきりしてくる。「鏡のなかでは、物理的には左右が反転しないにもかかわらず、人間が左右反転を認知するのはなぜなのか?」という問題なのである。

第2章　さまざまな説明

「光学的には、鏡は左右を反転しない」ということになると、「鏡のなかでは左右が反対に見える」という現象を説明するためには、鏡の光学的な性質のほかに、なにか別の原理がはたらいていると考えなければならないことになる。二〇世紀の後半には、そうした原理がいくつも提案された。それらの説明原理は、おおよそ五種類ぐらいに分類することができる[高野 一九九七 ; Takano 1998]。この章では、それぞれの説明原理について、まず、内容を紹介した上で、「その原理では、何がうまく説明できないのか」ということも考えてみる。ただし、ここでは、「直観的にみて事実だと思われる現象」が説明できるかどうかを調べるにとどめ、実験結果を踏まえた詳しい検討は、第6章と附章でおこなうことにする。

1　移動方法説

ピアースの説明

二〇世紀が後半に入ったばかりのころ、イギリスの哲学者デイヴィド・ピアース[Pears 1952]は、「鏡と向かいあったとき、なぜ自分の左右が反対に見えるのか」という疑問に、つぎのような答を提案した。すなわち、「私たちは、自分の鏡像に自分自身が重なるところを想像するので、その結果、左右が反対になったと感じるのだ」というのである。

図2－1を見てみよう。右手で敬礼をしている園児が鏡と向かいあっている。この園児が、ぐるっと鏡の裏側に回りこみ、後ろから自分の鏡像に重なったら、どうなるだろう？　自分の顔と鏡像の顔、自分の足と鏡像の足が、それぞれ重なることになる。

しかし、手はどうだろう？　手はうまく重ならない。自分は右手で敬礼をしているのに、鏡像は左手で敬礼をしている。つまり、左右が反対になっている。「だから、鏡に映ると左右が反対になるのだ」というのがピアースの説明である。

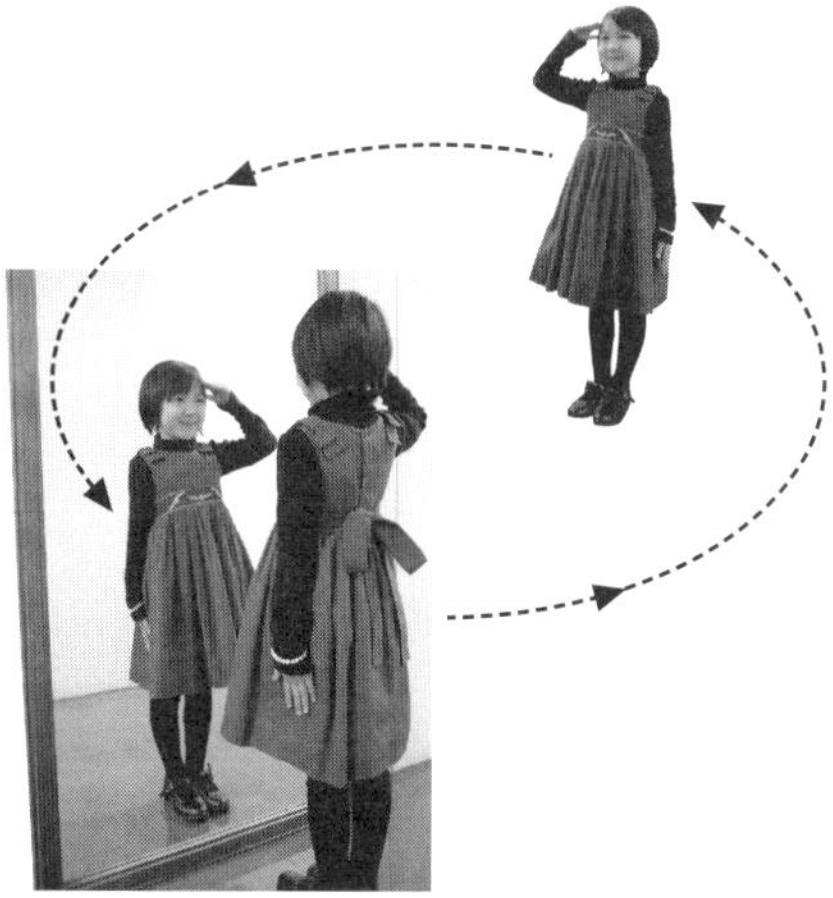

図 2-1　移動方法説

「後ろから回りこむようにして重なる」ということは、幾何学的にみれば、「地面と垂直な軸を中心にして、一八〇度の回転をする」ということである。では、なぜこのような移動のしかたをするのだろうか？

「人間にとっては、水平な地面の上を歩くのが普通の移動方法だからだ」というのがピアースの答である。すなわち、左右反転の原因は、普通に地面を歩くようにして鏡像の後ろから回りこむ、その移動方法だというのである。これがピアースの説明の基本原理である。そこで、ピアースのこの説明を「移動方法説」と呼ぶことにしよう。

ファインマンの説明

朝永振一郎と一緒にノーベル物理学賞を受賞したアメリカの著名な物理学者リチャード・ファインマンは、「反射角は入射角に等しい」という幾何光学の法則がなぜ成り立つのかを、素粒子のレベルではじめて説明してみせた人物である。このファインマンも、イギリスのテレビ局ＢＢＣの番組のなかで、鏡映反転の理由について、自分自身の説明を語っている[Feynman 1983]。ＭＩＴ(マサチューセッツ工科大学)の学生だったころ、頭が切れるところを仲間に見せようと、いろいろな謎を解いてみせていたのだが、その謎のうちのひとつが鏡映反転だったというのである。

ファインマンは、「鏡のなかでは、上下だけではなく、左右も反対になっていない」というところから話をはじめる。そして、「反対になっているのは前後だ」と指摘する。ここまでは、鏡の光学的な性質について、さきほどした解説と軌を一にしている。

そのあとの説明は、本質的には、ピアースの説明と変わらない。図2‐1のように、後ろからぐるりと回りこめば、鏡像と同じ位置に立って、実物の自分と向かいあうことができる。そうやって回りこむと、左手と右手が反対になる、というのである。ファインマンは、回りこむという動作は「心理的なものだ」と述べている。

「想像する愉しみ」という番組のなかで鏡映反転を説明しているファインマンの映像は、現在、インターネットで視聴することができる。

ブロックの批判

ピアースの移動方法説については、その後、いろいろと難点が指摘された。

アメリカの哲学者ネド・ブロック［Block 1974］は、「水平な地面の上を歩くのが普通の移動方法だというだけでは、後ろから回りこむことまでは説明できない」と指摘した。後ろから回りこむのではなく、自分の鏡像に向かってまっすぐに歩いていっても、「水平な地面の上を歩く」ということには変わりがない。では、自分の鏡像に重なるところを想像するとき、まっすぐに歩いていくと、どうなるだろうか？

自分の顔は鏡像の後頭部と、自分の腹は鏡像の背中と、自分の爪先は鏡像の踵《かかと》と重なる。つまり、前後が逆になる。そのかわり、左右は逆にならない。敬礼をしている手は、やはり、敬礼をしている鏡像の手と重なる。

左右が反対になることを説明するためには、まっすぐに歩いていったのでは具合が悪いのである。後ろから回りこむようにして回転しなければならない。では、なぜ回転しなければならないのだろうか？ピアースは、移動方法という説明原理のほかに、「なぜ後ろから回りこむのか？」という疑問に答えるために、もうひとつ別の説明原理を提案しているのだが、それについては、つぎの節で検討することにしよう。

ナヴォンの批判

イスラエルの心理学者ダヴィド・ナヴォン［Navon 1987］は、自分と向かいあった鏡像ではなく、別の鏡像を例にあげて、ピアースの説明を批判した。ナヴォンが取りあげたのは、床の鏡に映った鏡像である。

鏡を張った床に立っているところを想像してみよう。下を見ると、逆さになった自分の姿が映っている。ナヴォンは、その鏡像も、「左右が反対に見える」という。

もしそれが本当なら、その左右反転は、移動方法説では説明できない。移動方法説の説明原理は、「水平な地面の上を回転するように移動する」という移動方法である。しかし、床の鏡の場合は、水平な床の上をどう歩いても、逆さになっている鏡像と重なりあうことはできない。重なりあわなければ、左右が反対になることもない。つまり、ピアースの移動方法説では、床の鏡のなかで起こる左右反転は説明できないのである。

重なりあう理由

移動方法説には、さらに根本的な問題がある。自分の鏡像を見るとき、なぜ鏡像と重なりあわなければならないのか、その理由がはっきりしないことである。

鏡と向かいあったとき、そこに映っているのが人間だということは、すぐに分かる。どれが目でどれが鼻で……ということも、すぐに分かる。どんな顔立ちをしているのか、無精髭がのびているのかいないのか……それも、すぐに分かる。そういうことが分かるためには、想像のなかで、鏡像と重なりあってみる必要はない。ただ鏡像を見るだけで、直接、見てとることができる。

この点では、他人と向かいあったときと少しも違いはない。他人と向かいあったときには、その人と重なりあうところを想像しなくても、相手が人間だということも、どこが目でどこが鼻なのかも、どんな表情をしているのかも、みなすぐに分かる。なぜ自分の鏡像の場合だけ、重なりあうところを想像しなければならないのだろうか?

鏡に映っているのが自分自身だという点では、自分の鏡像は、たしかに他人とはちがう。しかし、鏡に映っているのが自分自身だということは、たとえば、自分が手を動かすと鏡像も同じやりかたで手を動かすというようなことから、かんたんに分かる。鏡像と重なってみる必要はない。

だとすれば、なぜ鏡像に重なるところを想像しなければならないのだろうか? この疑問には、ピアースもファインマンも答えてくれない。

文字の鏡映反転

もうひとつ、根本的な問題がある。「文字の鏡映反転がうまく説明できない」という問題である。図1-1に写っている時計の文字盤を見ても分かるように、文字や数字も、鏡に映ると左右が反対になって見える。しかし、映っているのは文字だから、見ているひとが自分を重ねあわせようとしても、左右どころか、上下も重ならない。そもそも、まったくちがう形なのだから、重ねあわせること自体、無意味である。

自分の鏡像の場合は、鏡と向かいあっているのは、実物の自分である。文字の鏡像の場合は、文字が書いてある紙が鏡と向かいあっている。では、「この紙が鏡像の後ろに回りこむところを想像する」ということにしてはどうだろう?

しかし、そうすると、ここでも、「なぜ後ろに回りこまなければならないのか?」という疑問が生じる。紙に書いた文字の場合には、見ただけで何の文字なのかはすぐに分かるが、鏡に映った文字の場合も、見ただけで、どういう形なのかはすぐに分かる。たとえば、図1－1に写っている文字盤の鏡像を見たとき、右上のところに「1」と「0」の並びがあり、「1」が「0」の右にあるというようなことは、ひと目見れば、それだけで、すぐに分かる。文字が書いてある紙が鏡のうしろに回りこむところを想像したりする必要はどこにもないのである。

2　左右対称説

左右の近似的な対称性

自分の鏡像に自分自身が重なりあうところを想像するとき、まっすぐに歩いていくのではなく、後ろから回りこむ理由として、ピアースは、人間の身体の対称性をあげた。

人間の身体は、上と下とでは、形がまったく違う。前と後ろをくらべても、形ははっきりと違っている。しかし、左半分と右半分は、ほとんど同じ形をしている。したがって、自分の鏡像に重なるところを想像するとき、後ろから回りこむようにすれば、ほぼ完全に重なることができる。顔は顔と、背中は背中と重なり、ズレは目立たない。

むろん、完璧に一致するわけではない。たとえば顔の場合、自分の顔の右半分と重なるのは、自分の顔の左半分の鏡像なのだから、ぴったり重なるとはかぎらない。右半分にだけホクロがあるとすると、このホクロの分だけ、わずかなズレが生じる。ただ、全体としてはうまく重なるので、このズレは目立たなくてすむのである。

一方、ブロックがいうように、鏡像のなかにまっすぐ入っていった場合はどうだろう？……顔と後頭部、爪先と踵が重なることになるので、この顕著なズレは無視できない。つまり、まっすぐ前進せず、後ろから回りこむのは、「そうすれば、重なったとき、ズレが一番目立たないからだ」と説明することができる。

もっとも、完全に左右対称な場合には、ほんとうに完全に重ねあわせることができるので、「左右が反対になっている」という印象は生じないだろう。図2-1の場合は、園児は右手で敬礼をしているので、その部分で左右対称が崩れている。だから、左右が反対になっていることが分かるのである。しかし、敬礼をしていなくても、ふつうは、なんらかの点で左右対称が崩れているものである。たとえば、左手に腕時計をしているとか、顔の右側にホクロがあるとかいったように。そのおかげで、鏡像の後ろから回りこむように重なったとき、ほぼぴったりと重なるにもかかわらず、左右反転を認知することができるというわけである。

片腕の人物

ナヴォン［Navon 1987］とグレゴリー［Gregory 1997］は、片腕の人物を例にあげて、この左右対称説を批判した。
片腕を失った人の場合、身体の左右は、明白に非対称である。この人が自分の鏡像に重なるところを想像すると、腕のない方とある方が重なってしまう。ズレが目立たないように重ねることはできない。

図 2-2　左右が明白に非対称な文字の左右反転

「うまく重ねられないから、重ねあわせはしない」のだとすれば、左右反転は認知しないはずである。

しかし、ナヴォンとグレゴリーは、「片腕の人も左右の鏡映反転を認知するにちがいない」と主張する。「だから、左右の近似的な対称性にもとづく鏡映反転の説明は正しくない」というのである。

文字の鏡映反転

文字の鏡映反転の場合は、左右対称という説明原理を導入すると、じつは、かえって説明が難しくなってしまう。というのも、左右が明白に非対称な文字も、鏡に映ると、左右が反対に見えるからである。図2-2は、文字「D」の鏡像である。だれの目にも、左右が反対に見えるだろう。普通の「D」では、半円部分が直線部分の右側に位置しているが、鏡像では、左側に位置しているからである。もし、「左右が近似的に対称だ」ということが鏡映反転の理由なのだとしたら、「D」は、鏡に映っても左右反対には見えないはずである。しかし、じっさいには、このとおり、左右が反対に見える。

「左右の近似的な対称性」という説明原理は、鏡映反転の説明原理のなかでは、もっとも人気がある。ピアースのように、身体の左右対称性と一八〇度の回転を組みあわせた説明は、朝永が紹介している理化学研究所での議論にも登場する。ほかにも、ニュージーランドの心理学者コーバリス[Corballis & Beale 1976]、アメリカの知覚心理学者イテルソン[Ittelson et al. 1991; Ittelson 1993]、イギリスの哲学者メイヨー［Mayo 1958］、アメリカの認知心理学者シェパード［Shepard & Hurwitz 1984］などが左右の対称性にもとづいた説明をしている。しかし、近似的な左右対称性という説明原理では、「D」のように左右が明白に非対称な文字の鏡映反転は説明がつかないのである。これが、この説明原理のアキレス腱である。

3 言語習慣説

「言葉の使いかた」という説明

マーティン・ガードナー(Martin Gardner)という有名なサイエンス・ライターがいた。『数学ゲーム』という著書がアメリカでベストセラーになって以来、相対性理論から超常現象批判にいたるまで、科学のさまざまなテーマについて、一般向けの親しみやすい解説書を数多く出版して、絶大な人気を博した人物である。日本でも多数の著作が翻訳されている。

そのなかに、『両手効きの宇宙』［Gardner 1964: 邦題『自然界における左と右』］という本がある。ガードナーは、そこで鏡映反転の問題について、つぎのように書いている。

> 非対称形の鏡像は実物の左右像になる。我々のからだが左右相称であるので、鏡による逆転現象は、左右の入れかえとよんだほうが便利である。これは単にいい方の問題であって、習慣的にこのようなことばの使い方をするのである。［坪井・小島訳三九頁］

この引用に出てくる「左右像」というのは、enantiomorphの訳語である。enantiomorphは、「対掌《たいしょう》体《たい》」と訳されることもある。「対掌体」は、右手と左手のように、よく似ているにもかかわらず、どう回転しても重なりあわない立体のことである(無料ダウンロード資料の附章Eでは、もうすこし厳密な定義をする)。右手と左手は、上下と左右を合わせれば(つまり、手のひら同士を合わせれば)前後が逆になるし、上下と前後を合わせれば(つまり、どちらの手のひらもこちらを向くようにして重ねあわせれば)左右が逆になる。どう重ねあわせても、一つの方向だけは逆になる。

鏡像を立体と見なした場合、実物とは前後だけが反転しているので、どう回転しても実物とは重なりあわない。つまり、鏡像と実物は、たがいに対掌体になっていると考えることができる。

ガードナーは、鏡像と実物の関係を「前後の入れかえ」とも言わず、「上下の入れかえ」とも言わず、「左右の入れかえ」と言うのは、「たんに「左右の入れかえ」と呼ぶ言語習慣をもっているからにすぎない」というのである。

論理の飛躍

ここで引用したガードナーの説明には、あきらかに論理の飛躍がある。「我々のからだが左右相称である」ということから、なぜ「鏡による逆転現象」を「左右の入れかえと呼んだ方が便利」だということになるのか、そこのところの論理的なつながりが欠けているのである。

目のまえで誰かが逆立ちをしているとしよう。もし、「からだが左右相称である」から「左右の入れかえ」と呼ぶのだとすれば、逆立ちをしている人の体は「左右相称」だから、私たちは「左右が入れかわっている」と言うはずである。しかし、もちろん、そんな言いかたはしない。「逆さになっている」、つまり、左右ではなく、「上下が反対になっている」と言う。では、なぜ「鏡による逆転現象」は「左右の入れかえ」と呼ぶのだろうか？

この論理の飛躍を埋めないかぎり、ガードナーの説明は、説明としては成り立たない。

文字の鏡映反転

また、この言語習慣説では、文字の鏡映反転がうまく説明できない。この説では、鏡像を見たとき、「左右が反対になっている」と私たちが言う理由は、「からだが左右相称である」ことだとされている。そうすると、図2-2のように、文字「D」が鏡に映っている場合は、あきらかに左右相称ではないので、「左右が反対になっている」とは言わないはずである。しかし、じっさいには、「左右が反対になっている」と言う。言語習慣説は、「言語習慣」の理由として、「左右相称」をもちだしてくるので、左右対称説とおなじく、明白に左右非対称な文字の鏡映反転は説明できないのである。

4　対面遭遇スキーマ説

自分の鏡像と実物の他人

イスラエルの心理学者ナヴォン[Navon 1987]は、移動方法説などの諸説について問題点を指摘した上で、独自の説明を提案した。その説明は、自分自身の鏡像と向かいあっている場面と、他人と向かいあっている場面とを比較した説明なのだが、ロジックがすこしばかり分かりにくい。というのも、「鏡像は左右が反転していない」ということから、「鏡像は左右が反転して見える」ということを説明しようとしているからである。

まず、「鏡像は左右が反対になっていない」というところから始めよう。図2-3(a)には、鏡と向かいあっている場面を上から見たところが模式的に描いてある。鏡像は、描かれている位置に実在しているわけではないが、そこにあるように見える。「自分」の左についている円は、左の手首に巻いた腕時計だとしよう。腕時計は、その真正面に映る。右側に映ったりはしないから、左右は反対になっていない。第1章で説明したとおり、光学的には、鏡は左右を反転しないのである。

つぎに、自分の鏡像ではなく、実物の他人と向かいあっている場面を考えてみよう。図2-3(b)には、その場面を上から見たところが描いてある。他人と向かいあっているときには、相手の右手は、自分の左手の向かい側にくる。相手の左手は、自分の右手の向かい側にくる。図2-3(b)では、相手が左手につけている腕時計は、自分から見ると左ではなく、右のほうに見える。左右が逆になっているわけである。

ナヴォンは、「他人と向かいあっているこのような場面が判断の基準になる」と考えた。というのも、このような場面は、過去に、かぞえきれないほど経験してきているはずだからである。

ナヴォンは、そうした経験にもとづいて、「対面遭遇スキーマ」というものができあがっていると想定した。「スキーマ」というのは、「構造化された知識」を意味する認知心理学の用語である。人間は、このスキーマにもとづいて、目のまえにある事物の意味や、事物のあいだの関係を理解する。

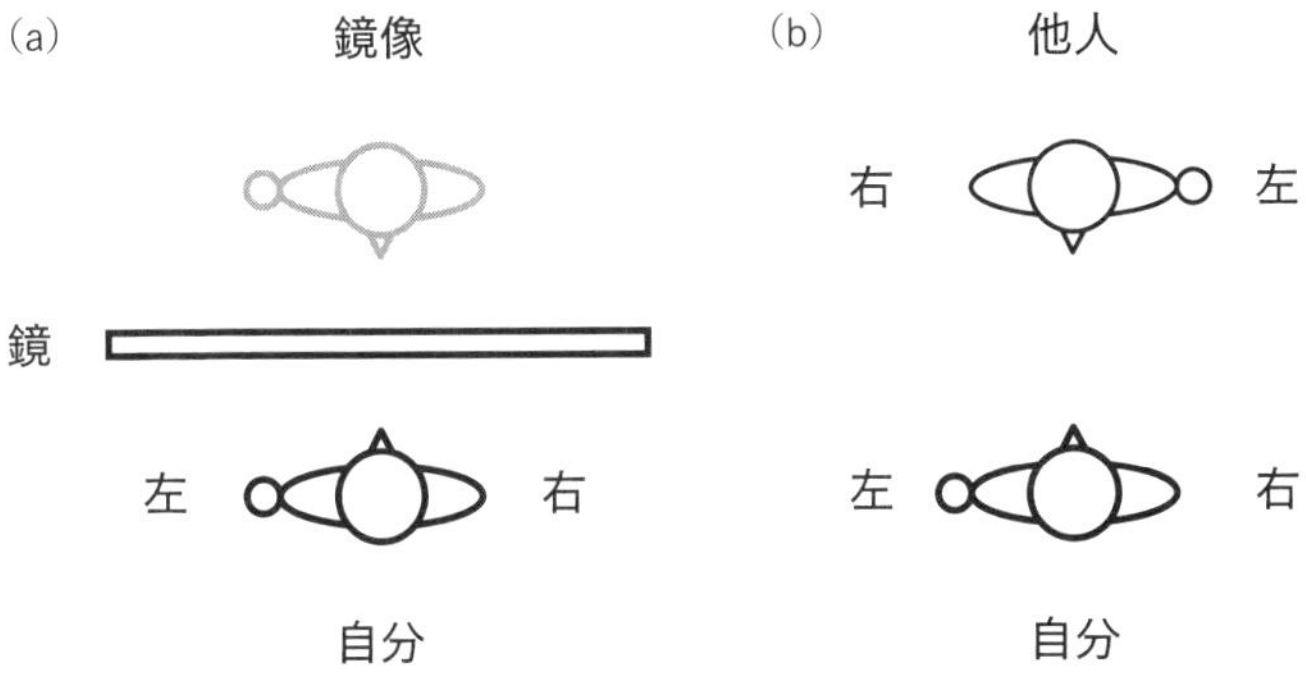

図 2-3　対面遭遇スキーマ説

「対面遭遇スキーマ」というのは、ナヴォンが「存在するはずだ」と考えたスキーマで、他人と向かいあった場面で方向関係を理解するための枠組みである。ナヴォンによれば、この対面遭遇スキーマが頭に浮かぶと、「自分の頭は相手の頭と、自分の足は相手の足と向かいあい、自分の右手は相手の左手と、自分の左手は相手の右手と向かいあうことになるはずだ」という期待が生じる。

鏡と向かいあったときにも、こちらを向いた人の姿が見えるので、対面遭遇スキーマが頭に浮かんできて、他人と向かいあっているときと同じ期待が生じる。すると、「自分の頭は鏡像の頭と向かいあい、自分の足は鏡像の足と向かいあうことになるはず」だが、これは、たしかにそのとおりになっている。したがって、「上下が反対になっている」という認知は生じない。

一方、「自分の右手は相手の左手と、自分の左手は相手の右手と向かいあうことになるはず」だが、この期待は裏切られる。自分の右手と向かいあっている鏡像の手は、自分の右手の映像である。自分の左手と向かいあっている鏡像の手は、自分の左手の映像である（図2-3(a)）。そのため、「左右が反転している」という認知が生じる。——これがナヴォンの説明である。

要約すると、「他人と対面している(左右が反対になっている)場面を基準にして、自分の鏡像と対面している(左右が反対になっていない)場面を判断するので、鏡像については、「左右が反対になっている」と判断することになる」という説明なのである。

文字の鏡映反転

対面遭遇スキーマ説の場合も、説明できない事実がいくつも出てくる。なかでも決定的な弱点は、文字の鏡映反転が説明できないことである。

対面遭遇スキーマは、「他人と向かいあっている場面では、左右がどうなっているか」を理解するためのスキーマである。しかし、文字の鏡映反転の場合は、文字は他人ではないので、そもそも、対面遭遇スキーマが発動される状況ではないのである。

前項の「要約」を念頭において考えてみよう。対面遭遇スキーマ説で鏡映反転を説明するためには、鏡像のなかで、自分の右側と対面している部分は、自分の右側の映像であり、自分の左側と対面している部分は、自分の左側の映像でなければならない。しかし、文字の鏡像の場合は、自分の右側と対面している部分は、自分の右側の映像ではない。自分の左側と対面している部分も、自分の左側の映像ではない。したがって、「他人と向かいあっている場合とくらべて、左右が逆になっている」ということにはならない。となると、左右反転は説明のしようがなくなってしまうのである。

床の鏡

前に述べたように、ナヴォン[Navon 1987]は、ピアースの移動方法説にたいする批判のなかで、「床の鏡に映った自分の鏡像も左右が反転して見える」と主張した。しかし、この鏡映反転は、ナヴォン自身の対面遭遇スキーマ説でもうまく説明することができないのである。

床の鏡に映った自分の鏡像は、自分と対面しているわけではない。足の裏同士をくっつけて逆さになっているのである。対面していないのだから、対面遭遇スキーマは適用できない。したがって、ナヴォンのいうように左右が反対に見えるとしても、それを説明することはできない。

ナヴォンは、「他人と対面するという場面は、数かぎりなく経験してきたので、対面遭遇スキーマができあがった」と想定している。だが、「自分の足の裏を他人の足の裏と合わせて、たがいに逆さになって遭遇する」という経験は、そうあることではない。というか、まずないだろう。したがって、このような場面についての、いわば「逆立ち遭遇スキーマ」ができあがっている可能性は、かぎりなく低い。対面遭遇スキーマ説では、スキーマがなければ、左右反転は認知されないのだから、もしナヴォンが主張するように、床の鏡に映った自分の鏡像も左右が反転しているように見えるのであれば、それはナヴォン自身の説明にたいする反証になってしまうのである。

5　物理的回転説

グレゴリーの説明

第1章に登場したリチャード・グレゴリーは、日本でも翻訳が出ている『インテリジェント・アイ』[Gregory 1970]、『眼と脳』[Gregory 1998: 邦題『脳と視覚』]などの著書で世界的に知られた視覚の研究者である。ケンブリッジ大学を出たあと、ケンブリッジ大学の講師をはじめとして、イギリスでさまざまな要職を経たのち、二〇一〇年に亡くなるまで、長らくブリストル大学の教授を務めていた。

グレゴリーは、鏡映反転の問題に強い興味をもっていたようで、この問題をめぐる議論の歴史を調べたりするだけにとどまらず、独自の説も打ちだしている[Gregory 1987]。それは、「鏡映反転は、対象の物理的な回転だけで説明できる」という説である。物理学者の朝永やファインマンが鏡映反転を「心理的な現象」だと考えた一方で、心理学者のグレゴリーが鏡映反転を「純粋に物理的な現象」だと考えたのは、面白い対照の妙である。

図2-4(a)には、「F」という文字を印刷した紙が写っている。その背後には鏡が写っている。しかし、文字を印刷した面は私たち観察者のほうを向いているので、文字は鏡には映っていない。

文字を鏡に映して、その鏡像を見るためには、紙を鏡のほうに向けなければならない。地面に垂直な上下方向を軸にして紙を一八〇度回転すると、図2-4(b)のように、文字が鏡に映る。こんどは、紙に印刷した文字は観察者には見えず、見えるのは紙の裏側だけである。

(a)　(b)

図 2-4　こちらを向いている「F」と鏡のほうを向いている「F」

鏡に映っている文字は、左右が反対になっている。普通の「F」では、二本の横棒が縦棒の右についているが、鏡像の「F」では左についている。たしかに、左右の鏡映反転が起こっている。

この鏡映反転はなぜ生じたのだろうか？——「それは、物理的な回転の結果だ」というのがグレゴリーの答である。

三次元空間に存在する物体には、「上下」「前後」「左右」の三軸を設定することができる。そのうち一つの軸を中心にして一八〇度の回転をすると、かならず他の二つの軸が反転する。これは単純な幾何学的事実である。

その幾何学的事実が見てとれるように、図2-5には、上下軸を中心とした一八〇度の回転をする前と後の様子が描いてある。「前」にあたる方向は矢印の先によって、「上」は塗りつぶした円によって、「左」は白抜きの円によって表してある。まず、回転の前(図2-5(a))だが、私たちから見て向こう側が「前」、左側が「左」になっている。上下軸を中心にして一八〇度の回転をすると(図2-5(b))、回転軸になった上下軸の方向は変わらないが、前後軸と左右軸は反対になっていることが分かる。

図2-6は、図2-4のような鏡映反転がどのように起こるの

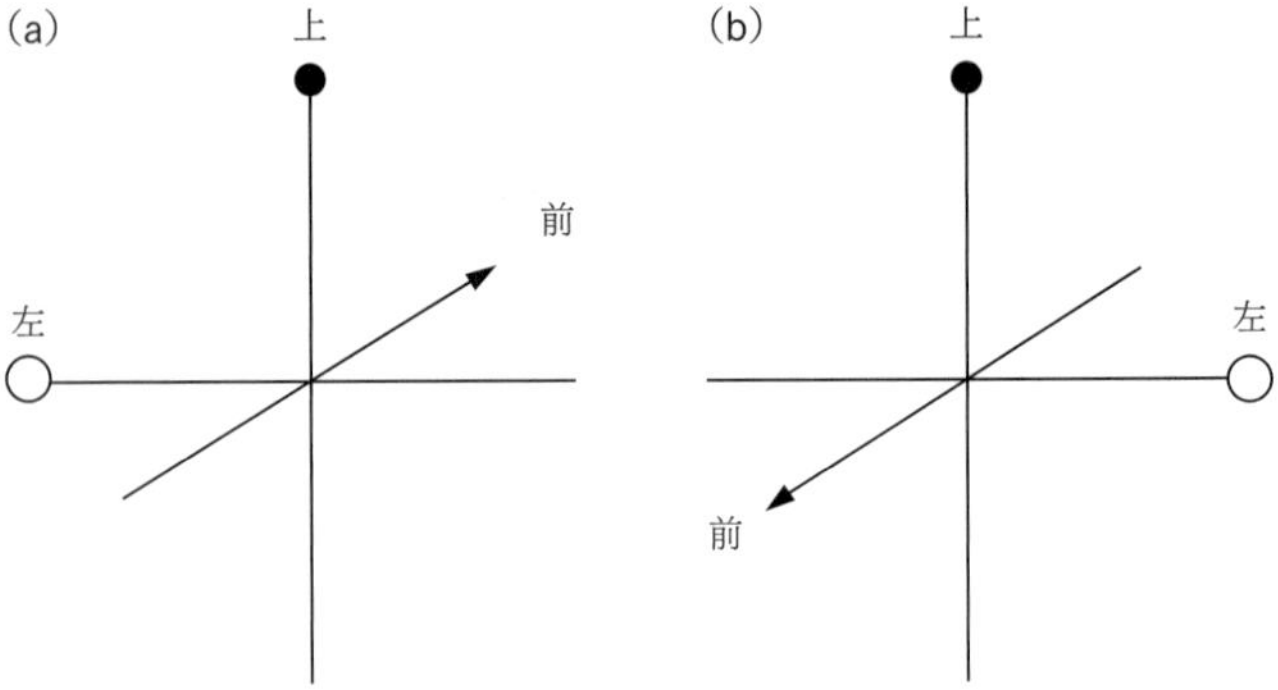

図 2-5　上下軸を中心にした 180° の回転

かを図解している。この図は上から見た場面を表している。鏡は薄くて長い長方形で、紙はそれより短い長方形で表されている。矢印が表しているのは文字「F」である。矢印と接しているほうが紙の表で、そこに文字「F」が印刷してあると考えよう。矢印の先は、二本の横棒が縦棒のどちらにあるのかを示している。「矢印が右を向いていれば、二本の横棒は縦棒の右にあり、矢印が左を向いていれば、二本の横棒は縦棒の左にある」ということになる。

図2－6(a)では、文字が印刷してある紙の表は観察者のほうを向いているので、観察者は文字を直接見ることができる。矢印が右を向いているので、「F」の横棒は縦棒の右にある。私たちが憶えている普通の「F」である。このとき、鏡には紙の裏しか映っていない(煩雑になるので、紙の裏側の鏡像と観察者の鏡像は、この図では省略してある)。

図2－6(b)は、上下軸を中心にして、紙を一八〇度回転したところを表している。上下軸を中心にして回転したので、前後が反対になり、「F」が印刷してある紙の表は、こんどは鏡のほうを向いている。観察者には、印刷した「F」は見えない。回転の結

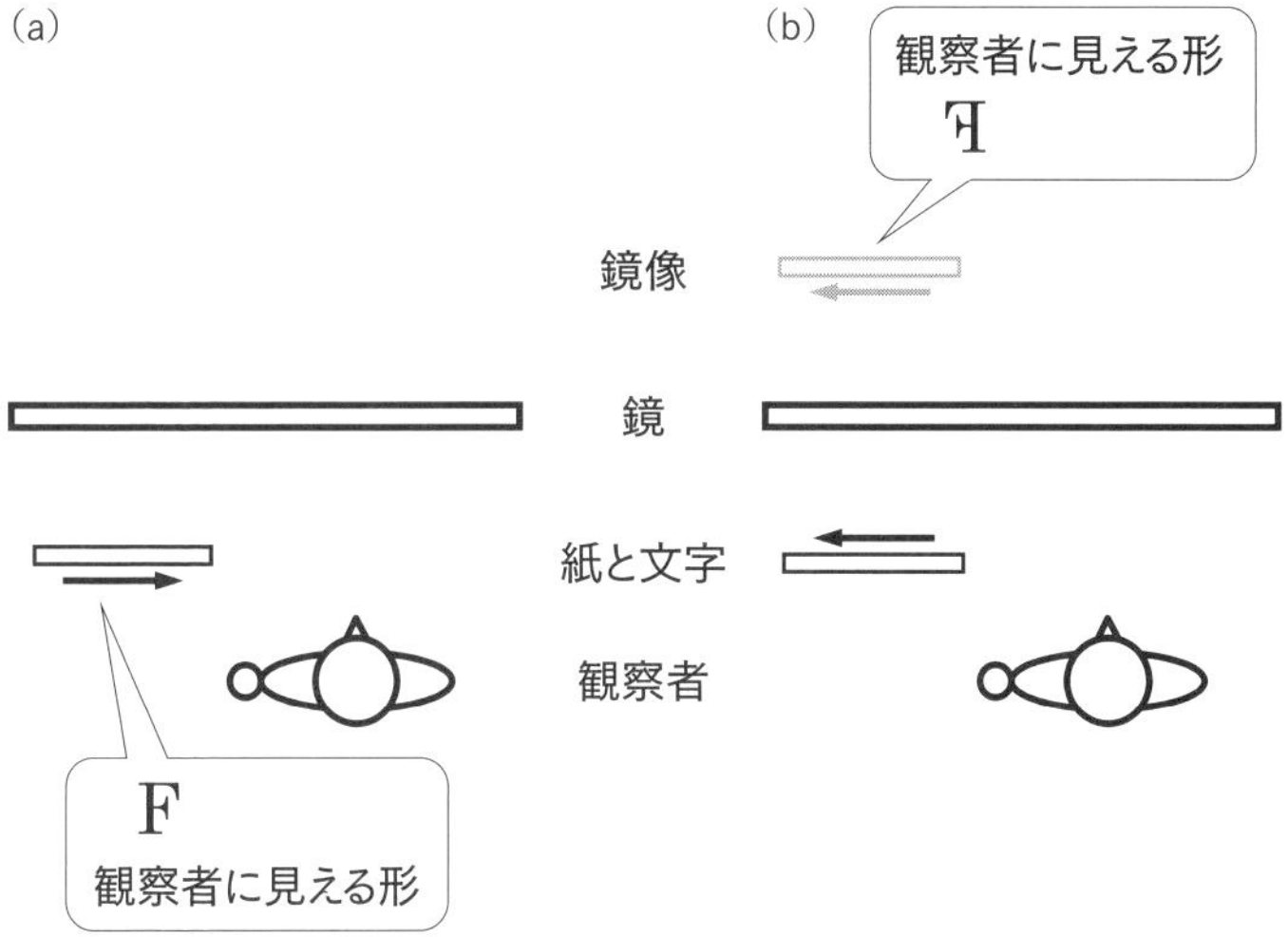

図 2-6　文字の物理的回転

果、「F」の前後だけではなく、左右も反対になり、矢印は左を向いている。つまり、観察者からは直接は見えないが、「F」の横棒は縦棒の左に位置していることになる。鏡は光学的には左右を反転しないので、左右が逆になったこの「F」がそのまま鏡に映る。こうして左右が反対になった「F」の鏡像を見て、観察者は左右の鏡映反転を認知するというわけである。

観察者の回転

いまの説明は、文字を回転した場合の説明である。グレゴリーは、文字を回転するかわりに、観察者が回転しても、おなじように左右の鏡映反転が起こるという。

図2－7(a)では、観察者は、はじめ鏡に背を向けて、文字のほうを見ている。観察者には、紙に書いた普通の「F」が見える。しかし、鏡は背後にあるので、「F」の鏡像は見えない。

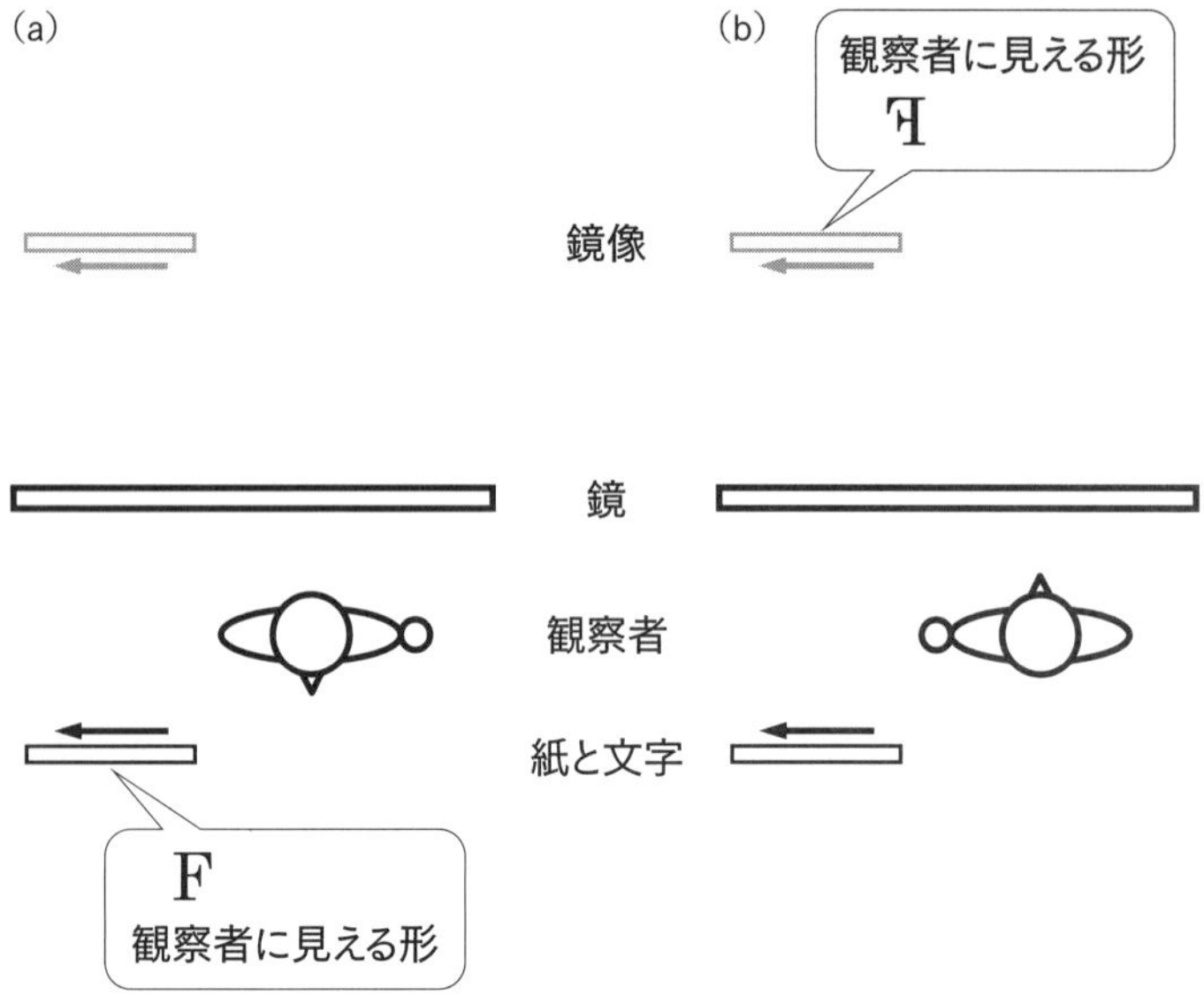

図 2-7　観察者の物理的回転

鏡像を見るために、図2-7(b)では、観察者は、鏡のほうに向きなおっている。こんどは、文字を書いた紙ではなく、観察者のほうが、上下軸を中心にして一八〇度回転したことになる。こうすると、鏡のなかには「F」の鏡像が見える。観察者から見ると、この「F」の横棒は縦棒の左に見えるので、「左右が反転している」ということになる。床屋や美容院で椅子に座ったとき、後ろの壁にかかっている時計が前の鏡に映っているのを見て、「左右が反対になっている」と思うのは、このように私たち自身が回転した結果だと考えることができる。

文字を回転しても、観察者が回転しても、鏡像は左右が反対になって見えるわけである。どちらも物理的な回転なので、グレゴリーは、「鏡映反転の原因は物理的回転だ」と主張したのである。

自分自身の鏡映反転

このように、グレゴリーの物理的回転説は、文字の鏡映反転はうまく説明できるようにみえるのだが、それでも、第6章で指摘するように、文字の鏡映反転がすべて合理的に説明できるわけではない。しかし、なによりも問題なのは、自分自身の鏡映反転がうまく説明できないことである。

この理論では、「実物を正面からじかに見たときの見えかたと、それが鏡に映ったときの見えかたとを比較する」ということになっている。この二つのあいだで左右が入れ替わるのである。しかし、文字ではなく、自分自身の場合は、「自分自身を正面からじかに見たことがある」という人はいないだろう。そんなことができるのなら、鏡はいらない。

自分が鏡に映ったときの見えかたを、自分を正面からじかに見たときの見えかたと比較することはできないのだから、物理的回転説の説明では、鏡のなかで左右が反転して見えることはないはずである。だが、じっさいには、左右が反転して見える。鏡に向かって、右手で敬礼をしてみると、鏡に映った自分は、たしかに、左手で敬礼をする(図1-2)。

ほかにも難点がある。物理的回転説の説明原理は、対象の物理的な回転である。しかし、自分が鏡に映っている場合には、物理的には何も回転しない。文字の鏡像の場合は、文字を書いた紙か、自分の身体を回転するが、自分の鏡像の場合は、鏡に向かいあったそのままの状態で、なにも回転せずに、左右の鏡映反転を認知するのである。

グレゴリーは、のちに、著書『心の中の鏡』のなかで物理的回転説の拡張版を提案し、観察者自身の鏡映反転についても説明を試みている。この拡張版も説明には成功していないのだが、それについては、附章A(無料ダウンロード資料)で詳しく検討する。

第3章

鏡映反転を説明する

前章では、これまでに提案されてきたさまざまな説明原理を調べてみた。その結果、どの説明原理も、うまく説明できない鏡映反転があったり、あたりまえの事実と齟齬をきたしたりして、科学的な説明としては、決して満足のできるものではないことがわかった。この章では、そうした問題が生じない説明はできないものか、考えてみることにする。いよいよ、紀元前からの難問への挑戦である。

1　さまざまな鏡像

「鏡に映ると、上下は反対にならないのに、左右が反対になるのはなぜなのだろう?」——これが、ふつう、鏡のまえに立ったときに湧いてくる疑問である。「鏡に映ると左右が反対になる」とは、よく言われることであり、たいがいの人がなんとなくそう思い込んでいる。前章で紹介したいろいろな説もみな、左右反転をなんとかうまく説明しようと知恵を絞っていた。では、鏡に映ると、左右はかならず反対に見えるものなのだろうか?

図3-1(a)を見てみよう。なんの変哲もない「F」が写っている。「なんの変哲もない」ということは、「左右が反対になっていない」ということである。二本の横棒は縦棒の右側についている。この点では、写真の「F」は普通の「F」とすこしも変わらない。というか、これは普通の「F」そのもので

ある。しかし、この「F」は、紛れもなく、鏡に映った鏡像の「F」なのである。そう、「鏡に映ると左右が反対になる」というのは、決して「不変の真理」ではないのである。場合によっては、鏡に映っても、左右は反対にならないのである。

では、「上下は反対にならない」というほうはどうだろう？　こちらのほうは確かなのだろうか？

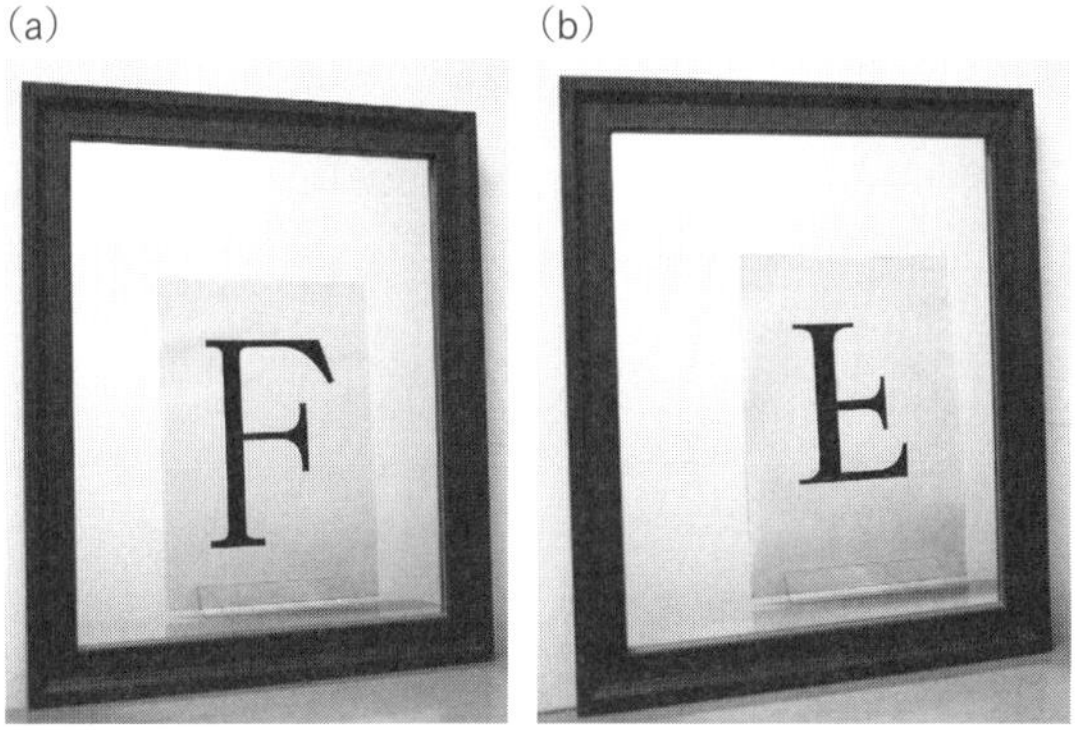

図3-1　さまざまな鏡像(1)

こんどは、図3-1(b)を見てみよう。この写真には、逆さになった「F」の鏡像が写っている。「逆さ」ということは、まさしく、「上下が反対になっている」ということにほかならない。普通の「F」なら、二本の横棒は、縦棒の上のほうについているが、この逆さになった「F」では、下のほうについている。たしかに、上下が反対になっている。「鏡に映ると、上下は反対にならないのに……」とよくいわれるが、いつもそうとはかぎらないわけである。場合によっては、上下も反対になるのである。

この写真をよく見てみると、二本の横棒は、普通の「F」とおなじく、縦棒の右側にある。つまり、左右は反対になっていない。左右という点では、図3-1(a)と同じなのである。この鏡像は、左右はそのままで、上下だけが反対になっているわけである。この鏡像にかんするかぎり、「鏡に映ると、左右は反

(a)　(b)

図 3-2　さまざまな鏡像(2)

対にならないのに、上下が反対になるのはなぜなのだろう？」と問わねばならないことになるだろう。

そうすると、鏡のなかで反対になるとすれば、それは「左右か、上下か、どちらか一方だけ」ということなのだろうか？ いやいや、「両方とも反対になる」という場合もみつかるのである。図3－2(a)の「F」を見ると、二本の横棒は縦棒の左下についている。普通の「F」の場合は右上についているのだから、くらべてみると、たしかに、左右も、上下も、両方とも反対になっている。

では、図3－2(b)の場合はどうだろう？ これも文字である。ただし、アルファベットでも数字でもない。古代エジプトの象形文字ヒエログリフである［Betrò 1995］。左右は反対になっているだろうか？ 上下は反対になっているだろうか？

読者がエジプト学者でなければ、「なんとも言えない」というのが正直な答ではないだろうか。この前の三枚の写真を見るまえなら、「鏡に映っているのだから、左右が反対になっているはずだ」と考えたかもしれないが、あの三枚の写真を見たあとではもう、そうは考えにくいだろう。いずれにしても、左右の反転が「見える」ように感じないことだけは、確かなのではないだろうか。

こうしてみると、鏡に映っても、つねに「上下は反対に見えないが、左右は反対に見える」とはかぎらないということが分かる。左右は反対に見えず、かわりに上下が反対に見える場合もある。左右と上下の両方が反対に見える場合もある。どちらも反対に見えない場合もある。「なんとも言えない」という場合もある。

鏡映反転の正しい説明は、こうしたさまざまな鏡像の見えかたを残らずきちんと説明できなければならない。「鏡に映ると、かならず左右が反対に見える」ということになってしまうような説明は、もうそれだけで正しい説明とはいえないのである。

正しい説明は、どういう理由で左右が反対に見えるのかを説明できるだけでは充分ではない。どういう場合に、どういう理由で左右が反対には見えないのか、どういう場合に、どういう理由で上下が反対に見えるのか……といったことを全部、説明できなくてはならない。しかも、それらの説明のあいだに矛盾があってはならない。整合的な説明でなければならないのである。

では、どうすれば、そういう整合的な説明ができるのだろうか？……ヒントは、過去の説明の失敗のなかに隠されている。

2　手がかり

物体の種類

過去のいろいろな説明を一緒にならべて検討してみると、つぎのような傾向が浮かび上がってくる。

すなわち、「自分自身の鏡映反転を説明しようとすると、文字の鏡映反転がうまく説明できず、逆に、文字の鏡映反転を説明しようとすると、自分自身の鏡映反転がうまく説明できない」という傾向である。

移動方法説、左右対称説、対面遭遇スキーマ説の三つは、自分自身の鏡映反転については、(いくつも問題は残るにせよ)ある程度までは説明ができる。しかし、どれも、文字の鏡映反転はまったく説明できない。一方、物理的回転説は、文字の鏡映反転はうまく説明できるようにみえるが、自分自身の鏡映反転はまったく説明できない。

そうしてみると、自分自身の鏡映反転と文字の鏡映反転は、それぞれ別の説明原理を必要とするのではないだろうか? じっさい、これらの鏡映反転が別々の原因から生じていることを示唆する事実は、直観的に考えただけでも、二つは出てくるのである。

比較の対象

まず、「何と何を比較するか」が違っている。

自分自身の鏡映反転の場合は、自分の鏡像を実物の自分と比較している。たとえば、「実物の自分は、左手に腕時計をしているのに、自分の鏡像は、右手に腕時計をしている」というように。

一方、文字の鏡映反転の場合は、鏡像を実物と比較するわけにはいかない。文字が鏡のほうを向いているときには、紙に書いてある実物の文字は見えないからである(図2-4(b)を参照)。鏡像は、実物の文字ではなく、記憶にある文字と比較しているにちがいない。たとえば、「鏡に映っている「F」のなかでは、二本の横棒は縦棒の右側にある」では、二本の横棒は縦棒の左側にあるが、普通の「F」のなかでは、二本の横棒は縦棒の右側にある」

というとき、その「普通のF」というのは、記憶のなかにある「F」のことである。

鏡のまえにある対象が自分自身の場合は、実物の自分と向かいあった経験はないのだから、正面から見た実物の自分の外見は記憶のなかにはない(もっとも、写真やビデオに映った自分の姿を記憶にとどめている人はいるかもしれないが、自分自身の鏡映反転は、写真やビデオが登場する前から認知されていたのだから、ここで写真やビデオをもちだすわけにはいかない)。実物の自分の外見が記憶にないとすると、それを自分の鏡像と比較することはできないわけである。

「実物の自分は、腕時計を左手にしている」ということを知るためには、自分自身を正面から見たところを思いだすのではなく、実物の左手をちらりと見て、そこに腕時計があることを確認するとか、左の手首に腕時計の感触があることを確認するとかいった方法をとることになる。「左手に腕時計をしていたことを思いだす」という場合もあるだろうが、この場合も、左手に腕時計をした自分自身の外見を記憶のなかから取りだすわけではなく、あくまでも、「腕時計は左手にしている」という概念的な知識を取りだすだけである。

一方、鏡のまえにある対象が文字の場合は、「実物をちらりと見る」というわけにはいかない。実物の文字は見えないからである。もちろん、「二本の横棒が縦棒のどちら側にあるかを感触で確認する」というわけにもいかない。とくに意識してやっているわけではないにせよ、普通の文字の外見を思いだして、それを鏡像と比較するほかないのである。

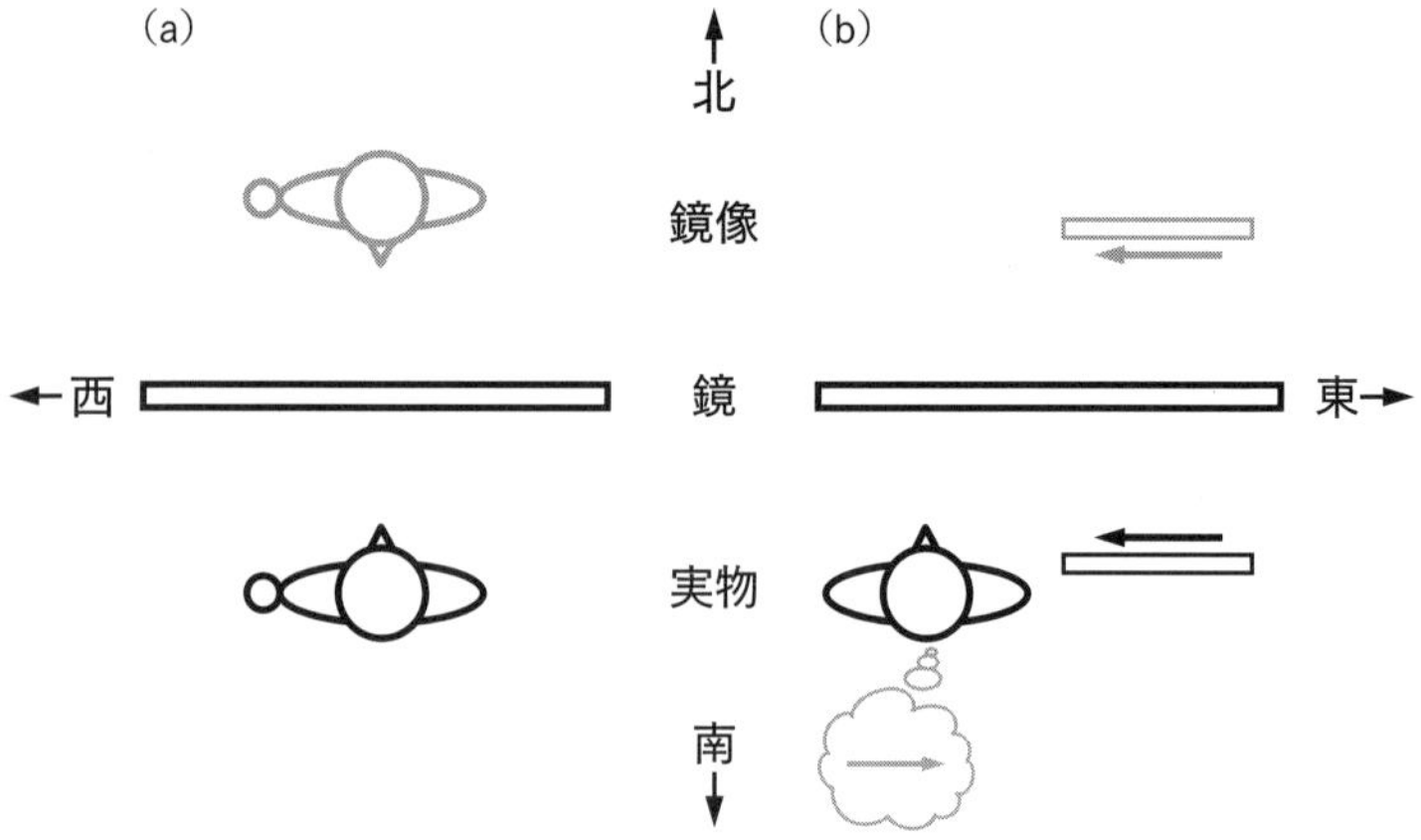

図 3-3　方向の逆転がない場合(a)とある場合(b)

方向の異同

もうひとつの違いは、「比較する対象と鏡像とのあいだに、方向の逆転があるかないか」という違いである。図3-3で、紙面の上のほうが北、下のほうが南、右のほうが東、左のほうが西だとしよう。図3-3(a)には、鏡に向かいあっている自分を上から見たところが描いてあるが、実物の自分が左手にしている腕時計も、鏡に映っている腕時計も、両方とも体の中心より西のほうにある。つまり、方向には違いがない。

図3-3(b)には、鏡に向かいあっている文字の鏡像を見ている場面が描いてある。さきほどと同じく、矢印は、「F」の二本の横棒が縦棒のどちら側にあるかを示している。鏡像では、二本の横棒は縦棒の西側にある。しかし、記憶にある(吹き出しのなかに描いてある)「F」の形をみると、二本の横棒は縦棒の東側にある。方向が逆になっているのである。

文字が鏡に映っている場合は、記憶にある「F」と鏡像とのあいだで左右が逆になっているので、左右の鏡映反転を認知することになるのだが、他方、自分自身が鏡に映っている場合は、実物の自分と鏡像とのあいだで、左右が逆になっていないにもかかわらず、左右の鏡映反転を認知するのである。ここには、明白な違いがある。

このようにはっきりとした違いが二つもある以上、自分自身の鏡映反転と文字の鏡映反転は、「それぞれ別の原理から生じている」と考えたほうがいいのではないだろうか。

横対した場合

もうひとつ、考慮しなければならない違いがある。鏡と向かいあっている場合と、鏡を横に見ている場合との違いである。

図3－4(a)は、鏡と向かいあっている、すなわち、「正対している」場面である。第1章で述べたように、鏡面に垂直な方向は光学的に反転するので、この場面では、鏡面に垂直な前後方向が反転する。鏡面と平行な左右方向は反転しない。

この場合には、鏡と正対している対象が何であれ、光学的には左右が反転しないのだから、左右の鏡映反転を説明するためには、光学的な変換とは別の理由を考えなければならない。

一方、図3－4(b)では、実物の左右が鏡面と垂直になっている。この配置を「横対」と呼ぶことにしよう。このように鏡と横対しているときには、前後方向は鏡面と平行になっているので反転しないが、左右方向は鏡面と垂直になっているので、光学的に反転する。鏡のなかでは、左右が反対に見えることになる。

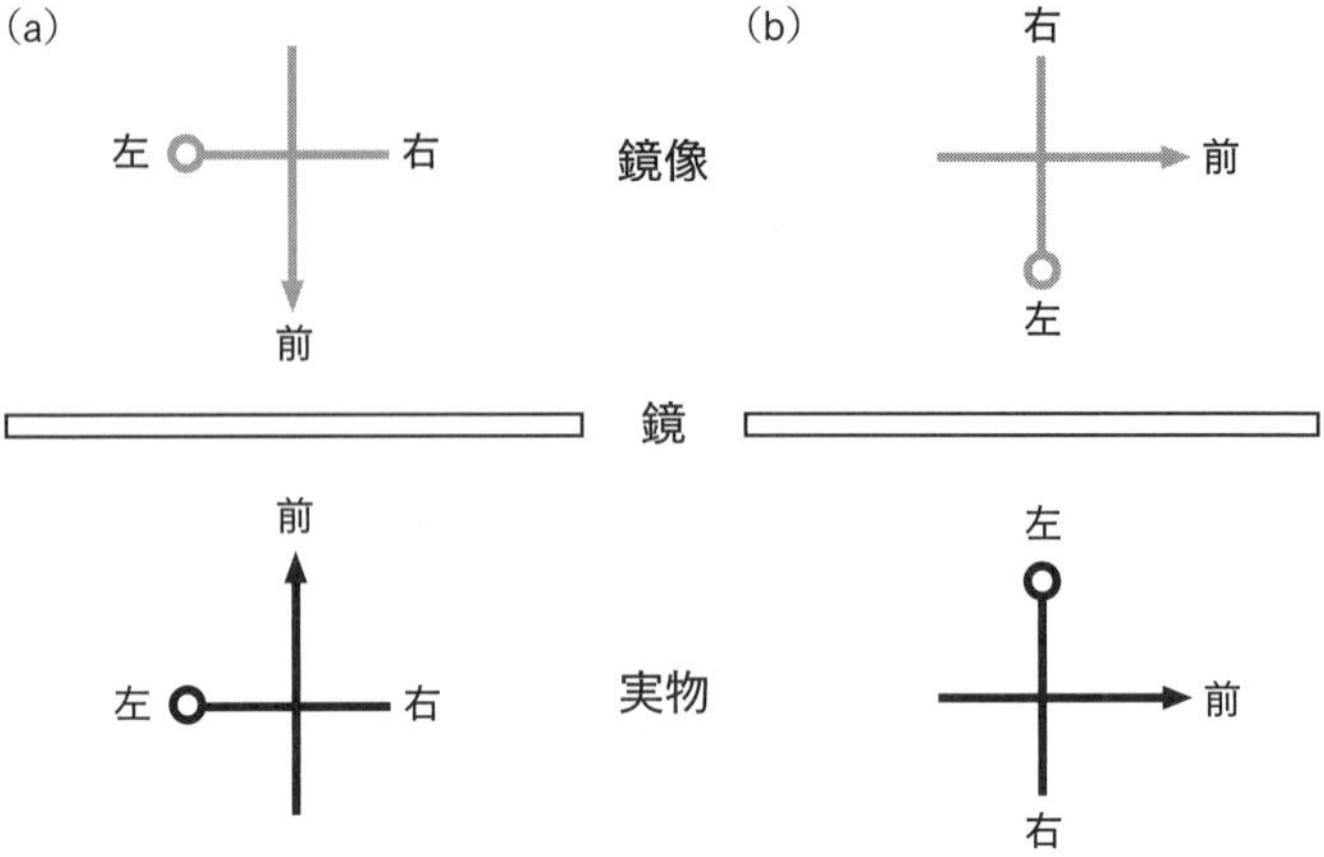

図 3-4　鏡に正対した場合(a)と横対した場合(b)

横対の場合には、左右の鏡映反転は、光学的な変換だけで説明できるわけである。別の理由を考える必要はない。

サイエンス・ライターとして名を馳せたガードナー[Gardner 1964]と、オックスフォード大学の哲学者ベネット[Bennett 1970]は、鏡に横対したときの左右反転を「真の」左右反転と呼んで、正対したときの「偽りの」左右反転と区別した。アメリカの哲学者ブロック[Block 1974]は、「なぜ一方が「真」で他方が「偽」なのか、その理由を明らかにしていない」と彼らを批判している。しかし、「真」「偽」というラベルが適切かどうかはともかくとして、「左右反転が光学的な変換だけで説明できるか、できないか」という違いは、たしかに存在するのである。

三種類の鏡映反転

こう考えてくると、「鏡映反転というのは、一つの現象ではなくて、じつは、三つの現象の集まりなのではないのだろうか」という推定に行き着く。

一つめは、ガードナーやベネットがいう「真の」鏡映反転で、鏡面と垂直になっている方向が反対に見えるという、純粋に光学的な鏡映反転である。これを「光学反転」と呼ぶことにしよう。

二つめは、文字の鏡映反転である。文字が鏡に正対しているとき、「鏡に映った文字の左右が、記憶にあるその文字の左右とは反対になっている」というところから生じる鏡映反転である。これは「表象反転」と呼ぶことにしよう。この名前の意味は、のちほど説明する。

三つめは、自分自身の鏡映反転である。自分自身が鏡に正対しているとき、鏡に映った自分の左右(例：鏡像は腕時計を右手にしている)と、実物の自分の左右(例：自分は腕時計を左手にしている)が反対になっているために生じる鏡映反転である。この鏡映反転は「視点反転」と呼ぶことにしよう。この名前の意味についても、のちほど説明する。

では、それぞれの鏡映反転を詳しく調べてみることにしよう。

3　光学反転

文字の左右反転

図3-5では、文字「F」を書いた紙が鏡に横対している。観察者は実物の文字に正対しているので、鏡にたいしては、やはり横対していることになる。鏡のなかには、文字「F」が映っている。この配置では、観察者は、実物の文字とその鏡像の両方を同時に見ることができる。

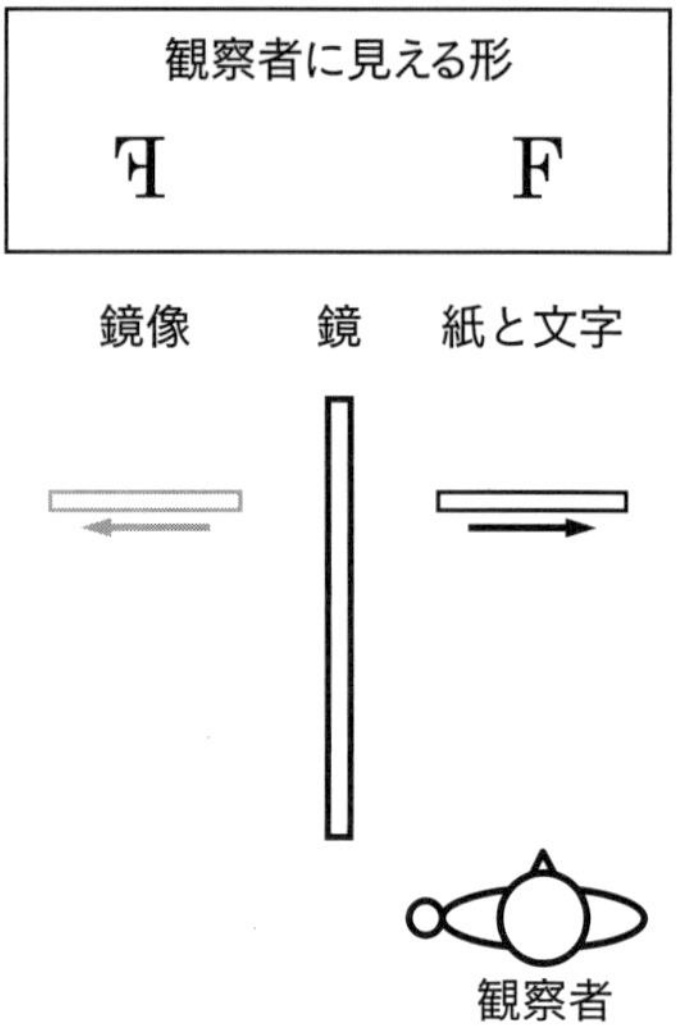

図3-5　鏡に横対した文字(F)の光学反転

第1章で述べたように、鏡は、その表面に垂直な方向を光学的に反転する。この反転を「光学変換」と呼ぶことにしよう。図3-5では、文字の左右方向が鏡の表面と垂直になっているので、文字の左右が光学変換によって反転することになる。そうすると、鏡のなかでは、「F」の二本の横棒は、縦棒の左にあるように見える。一方、実物の「F」を見ると、二本の横棒は、縦棒の右にある。したがって、鏡像と実物を見くらべると、左右が反対に見える。これが光学反転である。

前後反転

光学変換は、「鏡の表面に垂直な方向を反転する」という変換なので、左右方向が垂直なら、左右を反転するが、左右だけを特別あつかいするわけではない。さきほどの図3-4(a)のように前後方向が垂直になっている場合には、前後を反転することになる。

鏡と向かいあって、そこに自分の姿を見るときには、ルネ・マグリットのシュルレアリスム絵画(図1-4)のように後ろ向きの自分が見えるわけではなく、こちらを向いた自分が見える。実物の自分が北を向いているとすれば、鏡のなかの自分は南を向いている(図1-3)。この場合は、前後方向が鏡の表面と垂直になっているので、前後が光学反転しているわけである。

文字を書いた紙が鏡のほうを向いている場合にも、同じことがいえる。実物の紙はというと、文字の書いてある面は鏡のほうを向いているが、一方、鏡に映った紙はというと、文字の書いてある面はこちらを向いている。これも前後の光学反転である。

もっとも、この場合は、「前後が反転している」という実感はあまり湧かないかもしれない。紙は不透明なので、文字が書かれていないこちらの面は鏡に映らない。実物の紙を見ても、文字が書かれている向こう側の面は見えない。「前」と「後ろ」の両方が見えれば、実物と鏡像を比較して、前後が反対になっていることは、はっきり見てとれるのだが、紙の場合はそれができないので、「前後が反対になっている」という実感が湧きにくいのである。紙は薄いので、前後方向があること自体が意識にのぼりにくくて、そのために実感が湧きにくいという面もあるだろう。しかし、実感はどうあれ、じっさいには、たしかに光学変換による前後の光学反転は生じているのである。

4　表象反転

鏡に正対した文字

まず、文字が鏡に正対している(向かいあっている)とき、左右の鏡映反転がどのように認知されるのかを確認しておこう。

図3-6(a)では、観察者は鏡に正対しているが、文字を書いた紙は観察者のほうを向いている。した

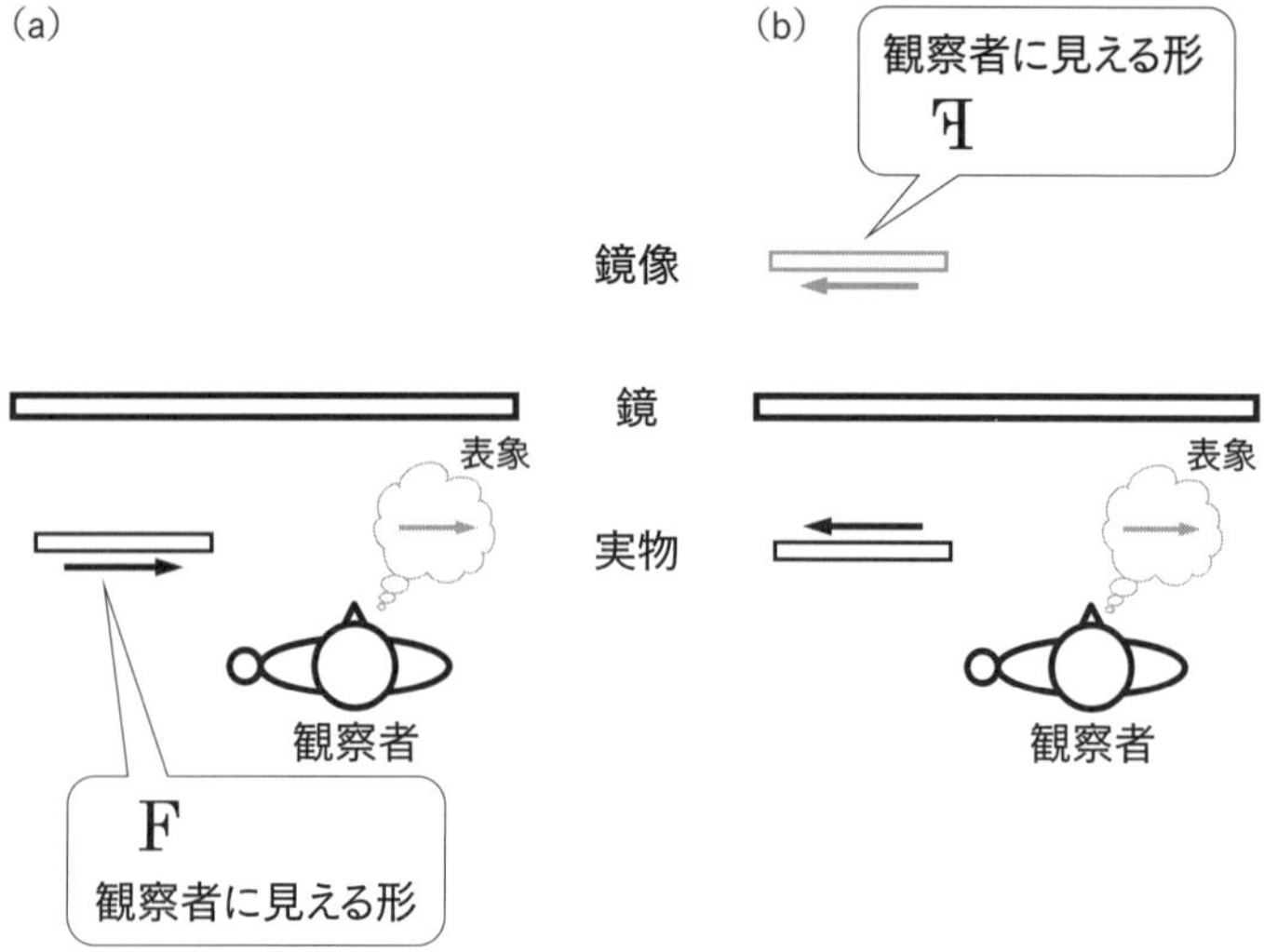

図 3-6　鏡に正対した文字(F)の表象反転

がって、鏡には文字は映っていない(紙の裏側は鏡に映っているが、要点が曖昧にならないように、紙の裏側の鏡像と観察者の鏡像は、この図では省略してある)。文字が「F」だとすると、観察者が文字を直接見たときには、「F」の二本の横棒は、縦棒の右側に見える。記憶にある「F」の形を思いだすと、そこでも、二本の横棒は縦棒の右側についている。したがって、当然のことではあるが、左右は反転していない。

つぎに、図3-6(b)では、文字の書いてある面が鏡のほうを向いているので、文字は鏡に正対している。文字を鏡のほうに向けるために、上下方向を軸にして一八〇度回転したので、文字は左右が反対になっている。ただし、この左右が反対になった実物の文字は、観察者からは見えない。しかし、鏡には映る。鏡は光学的には左右を反転しないので、左右が反対になった文字がそのまま映る。したがって、鏡像のなかでは、二本の横棒は、縦棒の左側に見える。一方、記憶にある「F」の形を思いだすと、二本の横棒は、縦棒の右側にある。思いだした「F」の形を鏡像と比較すると、左右は反対になっている。こうして、「左右が反転している」という認知が生じるわけである。

表　象

なにか別の事物を表しているものを「表象 representation」という。もとは哲学の用語である。たとえば、国旗は国家の表象である。心理学では、心のなかで何かを表しているものを「表象」あるいは「心的表象 mental representation」と呼んでいる。

いま、目の前に一輪の花があるとする。その花が見えているということは、心のなかで、何かがその花を表しているということである。心のなかに実物の花があるわけではないから、その「何か」は、実物の花とは別ものである。「脳の特定の場所にある特定の神経細胞の活動パターン」というようなことになるのかもしれないが、まあ、そうした物理的な実体はともかくとして、「何か」が心のなかでその花を表していることはまちがいない。その「何か」が「表象」である。

目の前にある花をじっさいに見ているとき、その花を心のなかで表している表象を「知覚表象」という。しかし、その花を目の前から取り去っても、その花を思い浮かべることはできる。このとき、その花を心のなかで表している表象を「記憶表象」という。そういう区別をせずに、全部まとめて「表象」とだけ呼ぶことも多い。

文字の表象

さて、文字の鏡像を見たときには、記憶にある文字の形と比較して、「左右が反対になっている」と判断するわけだが、その「記憶にある文字の形」が文字の「表象」ということになる。「紙に書いてある文字を見て、それを写真に撮ったようなイメージとして記憶している」という場合もあるだろう。これも表象である。しかし、心理学や情報工学では、人間が文字を読むときに使っている表象は、そういった「写真に撮ったような表象ではないらしい」と考えられている。「写真に撮ったような」表象では、つぎのような理由で、文字をうまく認知することが難しいのである。

じっさいに目にする文字の形は千差万別である。印刷に使う文字にも、いろいろなフォントがあるし、手書きの文字となると、これはもう、ほとんど無限といってもいいほどのバラエティがある。もし、「はじめに見た「F」を映像として記憶しておき、いま見ている文字がそれと一致するかどうかを調べて、一致すれば、いま見ている文字が「F」だと判断する」ということにした場合には、大半の「F」は、「「F」ではない」と判断されることになってしまうだろう。なぜなら、「同じフォントを使って同じ大きさで印刷した文字を、正確に同じ距離から、正確に同じ傾きで見る」という特殊な場合を除けば、完全に一致することはないからである。

そんなことにならないためには、文字を読むために使う表象は、写真のような映像ではなく、抽象的な構造の記述になっていたほうがよい。たとえば「F」の場合なら、「すこし長い縦の線が一本と、その右に、すこし短い横の線が二本あり、一本の横線の左端は縦線の上端と接しており、もう一本の横線の左端は縦線の真ん中あたりと接しており……」といった記述である。「縦線と上の横線とのあいだの角度は九〇度」というような数量的な記述も含まれていなければならない。ただし、どの「F」でもぴったり九〇度というわけではないので、ある程度の許容範囲も指定しておく必要がある。

じっさいに人間が使っている文字の表象は、このように言葉で表されているわけではないが、なんらかの方法で構造の記述がなされていることはまちがいない。「文字の形を、線や線の長さ、角度といった特徴に分解し、それらをどう組みあわせるかを指定する」という記述である。この抽象的な記述が、文字を読むときに使っている文字の表象なのである。

「F」の鏡像は、普通の「F」とは形がひどく異なっているので、表象が構造の記述でなければ、それが「F」の鏡像だということすら分からないだろう。構造の記述であれば、「線が何本あるか、線がどう配置されているか」といった基本的な特徴や構造は、「F」とその鏡像とのあいだでほぼ一致しているので、鏡像を見たとき、それが「F」の鏡像だということは、すぐに分かるのである。

「F」とその鏡像とのあいだで違っているのは、「二本の横棒が縦棒の右にあるか左にあるか」ということだけである。私は形態認識にかんする研究のなかで、要素と要素のあいだの位置関係を表すこうした情報を「相対方向情報」と名づけた[高野 一九八七；Takano 1989]。もとになる形とくらべたとき、構造の記述のなかで、この相対方向情報だけが違っていて、ほかの情報はすべて共通しているのが鏡像なのである。

左右反転の原因

さて、話を鏡映反転に戻そう。

文字が鏡に正対しているとき、左右が反対に見える原因は何なのだろうか？

それは、さきほどの図3‐6(b)に示されていたように、鏡像の左右が表象の左右とは逆になっていることである。

だが、そもそも、鏡像の左右が表象の左右と逆になっているのは、なぜなのだろうか？

それは、鏡と向かいあっている実物の文字の左右が、表象の左右とは逆になっているからである。この関係を、この本では、「対象‐表象反転」と呼ぶことにする。

では、その実物の対象が鏡のなかに見えるのは、なぜなのだろう？

むろん、それは、光学変換のおかげである。光学変換が前後を反転するので、鏡のほうを向いている文字がこちらのほうを向いているように見えるのである。しかも、光学変換は左右を反転しないので、逆になった実物の左右が、そのまま鏡に映る。それを表象と比較すると、「左右が反対になっている」という認知が生じるのである。

そう考えてみると、文字の鏡映反転は、「対象‐表象反転」という原理と、光学変換という原理の両方に起因しているということが分かる。

ただ、光学変換は、ほかの二種類の鏡映反転の場合にも作用している。文字の鏡映反転の特徴は、文字の表象が重要な役割を果たしていることである。そこで、このタイプの鏡映反転を「表象反転」と呼ぶことにしたわけである。

物理的回転の役割

では、図3-6(b)で、「実物の文字の左右と表象の左右が反対になっている」という「対象-表象反転」が生じたのは、なぜなのだろうか？

最初、図3-6(a)のように、文字が観察者のほうを向いていた場合には、その文字が鏡のほうを向くように回転したことが、その原因だといえるだろう。上下軸を中心にして、一八〇度回転したので、文字の左右が逆になったのである。

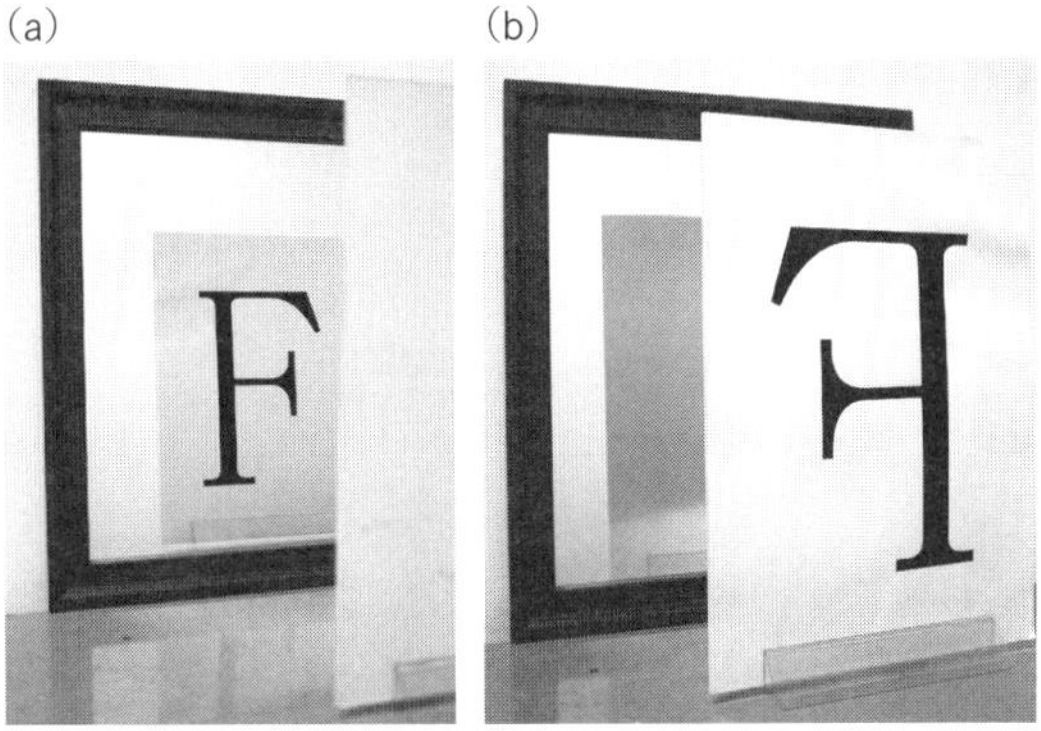

図3-7　「F」の鏡映文字(b)とその鏡像(a)

そうすると、すくなくとも文字の鏡映反転については、「グレゴリーの物理的回転説が正しい」といっていいのだろうか？文字の物理的な回転が左右反転の究極の原因なのだろうか？

もし文字の物理的な回転が鏡映反転の原因なのだとしたら、上下軸を中心にして、文字を一八〇度回転した場合には、かならず左右の鏡映反転が見えるはずである。しかし、つねにそうなるとは限らない。そのことは、図3-7(a)を見れば分かる。この写真の場合、文字を一八〇度回転して鏡に映したにもかかわらず、鏡のなかに見える文字は、左右が反対になっていない。

この写真で鏡に映っているのは、「F」の「鏡映文字」である。鏡映文字は、直接見ると、図3-7(b)のように、普通の文字とは左右が反対になっている。この鏡映文字を鏡に映すために、上下軸を中心にして一八〇度回転すると、左右が反対になる。もともと反対になっていた左右をさらに反対にすれば、当然、もとに戻る。鏡には、左右がもとに戻った「F」がそのまま映るので、図3-7(a)のように、左右が反対になっていない、普通の「F」が見えるのである。図3-7(a)には紙の裏側も写っているが、鏡像だけを見ると、まえに見た図3-1(a)のように、なんの変哲もない普通の「F」が見えることになる。

別の言いかたをすると、鏡映文字の鏡像が左右反転して見えないのは、「実物の文字の左右と表象の左右が反対になっている」という「対象-表象反転」が存在していないからなのである。鏡映文字の「F」が鏡のほうを向いているときには、二本の横棒は、縦棒の右側に位置している。この点では、「F」の表象と変わらない。左右反転の原因である「対象-表象反転」が存在しないので、左右の鏡映反転は生じないというわけである。

この例から明らかなように、物理的な回転が左右の鏡映反転を生みだすわけではない。物理的な回転は、左右の鏡映反転を生みだす遠因になる場合もあるが、鏡映文字の「F」のときのように、逆に左右の鏡映反転を打ち消してしまう場合もある。左右の鏡映反転の原因は、あくまでも、鏡像の左右と表象の左右が反対になっていること、ひいては、実物の左右と表象の左右が反対になっていること、つまりは「対象-表象反転」なのである。

さまざまな表象反転

鏡像の左右が表象の左右と反対になっていることが左右の鏡映反転の原因なのだとしたら、鏡像の上下が表象の上下と反対になっている場合には、上下の鏡映反転が見えるはずである。上下の鏡映反転は、たしかに見える。この章の最初に出てきた図3‐1(b)を見れば、それは一目瞭然である。

その図の写真には、普通の「F」が逆さに写っていた。こちらを向いている普通の「F」を鏡のほうに向けるとき、上下軸ではなく、左右軸を中心にして一八〇度回転したのである。その結果、左右はそのままで、上下と前後が反対になった。前後が反対になったので、「F」は鏡のほうを向き、鏡に映るようになった。上下が反対になったので、鏡像は逆さになった。「F」の表象のなかでは上のほうについている横棒は、鏡像では下のほうについている。しかし、横棒が縦棒の右についているところは、「F」の表象と変わらない。たしかに、左右は反転しておらず、上下だけが反転している。

つぎに、図3‐2(a)をもう一度見てみよう。この写真で鏡に映っているのは、図3‐7(b)に写っている鏡映文字の「F」である。鏡のほうに向けるとき、やはり、上下軸ではなく、左右軸を中心にして一八〇度回転した。その結果、上下が反対になった。鏡映文字の場合は、もともと左右が反対なので、左右軸を中心にして回転した場合には、左右は反対になったままで変わらない。したがって、「表象では横棒は右上についているが、鏡像では横棒は左下についている」ということになった。すなわち、「上下と左右の両方が反転している」ということになったのである。

図3‐2(b)に映っていたヒエログリフの場合は、左右が反対になっているのか、いないのか、上下が反対になっているのか、いないのか、よく分からない。私たちは古代エジプトの文字は知らないので、その表象は記憶のなかにはない。当然、図3‐2(b)の鏡像を表象とくらべることもできない。そのせいで、反転しているのかいないのか、分からないのである。しかし、ヒエログリフを知悉しているエジプト学者なら、私たちが「F」を見るときと同様、はっきりと左右反転を認知するにちがいない。

表象反転をひき起こす対象

文字の鏡映反転の原因が「鏡像の方向と表象の方向が逆になっていること」だとすると、このタイプの鏡映反転が認知されるのは、文字だけとはかぎらないはずである。表象がしっかり頭のなかに残っていて、その表象のなかで右と左の違いがはっきりしていれば、鏡像を表象と比較したとき、左右が反対になっていることはすぐに分かるので、左右反転が認知されるはずだからである。ほんとうに認知されるかどうかは、第5章で調べてみることにしよう。

鏡映反転の説明のなかで一番人気のある左右対称説は、「人体のように、左右がほぼ対称な物体でないと、左右の鏡映反転が説明できない」という重大な欠陥をもっていた。じっさいには、アルファベットの「D」や「F」のように、左右がはっきりと非対称な場合も、左右の鏡映反転は、だれもが認知する。左右対称説では、この鏡映反転が説明できなかった。

しかし、「鏡像の方向と表象の方向が逆になっていること」が鏡映反転の原因なのだと考えれば、対象の左右が「ほぼ対称」かどうかということにはかかわりなく、左右の鏡映反転が説明できる。左右の対称性が(腕時計などで)少しだけ破れていようと、(DやFのように)大きく破れていようと、左右の形に違いがありさえすれば、鏡像と表象のあいだで左右が反対になっていることは認知できるからである。

また、左右対称説では、上下の鏡映反転が説明できない。図3‐1(b)に映っている逆さの「F」のように、上下がはっきりと非対称な形が鏡に映った場合でも、上下の鏡映反転は見える。これは、左右対称説では説明のしようがない。しかし、鏡像の上下は、表象の上下とは反対になっているのだから、

「表象反転」という考えかたなら、上下反転は苦もなく説明できるのである。

表象反転と光学反転

図3-8では、文字と観察者がどちらも鏡に横対している。この図は、図3-5と基本的には同じものだが、文字の表象が書き加えられているところだけが違っている。

この章の第3節「光学反転」のところで説明したように、文字の鏡像を実物と見くらべると、左右が反対になっているので、左右の鏡映反転が見てとれる。これは光学反転である。

しかし、「F」という文字を知っていれば、その表象は記憶のなかにあるので、鏡像は、紙に書いた実物の文字とではなく、表象と比較することもできる。表象と比較しても、左右は反対になっているので、左右の鏡映反転が認知できる。だが、こちらは表象反転である。

つまり、同じ鏡像でも、「実物と比較した場合には光学反転、表象と比較した場合には表象反転」ということになる。同じように左右の鏡映反転を認知したといっても、それを生みだす原理は異なっているのである。

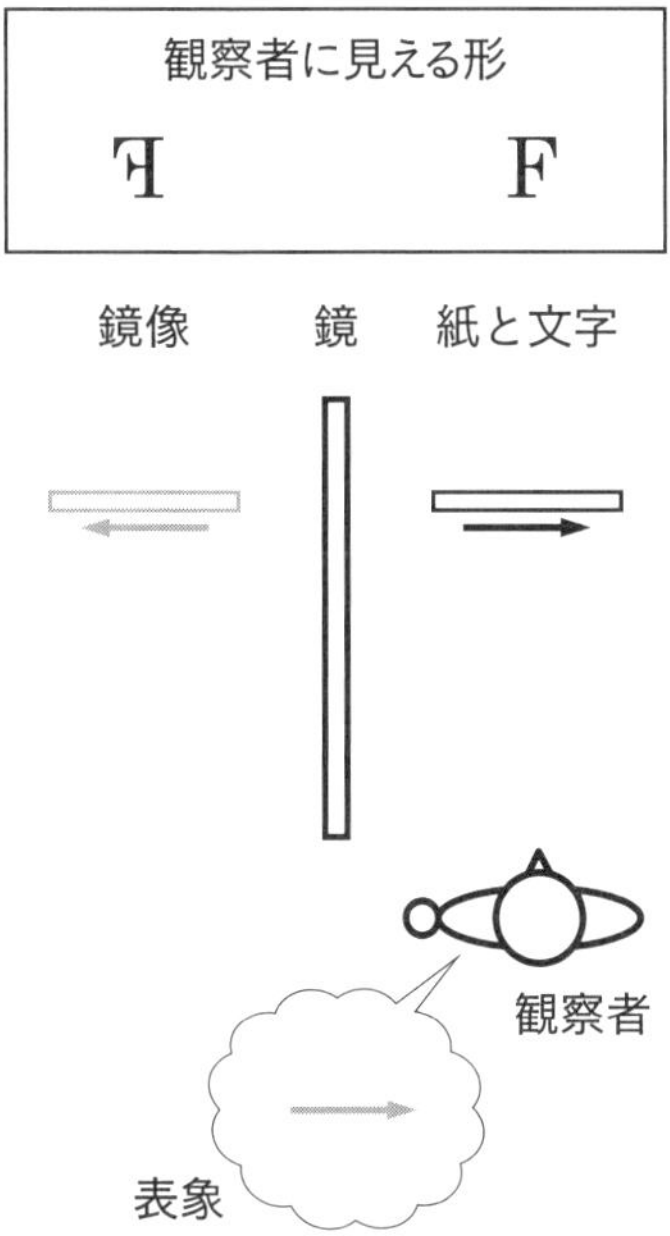

図3-8　文字(F)の光学反転と表象反転

「同じ配置で、同じように左右反転を認知するのに、そんな区別をする必要があるのだろうか？」という疑問が頭に浮かぶかもしれない。「必要はある」のだが、それについては、第5章で、実験データを見ながら考えてみることにしよう。

5　視点反転

視点の変換

表象反転の場合は、鏡像と表象とのあいだで、左右が反対になっていて、それを検出すれば、左右の鏡映反転を認知することになるのだから、ある意味、話は簡単である。ところが、自分自身の鏡映反転の場合は、そうはいかない。

この章の第2節でも説明したが、自分が左手にしている腕時計は、鏡のなかでも、そのまま左側に映っている。自分自身の鏡映反転は、実物と鏡像の比較から生じるが、この二つを比較しても、左右は反対になっていないのである。このままでは、左右反転の認知は生じない。しかし、じっさいには、左右反転の認知は生じるのだから、なにか左右を反対にするような操作が加わっているにちがいない。

哲学者のピアースや物理学者のファインマンが考えた操作は、「自分が鏡の後ろに回りこんで、自分の鏡像と重なるところを想像する」という心理的な回転操作だった。たしかに、この回転操作をすれば、腕時計をしているほうの自分の手は、腕時計をしていないほうの鏡像の手と重なるから、「左右が反対になっている」ということになる。

しかし、考えてみると、「自分は左手に腕時計をしているのに、鏡像は右手に腕時計をしている」ということが分かるためには、鏡の後ろに回りこむところまで想像する必要はない。鏡像の視点から左右を判断すれば、それで済むことである。実物の自分については、自分自身の視点から左右を判断すると、実物の腕時計は体の左にあることが分かる。自分の鏡像については、鏡像の視点から左右を判断すると、鏡像の腕時計は体の右にあることが分かる。これで、「左右が反転している」という認知は生じるのである。

座標軸の変換

この場合の「視点」というのは、どのようにして左右を判断するかという、判断基準のことである。「左右」のほかに、普通は「上下」と「前後」も判断するので、方向を判断するための基準は、上下軸、左右軸、前後軸という三つの軸がたがいに直交する(図2-5に示したような)いわゆる「デカルト座標」になる。

図3-9には、鏡像の視点をとるために必要な座標系の変換が描かれている。ただし、この図は、上から見たところなので、表示されているのは前後軸と左右軸だけである。上下軸は、前後軸と左右軸が交わるところに、紙面と垂直に立っていることになる。この図では、矢印が指している方向が「前」である。「右」の方向には、それと分かるように短い線分がつけてある。

まず、図3-9(a)では、鏡像と向かいあった実物の自分に座標系が設定してある。私たちが方向を判断できるのは(とくに「左右」を判断できるのは)、意識しているにせよ、いないにせよ、こうした座標系

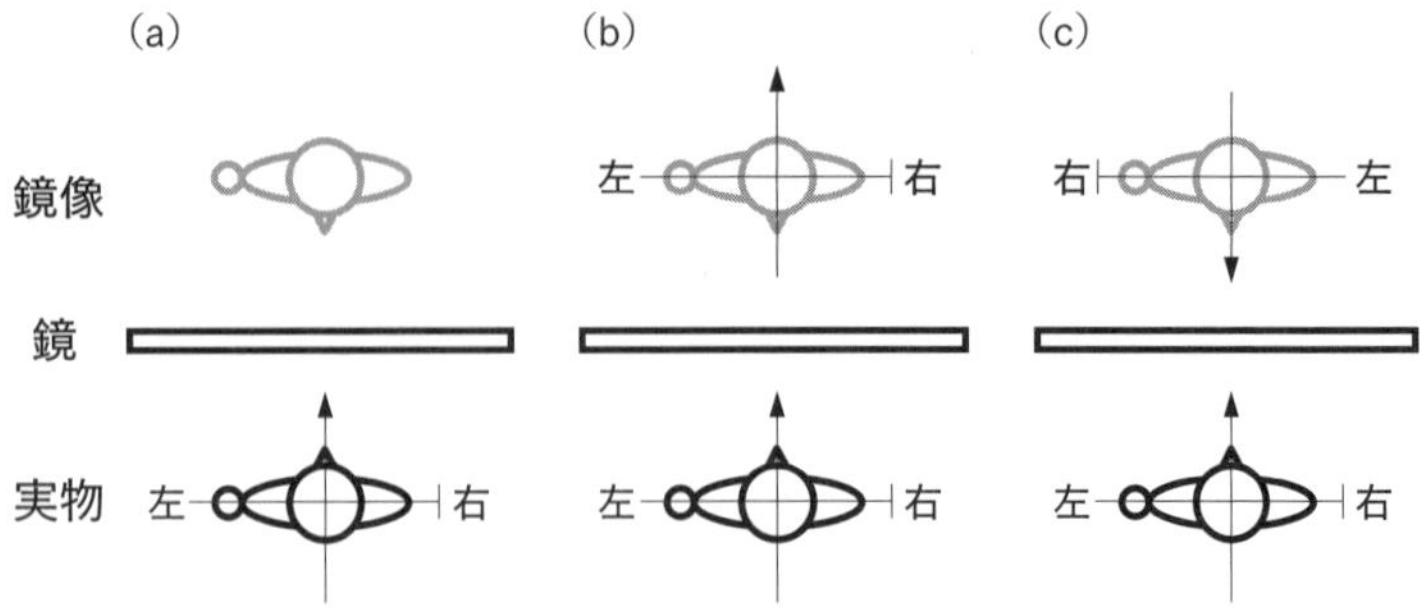

図 3-9　視点変換

を心のなかにもっているおかげである。

つぎに、図3－9(b)では、実物に重なっていた座標系を平行移動して、鏡像に重ねた。しかし、これでは、背中のほうが「前」になってしまう。鏡像の視点をとるためには、顔のあるほうが「前」になっていなければならない。そのためには、上下軸を中心にして、この座標系を一八〇度回転する必要がある。そうすると、図3－9(c)のようになる。一八〇度回転したので、実物に設定した座標系と比較すると、前後軸も左右軸も、方向が反対になっている。

この反対になった左右軸をもとにして判断すると、鏡像の腕時計は右にあるということになる。一方、実物に設定した座標系にもとづいて判断すると、実物の腕時計は左にあるということになる。こうして左右の反転が認知されるわけである。

まえに述べたように、自分自身の鏡像の場合、実物の自分の視点から見るかぎり、左右は反対になっていない。左手にした腕時計は、鏡のなかでも左に見える。左右反転を認知するためには、左右反転を生みだす別のプロセスが必要になる。それが、この座標系の変換なのである。

鏡像の視点をとるために、このように座標系を変換することを

「視点変換」と呼ぶことにしよう。座標系を回転するところで左右が反対になるのだから、左右の鏡映反転の原因は、この視点変換だということになる。

ただし、そもそも、鏡像の視点をとるために座標系を回転しなければならないのは、光学変換によって、前後方向が反転したためである。したがって、自分自身の鏡映反転は、視点変換と光学変換の両方に起因していることになる。

しかし、光学変換は、どの鏡映反転にも共通しており、自分自身の鏡映反転を特徴づけているのは視点変換のほうである。そこで、このタイプの鏡映反転は、「視点反転」と呼ぶことにしたわけである。

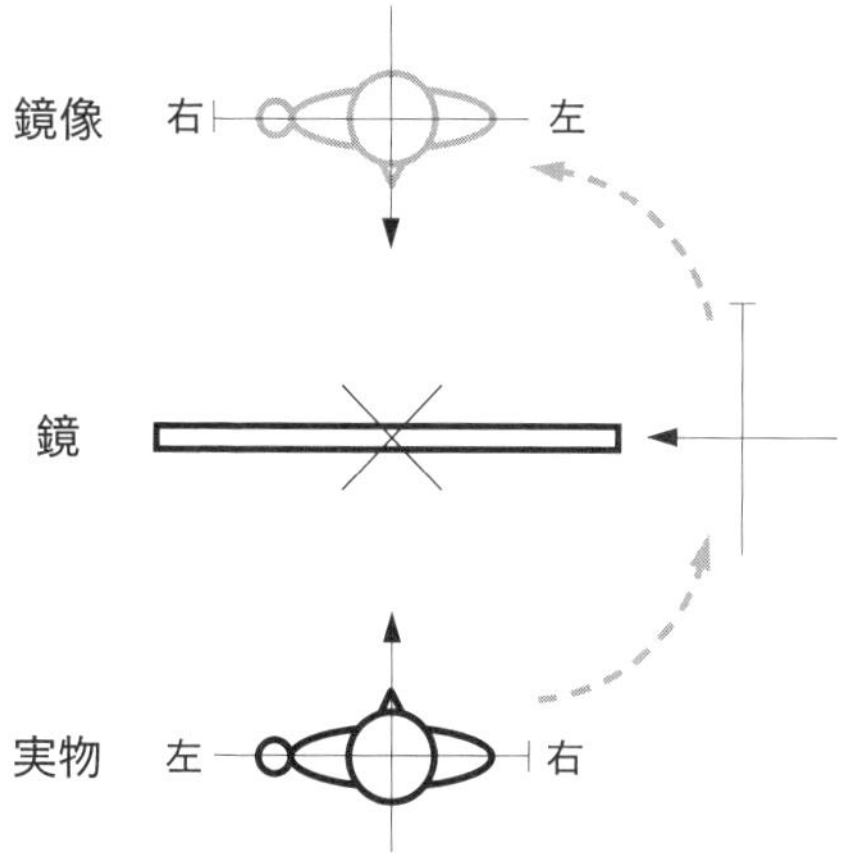

図 3-10　平行移動を含まない回転変換

回転の方法

図3-9で説明した座標系の変換は、「いったん平行移動をしてから回転をする」という変換だったが、ピアースたちが考えた「後ろから回りこむ」という方法は、幾何学的にみると、これとは少し違った変換になる。

図3-10では、実物の中心と鏡像の中心を結んだ線分が鏡と交わるところに「×」印が打ってある。この「×」印の中心に、紙面と垂直な軸を立て、それを中心にして、実物の座標系を一八〇度回転すると、座標系は鏡像と重なる。この変換が、単純な幾何学的変換として

は、ピアースたちの説明と最もよく一致する。「回転によって、鏡像の視点から方向を判断する座標系になる」という結果は変わらないが、回転軸の位置が違うし、平行移動成分が含まれていないという点も違う。

結果は変わらないのだから、どちらの回転を考えてもよさそうなものだが、図3-10の回転には具合の悪い点がある。あとで述べるように、鏡に横対している場合には、自分自身の鏡映反転を説明しようとすると、視点変換のなかの平行移動成分だけが必要になるのである。図3-10のような平行移動成分を含まない回転変換を考えた場合には、平行移動成分だけを使った説明ができなくなってしまう。そこで、平行移動成分と回転成分を組み合わせた「視点変換」を考える必要が出てくるのである。

回転の途中経過

そうはいっても、「ほんとうに平行移動や回転をしているのか?」、つまり、「座標系が実物から鏡像へと移動するとき、平行移動や回転の軌跡をほんとうに辿っていくのか?」というと、その必要は、かならずしもないのである。座標系は、物理的な実体ではないので、実物から鏡像へと連続的に移動させていく必要はない。鏡像の上に、図3-9(c)のように実物のほうを向いた座標系をいきなり設定してしまっても、一向にさしつかえないのである。

「平行移動」とか「回転」とかいうのは、あくまでも、実物の座標系と鏡像の座標系とのあいだの関係を幾何学的に表現しようとしたとき、「そういう幾何学的な変換によって表現することができる」というだけのことにすぎない。想像しようと思えば、座標系が移動していく様子を想像することもできないわけではないが、鏡映反転を認知するとき、私たちが現実にそういう想像をしているというわけでは、かならずしもないのである。

ましてや、自分が鏡像の後ろに回りこんでいく様子を逐一想像する必要などは、まったくない。もし、ほんとうにそういう想像をしているのだとしたら、図3-10のような回転をする場合、想像上の自分が実物の自分から離れると、「まず、左のほうに実物の自分の姿が見えはじめ、やがて、鏡を真横から見て、さいごに、鏡像と重なったときには、こちらを向いている実物の自分とその背景が見える」という経験をするはずである。しかし、鏡のなかで自分の左右が反対になっていると感じるたびに、こんな経験をしている人は、まずいないだろう。

鏡映反転の説明に必要なのは、回転の具体的なイメージではなく、図3-9(c)のように、実物のほうを向いた座標系を鏡像に設定することだけなのである。一般に、科学的な説明は、現象が論理的に説明できるのであれば、できるだけ単純であることが望ましいとされている[Hempel 1966]。複雑な説明と単純な説明のどちらでも同じ現象が説明できる場合には、「単純な説明のほうを選ぶ」というのが科学界の「不文律」なのである。

どちらが単純かを判断するのが難しい場合もあるが、この場合はべつに難しくない。鏡の裏側に回りこむところを想像することの目的は、鏡像の視点から左右を判断することである。しかし、鏡像に、鏡像の視点をとる座標系を直接設定すれば、それだけで、この目的は達せられる。したがって、回転の具体的なイメージは、説明に不可欠ではなく、説明を複雑にする役目しか果たしていないことになる。「鏡像の後ろに回りこんで、鏡像と重なるところを想像する」という説明は、「単純な説明」とはいえないわけである。

とはいえ、そういう想像をしていることを明確に否定する実証的な証拠があるわけでもない。そういう想像をすることは不可能ではないし、人によっては、あるいは、場合によっては、そういう想像をすることも、まったくないとはいいきれないだろう。したがって、ここでは、「そういう想像はしていない」と断定することはしない。ただ、「回転の具体的なイメージは、鏡映反転の説明には必須ではない」ということを指摘するだけにとどめておく。「鏡像の視点をとる座標系を設定する」という想定だけで、自分自身の鏡映反転は充分に説明することができるのである。

回転の役割

では、鏡像の視点をとるためには、なぜ座標系を回転しなければならないのだろうか？

それは、鏡が光学的に前後を反転するからである。鏡に正対しているときには、前後方向が鏡の表面と垂直になる。垂直な方向は、光学変換によって反転するので、この場合は、前後方向が反転することになる。鏡のなかの自分は、実物の自分にとっての「前」ではなく、「後ろ」のほうを向いている。ここまでは、すでに確認ずみである。

座標系の前後軸がそのままでは、鏡像の顔は「後ろ」にあることになってしまうので、鏡像の視点をとったことにはならない。鏡像の視点をとるためには、前後が反転した鏡像に合わせて、前後軸も反転しなければならない。ところが、前後軸だけを反転すると、問題が起こるのである。

図3‐11(a)は、普通の座標系である。前後軸だけを反転すると、図3‐11(b)のようになる。この図の

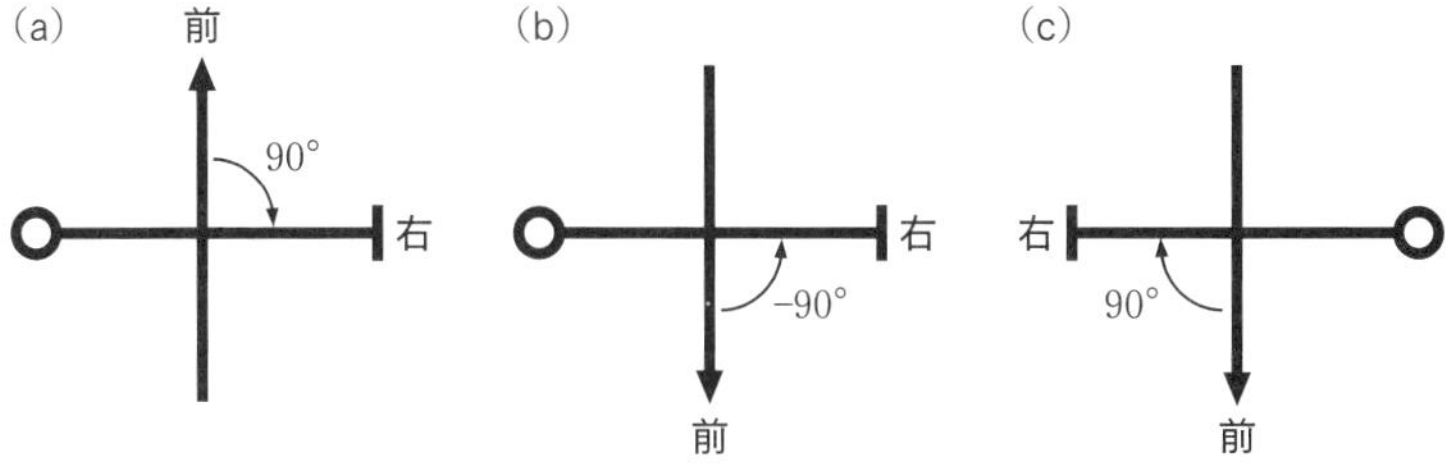

図 3-11　座標軸の反転

座標系では、上からみたとき、「前」からマイナス九〇度（反時計まわりに九〇度）の方向が「右」になっている。しかし、図3-11(a)をみれば分かるように、「右」は、本来、「前」からプラス九〇度（時計まわりに九〇度）の方向なのである。マイナス九〇度の方向にあったのでは、本来「左」であるはずの方向が「右」になってしまう。座標系によって、「右」と「左」が入れかわってしまうようでは、左右を正しく判断することはできなくなる。

そんなことにならないようにするためには、前後軸だけではなく、左右軸も反転する必要がある。図3-11(c)では、左右軸も反転してある。こうすれば、「右」は「前」からプラス九〇度の位置にくるので、図3-11(a)の場合と変わらないことになる。

前後軸と左右軸の両方を反転すると、幾何学的には、上下軸を中心にして一八〇度回転したことと同じになる。図3-11(a)の座標系は、一八〇度回転すれば、たしかに、図3-11(c)の座標系になる。「座標系を一八〇度回転する」ということは、「光学反転に合わせて前後軸を反転したとき、「右」と「左」が入れかわってしまわないように座標系を設定する」ということなのである。

鏡像の視点をとる理由

では、そもそも、鏡像の視点をとるのは、なぜなのだろうか？ 移動方法説や左右対称説の場合は、なぜ鏡像に自分を重ねあわせるのか、理由がはっきりせず、それが大きな弱点になっていた。「鏡像の視点と一致するように座標軸を設定する」と考える場合も、やはり、なぜそうするのかを明らかにしなければ、説明は完結しない。

なぜ鏡像の視点をとる必要があるのだろうか？

「鏡像の視点をとる」といっても、鏡像の視点から、実物の自分やその背景がどう見えるかということまでを想像するわけではない。じっさいにしていることは、左右を判断することだけである。では、なぜ鏡像の視点から左右を判断する必要があるのだろうか？

そうしなければならない理由は、すくなくとも一つは確実に存在する。身体の部位を呼び分けることである。

人間の身体は、ほぼ左右対称にできている。ということはつまり、「よく似た形をした部位が二つずつある」ということである。目も二つ、耳も二つ、手も二本、足も二本ある。では、その二つのうちの一方を言葉で指し示したいとき、私たちはどうしているだろうか？

そう、「右」「左」という方向を表す用語を使っている。「右目」「左目」、「右手」「左手」といった具合に。

では、その「右」「左」は、誰の視点から見ての「右」「左」なのだろうか？

その身体部位をもっている当人の視点から見ての「右」「左」である。図3-12の園児は「右手」で敬礼をしている。しかし、この写真と向かいあっている私たちの視点から見れば、敬礼をしている手は、身体の左側にある。にもかかわらず、「右手」と表現するのは、この園児本人の視点から見て、右のほうにある手だからである。

では、なぜ本人の視点から見た「右」「左」を使うのだろうか？

そうすれば、かならず同じ手を指すことができるからである。もし、本人ではなく、観察者の視点から見た「右」「左」を使うことにしたら、どうなるだろう？ 敬礼をしている手は、観察者が園児と向かいあっているときには「左手」、並んでいるときには「右手」というふうに呼び名が変わってしまう。横から見ているときには、「右手」でも「左手」でもなくなる。こうなると、「右」「左」という言葉で、つねに同じ身体部位を指し示すことはできなくなってしまう。

図3-12　身体部位の「右」「左」

人間のコミュニケーションは言葉に大きく依存しているので、身体の部位を言葉で正確に指し示すことができないと、いろいろと困ったことが起きる。たとえば、外科医が「患者さんの右眼を摘出してください」と言われたとしよう。外科医が、手術台に横たわっている患者と向かいあって、自分からみて「右」にあるほうの眼球を摘出したあとで、ほんとうの患部は患者からみて「右」にあるほうの眼だったということがわかったとしたら……患者にとっても、とりかえしのつかない悲劇だが、外科医にとっても、やはり、とりかえしのつかない悲劇(医療ミス)になってしまう。

そんなことが起きないようにするために、私たちの社会では、身体部位が「右」にあるか「左」にあるかを判断するときには、「本人の視点から判断する」という慣習が確立しているのである。そうすれば、「右眼」は、つねに同じ眼を指すことになる。

オーストラリアや南アメリカで先住民の言語を調べた研究によると、「右」「左」という言葉が存在しないか、あるいは、「事実上、存在しないに等しい」という言語もあるという。しかし、たいがいの言語には、「右」「左」に相当する言葉がある。そして、多くの文化では、左右対称な身体部位の一方を指すときには、その「右」「左」に相当する言葉を使う。このとき、「右」「左」は、その身体部位の持ち主である本人の視点から判断した「右」「左」なのである。

その身体部位の持ち主が自分自身の場合には、自分の視点から「右」「左」を判断すればいい。しかし、それが他人の場合には、「右」「左」を判断するためには、相手の視点をとる必要がでてくる。そのためには、座標系を相手の身体に合わせなければならない。これが視点変換なのである。

鏡に映った自分の姿は、他人ではない。が、「自分自身とは別の場所に見える人間の身体」という点では、他人とよく似ている。自分の鏡像の身体部位が「右」なのか「左」なのかを判断するとき、他人の身体部位について判断するときの慣習が顔を出すと、視点変換を実行して、鏡像の視点から左右を判断することになる。

身体部位の場合を除けば、誰の視点から左右を判断するかが決まっているという場合は、そう多くはない。観光バスのなかで、乗客のほうを向いているバスガイドが「右手に見えますのは……」と言ったときには、その「右」は、乗客の視点からみた「右」だと考えてまちがいないだろう。だが、これは「観光バスのなか」という特定の場面に限ってのことであって、いつどこでも通用する話ではない。場面を問わず、誰の視点から左右を判断するかについて、一般的な慣習が定まっているのは、おそらく、身体部位を指し示す場合だけだろう。だとすれば、視点変換をして、鏡像の視点からその左右を判断する理由は、鏡像の身体部位を特定することだと考えてさしつかえないことになる。

視点反転をひき起こす物体

視点反転の原因は視点変換であり、その視点変換の目的は、左右対称な部位の一方を鏡像の視点から指し示すことなのだとすると、「視点反転をひき起こす鏡像は、自分自身の鏡像だけではないかもしれない」という可能性が浮上してくる。

もちろん、他人の鏡像は、視点反転をひき起こすだろう。第1章に掲げた図1-2には、鏡と向かいあった園児の後ろ姿と、その鏡像が写っていた。園児は右手で敬礼をしていたが、鏡像は左手で敬礼をしていた。そうすると、やはり、「左右が反対になっている」と感じることになる。あきらかに、他人の鏡像の場合も、左右の鏡映反転は認知されるのである。

しかし、視点反転の原理を考えると、つぎの三つの条件を備えていれば、人体ではなくても、視点反転をひき起こすのではないかと予想される。

(1) 左右がほぼ対称であること
(2) 対称な部位の一方を指すとき、「右」「左」という言葉を使う習慣があること

(3) その「右」「左」を判断するときには、それ自身の視点から判断する習慣があること

この三つの条件を満たす物体は、じつは、たくさんある。ほとんどの動物は、左右がほぼ対称である。対称な部位は、「右」「左」という言葉を使って呼び分ける。「右眼」「左眼」というように。そして、普通、その「右」「左」は、その動物自身の視点からみた「右」「左」なのである。

多くの乗り物も、この三つの条件を満たしている。自動車、飛行機、船、自転車……みな、ほぼ左右対称な形をしているし、同じような形をした左右一対の部分の一方を指すには、「右のヘッドライト」とか「左の主翼」とかいうように、「右」「左」という言葉を使う。その「右」「左」は、進行方向を「前」としたときに決まる、それ自身の視点から判断した「右」「左」である。

もし、さきほど述べた視点反転の説明が正しいとすれば、人間以外の動物や乗り物が鏡に正対したときにも、その鏡像は「左右が反対になっている」と判断されるはずである。この予測があたっているかどうかは、実験で調べてみることにしよう。

鏡に横対したときの鏡映反転

これまでは、鏡に正対した場合を考えてきた。しかし、鏡に横対した場合にも、鏡映反転は起こる。図3‐13では、観察者が鏡を左側にして、左右方向が鏡面と垂直になるように立っている。実物の観察者の腕時計は、身体の左にある。一方、鏡像の腕時計は、身体の右にある。たしかに、左右が反対になっている。

前に紹介したように、サイエンス・ライターのガードナーや哲学者のベネットは、このように鏡に横

対したときの鏡映反転は「真の」左右反転だといっている。横対している場合には、左右が鏡面と垂直になっているので、左右は光学的に反転する。光学的な反転だから「真の」左右反転だというわけである。

たしかに、この場合、左右の反転は光学変換によってひき起こされている。それでは、この鏡映反転は光学反転なのだろうか？

いや、光学反転とは大きく異なる点がある。この鏡映反転を認知するためには、視点変換も欠かせないのである。

図3-14(a)では、実物の自分の視点から判断すると、実物の腕時計は、実物の自分と一致した座標系の中心より左にある。もし視点変換をせず、鏡像の腕時計についても、実物の自分の視点から位置を判断したら、どういうことになるだろう？

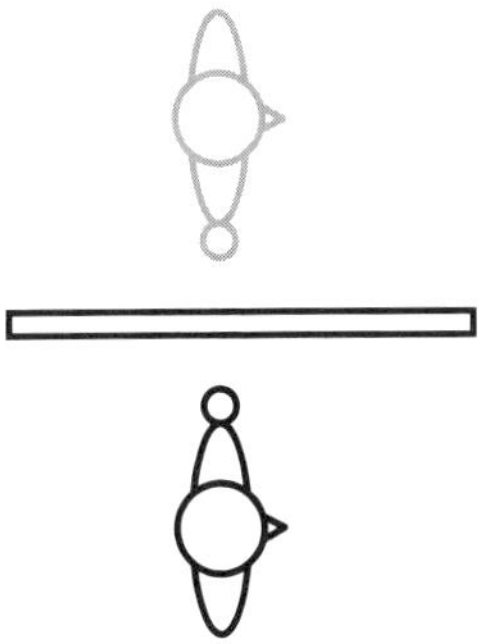

図 3-13　鏡に横対した観察者の鏡映反転

やはり、「実物の自分と一致した座標系の中心より左にある」ということになる。実物の腕時計も左、鏡像の腕時計も左だから、左右は反対になっていない。したがって、鏡映反転は認知しないことになる。

しかし、図3-14(b)のように、座標系を鏡像に重ねあわせる視点変換をしたらどうなるだろう？

この変換した座標系にもとづいて、鏡像の視点から鏡像の腕時計の位置を判断すると、「座標系の中心より右にある」とい

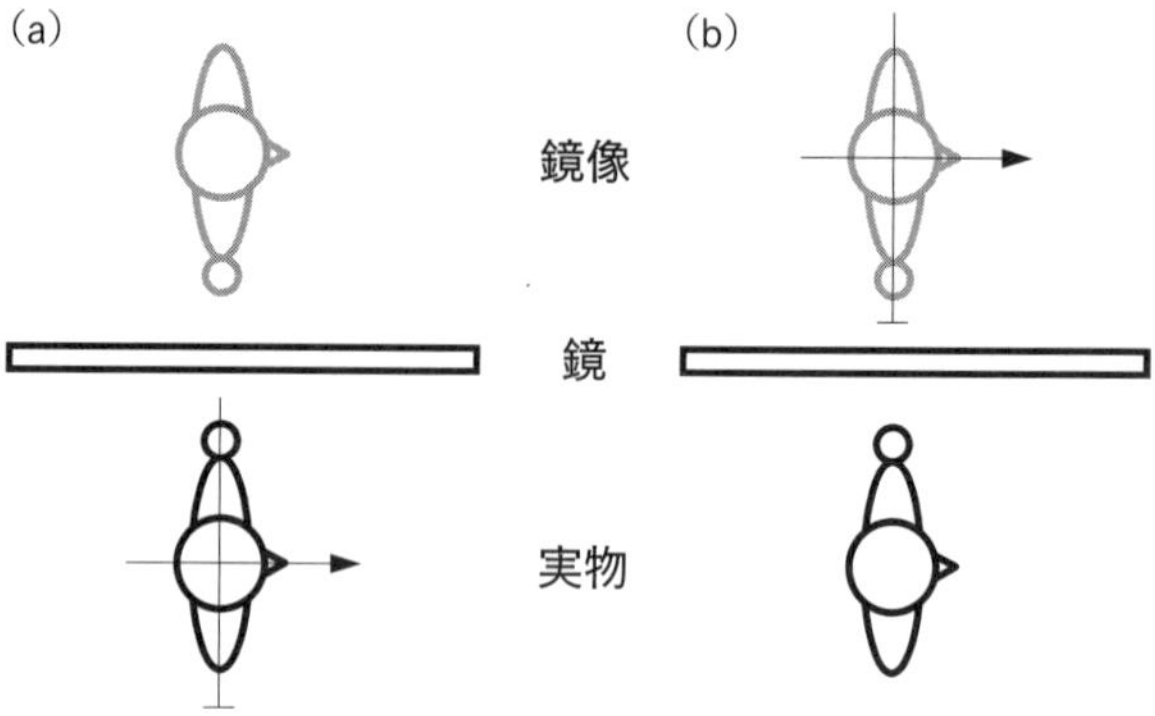

図 3-14　座標系の平行移動

うことになる。実物の腕時計は、座標系の中心より左にあるのだから、鏡像と実物をくらべると、左右が反対になっている。これなら、鏡映反転を認知することになる。

つまり、鏡に横対している場合も、鏡映反転を認知するためには、視点変換によって座標系を移動することが不可欠なのである。鏡に正対している場合、この節のはじめのほうで述べたように、視点反転は、視点変換と光学変換の組合せから生じる。鏡に横対している場合も、やはり、鏡映反転は、視点変換と光学変換の組合せから生じる。光学反転とはちがい、光学変換だけから生じるわけではない。したがって、横対している場合も、自分自身の鏡映反転は、光学反転ではなく、視点反転なのである。

回転と平行移動

ただし、横対している場合には、視点変換は、幾何学的にみると、実物から鏡像への座標系の平行移動だけである。正対している場合とはちがい、座標系の回転は含まれていない。正対している場合には、視点変換は、座標系の平行移動と回転の二つの成分から成り立っていて、その回転のほうが左右反転の原因になっていた。しかし、横対している場合には、左右反

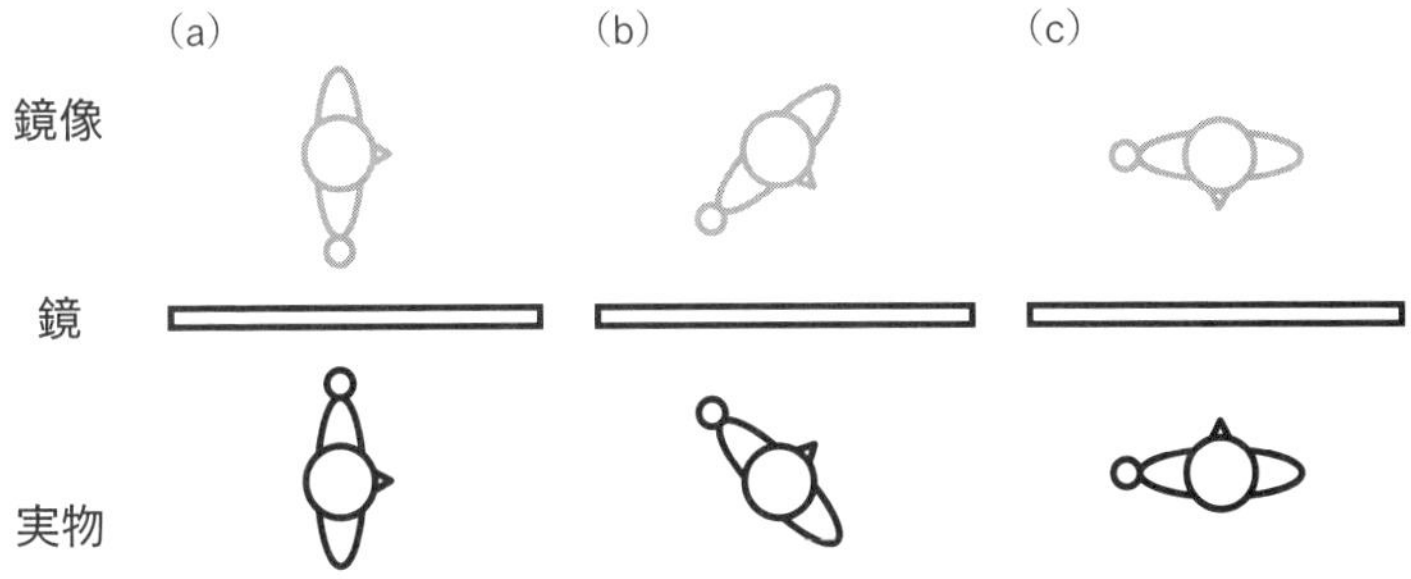

図 3-15　鏡に横対した場合(a)，斜対した場合(b)，正対した場合(c)

転の原因になっているのは光学変換である。

正対している場合と、横対している場合とでは、別の原因で左右反転が起こっているのだとすると、この二つの場合は、別の種類の鏡映反転だと考えるべきなのだろうか？

正対でも横対でもなく、鏡と斜めに向かいあっている場合を考えてみると、そうではないことが分かる。

図3-15(a)は、観察者が鏡に横対しているところを表している。観察者の左右軸は、鏡面と垂直になっている。図3-15(c)は、正対している場合を表している。観察者の左右軸は、鏡面と平行になっている。真ん中の図3-15(b)では、観察者の左右軸は、鏡面と垂直でも平行でもなく、中間の角度をとっている。この配置を「斜対」と呼ぶことにしよう。

附章C(無料ダウンロード資料)で詳しく説明するが、この斜対の場合には、左右反転は、視点変換の回転成分と光学変換の両方が原因で起こる。観察者の左右軸と鏡面とのあいだの角度が九〇度に近づくにつれて、左右反転のなかでは、光学変換の貢献度が相対的に大きくなっていき、逆に、その角度が〇度に近づくにつれて、視点変換の回転成分の貢献度が相対的に大きくなっていく。

この角度がちょうど九〇度になると、図3-15(a)のように、観察者は鏡に横対することになる。この場合には、左右反転は光学変換だけが原因で起こり、視点変換の回転成分の貢献度はゼロになる。一方、この角度がちょうど〇度になると、図3-15(c)のように、観察者は鏡に正対することになる。この場合には、左右反転は視点変換の回転成分だけが原因で起こり、光学変換の貢献度はゼロになる。つまり、この角度が〇度から九〇度まで変化する連続体を考えたとき、横対の場合と正対の場合は、その両端に位置する特殊な場合だと考えることができるわけである。

数学的な考えかたをすれば、ゼロもひとつの数値だから、「視点変換の貢献度がゼロになる場合と、光学変換の貢献度がゼロになる場合とを別々の現象だと考える必要はない」ということになる。横対している場合の左右反転と、正対している場合の左右反転は、同じ現象の両極だと考えればいいのである。

話の要点はこれに尽きるのだが、もっと詳しい分析に興味があるという読者は、附章C(無料ダウンロード資料)をご覧いただきたい。

6　多重プロセス理論

鏡映反転についての以上の説明を「多重プロセス理論」と呼ぶことにしよう。この名称は、「複数のプロセスから生みだされる現象として、鏡映反転を説明する理論」という意味を担っている。この理論は、「鏡映反転はひとつの現象ではなく、複数の現象の集まりだ」と考える。複数の現象というのは、視点反転、表象反転、光学反転の三つである。表3-1を見ながら、この三種類の鏡映反転の違いを確

表 3-1　3 種類の鏡映反転

鏡映反転のタイプ	反転の原因	比較の対象	座標系	典型例
視点反転	視点変換 ＋ 光学変換	鏡像と実物	観察者 鏡像	観察者
表象反転	対象－表象反転 ＋ 光学変換	鏡像と表象	観察者	文字
光学反転	光学変換	鏡像と実物	観察者	文字

認しておくことにしよう。「反転は何が原因で起きるのか」、「鏡像を何と比較したときに反転していることになるのか」、「どの座標系にもとづいて方向を判断するのか」、そして、「そのタイプの鏡映反転が認知される典型的な対象は何なのか」という四点について、比較をしてみる。

視点反転

視点反転が認知される典型的な対象は、観察者自身である。実物の観察者の左右を実物の視点(座標系)から判断し、観察者の鏡像の左右を鏡像の視点(座標系)から判断したときに、左右の鏡映反転が認知される。左右反転の原因は、鏡による光学変換と、鏡像の視点をとるためにおこなう視点変換の両方である。

表象反転

表象反転が認知される典型的な対象は、文字である。文字の鏡像をその文字の表象と比較したときに、左右の鏡映反転が認知される。左右についての判断は、一貫して、観察者の視点(座標系)からなされる。文字の視点をとるようなことはない。左右反転の原因は、直接的には、表象の左右とくらべたとき、鏡像の左右が反対になっていることである。しかし、鏡像の左右が反対になっているのは、鏡のほうを向いている実物の左右が表象の左右とは反対になっているからである。そうすると、この「対象 - 表象反転」が左右反転の究極的な原因だということになる。鏡のなかで文字を見ることができるのは、鏡のほうを向いている紙の前後を鏡が反転するからである。したがって、この光学変換と「対象 - 表象反転」の両方が表象反転を生みだしていることになる。

光学反転

光学反転は、「鏡像と実物の両方を見くらべることができるとき、鏡の表面に垂直な方向が反対になって見える」という鏡映反転である。左右についての判断は、一貫して、観察者の視点(座標系)からなされる。対象の左右方向が鏡面と垂直になっている場合には、左右の反転が見える。光学反転は、原理的には、どういう対象の場合でも、鏡面に垂直な方向に沿って見えるはずなのだが、実験データをみると、(第5章で述べるように)じっさいには見えやすすさに違いがあって、文字の左右が鏡面と垂直になっている場合に、もっとも認知されやすい。

三つの原理

これら三つの現象は、三つの原理の組み合わせから生じる。視点反転は、光学変換と視点変換の組み合わせから生じる。表象反転は、光学変換と「対象 - 表象反転」の組み合わせから生じる。光学反転だけは、光学変換に何も組み合わせず、光学変換だけで生じるが、数学的な考えかたをするなら、「光学変換に、ゼロ原理を組み合わせる」といってもいいかもしれない。

鏡の光学的な性質に由来する光学変換だけは、三つの鏡映反転すべてに共通している。だから、「鏡映反転は、鏡を見たときにしか起こらない」ということがきちんと説明できる。たとえば、「鏡像が左右反対に見えるのは、二つの目が横に並んでいるからだ」という説明の場合は、「それなら、鏡像にかぎらず、実物だって左右反対に見えるはずではないか」という反論を招くことになってしまうが、多重プロセス理論の場合は、そんなことにはならずにすむのである。

第4章　説明を検証する

前章では、鏡映反転は一つの現象ではなく、三つの現象の集まりらしいということが分かった。そう考えれば、鏡映反転について、だれもが直観的に納得できそうな事実は、どれもうまく説明できるのである。この章では、その三種類の鏡映反転について、たしかに互いに違った現象だといえるのかどうか、実験で調べてみる。

まず、実験のあらましを紹介する。それから、三種類の鏡映反転を二つずつ組み合わせ、視点反転と表象反転、視点反転と光学反転、表象反転と光学反転という順序で、実験の結果を参照しながら、どういう違いがあるのかを調べていくことにする。

1　実験のあらまし

実験の必要性

前章では、鏡映反転がうまく説明できるように説明を組み立ててみたが、特定の鏡映反転がじっさいに認知されるのかどうかについては、直観に頼って判断していた。しかし、この直観が曲者なのである。直観的な判断は、いろいろな理由で歪むことがある。たとえば、先入観に影響されやすい。鏡映反転について、なにか説明を考えつくと、それが先入観になって、鏡像が反転して見えるかどうかを考えるとき、その説明に合うような直観的判断をしてしまう可能性がある。

たとえば、物理的回転説を提唱したグレゴリーは、「逆立ちをした人物の鏡像は、上下が反転し、左右は反転しない」と主張したが[Gregory 1987, p. 492]、一方、左右対称説を支持するアメリカの心理学者イテルソンは、同じく逆立ちをした人物の鏡像について、「左右が反転する」と主張した[Ittelson 1993, p. 857]。左右が反転しているかどうかについて、判断が真っ二つに分かれたわけである。ここでは深入りは避けるが、どちらの主張も、それぞれの説に都合のいい主張なのである。

こうした歪みに判断を狂わされないようにするためには、特定の説に肩入れしていない多くの人たちに、いろいろな鏡像をじっさいに見てもらって、左右や上下が反対になっているかどうか、感じたままを率直に答えてもらう必要がある。それが実験をする理由なのである。

実験の方法

実験の方法は、基本的には、いたってシンプルである。実験に協力してくれる被験者には、ひとりひとり実験室に来てもらい、いろいろな鏡像を見てもらう。ひとつひとつの鏡像について、「上下は反対になっていますか?」「左右は反対になっていますか?」「前後は反対になっていますか?」という三つの質問をする。その質問には、「はい」「いいえ」「わかりません」という三つの選択肢のどれかで答えてもらう。場合によっては、そう答えた理由を述べてもらうこともある。

実験は全部で五つおこなったが、そのうちの二つでは、自分の答にどれぐらい確信があるのかも答えてもらった。図4-1のような「評定尺度」を壁に貼っておき、「1　全く確信がない」から「7　完全に確信がある」まで、確信の度合を数値で答えてもらったのである。たとえば、被験者は、質問に「はい」と答えたあとで、この評定尺度を見ながら、「5　やや確信がある」というふうに答えたわけである。

鏡に映す対象が人間の場合には、実物の視点から左右を判断しているのか、それとも、鏡像の視点から左右を判断しているのかを知るために、左腕の肘のところに赤いリボンを巻いて、そのリボンが左にあるか右にあるかを判断してもらった。この場合は、答は「右」「左」「わかりません」という三つの選択肢のなかから選んでもらった。

左右がどれぐらい対称かを判断してもらう場合もあった。この場合も、図4-1に似た評定尺度を壁に貼っておき、「1　完全に非対称」から「7　完全に対称」までのなかで、たとえば、「2　かなり非対称」といったぐあいに答えてもらった。[1]

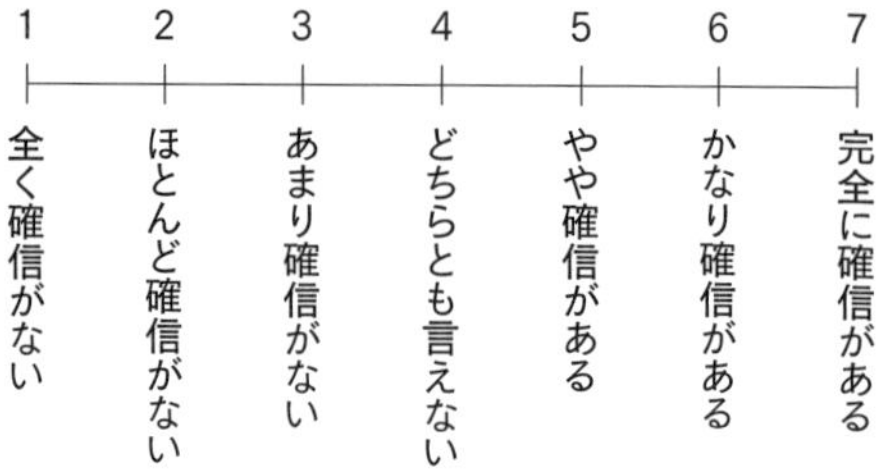

図4-1　確信度の評定尺度

ほかにも、必要に応じて、「この文字を知っていますか?」「これはどこの地図か知っていますか?」というような質問をしたが、いずれも、ひとことで答えられるような質問ばかりで、複雑な説明を求めることはなかった。

被験者は、大半が東京都内にある大学の学部生で、実験によっては、大学院生や専門学校生も混じっていた。被験者の構成と人数、男女比は、表4-1にまとめてあるので、必要があれば参照していただきたい。

実験の様子は、すべてビデオ・カメラで撮影した。あとでなにか確認の必要が生じたときには、ビデオ・テープを再生して確認をした。ビデオ・テープを研究目的で使用することに同意する場合には、被験者は、「同意する」旨の書類に署名した。同意してもらえなかった場合には、テープを被験者に渡し、その被験者のデータは破棄することにしていたが、さいわいにして、署名を拒んだ被験者はいなかった。

表 4-1　各実験の被験者

実　験	被験者の身分	被験者の人数	男／女
実験①	大学生 大学院生 専門学校生	102	33/69
実験②	大学生	52	45/ 7
実験③	大学生 大学院生	48	42/ 6
実験④	大学生	56	28/28
実験⑤	大学生	56	31/25

較《こう》正《せい》

実験には誤差がつきものである。心理学実験の場合も例外ではない。被験者は、さまざまな原因で、妙な答をすることがある。たとえば、ふと気がそれて、「いいえ」と答えたつもりで「はい」と答えていた、というようなことが起きるのである。個人差もある。古代エジプトの象形文字ヒエログリフは、普通の人は知らないが、たまたま「知っている」という人が混じっているかもしれない。まれには「左右盲」という人がいて、こういう人は、右と左をはっきり区別することができないといわれている[Corballis &

(1)　半分の被験者は、図4-1のように、右端が「7」になっている評定尺度を見せられたが、もう半分の被験者は、左右が反対になっている、つまり、左端が「7」になっている評定尺度を見せられた。

Beale 1976]。

鏡映反転の実験では、「左右は反対になっていますか?」というような質問に答えてもらうわけだが、普通の人が「はい」と答えるところでも、こうしたさまざまな要因が誤差のもとになって、実験結果は、かならずしも「はい」が一〇〇%になるとはかぎらない。そこで、実験①と実験④では、誤差の大きさを推定するために、鏡像ではなく、実物について左右を判断してもらう機会を設けた。測定装置の誤差を調べることを較正(calibration)というが、その較正にあたる手続きを導入したわけである。

実験①では、「F」を印刷した紙を被験者のほうに向けて、「左右は反対になっていますか?」と尋ねたところ、一人だけ「はい」と答えた被験者がいた。一〇二人のなかの一人だから、割合にすると、約一%になる。鏡に映った「F」ではなく、普通に印刷した「F」を見て「左右が反対になっている」と答えたのだから、あきらかに「妙な答」である。あとでビデオ・テープを再生してみたところ、「はい」と答えたあとで、この被験者の右手の人差し指が、文字を書いているような動きをしていた。

心理学では、宙に文字を書く動作を「空書」という[佐々木・渡辺 一九八三]。うろ覚えの文字の形を思い出そうとするときに出てくる動作である。おそらく、この被験者は、アルファベットの文字の形がはっきり思い出せなかったのだろう。「F」についてのこの質問は、アルファベットが出てきた最初の質問だった。「普通の「F」」の形がはっきり思い出せないままに、あるいは、なんとか思い出そうという努力のほうに気をとられて、「左右は反対になっていますか?」という質問に、うっかり「はい」と答えてしまった、といったところだったのではないだろうか。

実験④でも、同じようなことが起こった。「F」を直接見た被験者の一人(五六人のうちの約二%)が、

「左右は反対になっていますか?」という質問にたいして、自信たっぷりに「はい」と答えたのである。ビデオ・テープで確認してみると、実験者が不審げな顔で紙を裏返し、文字を確認したのを見て、この被験者も右手の人差し指で文字を書く動作をしていた。おそらく、実験者の仕草を見て、確信が揺らいだのだろう。

実験①では、やはり、印刷した普通の「F」を直接見たとき、「水平な二本の線分は、垂直な一本の線分の左にありますか、それとも、右にありますか?」という質問に「左」と答えた被験者が二人(約二%)いた。この答えも尋常ではない。

おなじく実験①では、紙に印刷した「D」を直接見たとき、普通の「D」とくらべて、「上下は反対になっていますか?」と質問されたとき、「はい」と答えた被験者が六人いた(約六%)。理由を尋ねてみると、答はさまざまだったが、たとえば、「普通のDは、上のほうが膨らんでいるが、このDは下のほうが膨らんでいるように見えた」というような答が返ってきた。ちなみに、この「D」は、上下が完全に対称なフォントで印刷されていた。

こうした結果からみて、五%ぐらいしかないような答は、「誤差のうち」だと考えることができそうである。統計学では、偶然と必然の境界を五%に設定することが多い。いわゆる「有意水準」である。「五%」という値には、ア・プリオリ(先験的)な、あるいは、理論的な根拠はないといわれるが、こうした較正の結果からみると、なにがしかの経験的な意味はあるのかもしれない。

この本では、大多数の被験者とは違う答をする被験者の割合が五%ほどしかなかった場合には、それは「誤差の範囲内」だとみなして、大多数の被験者がした答が「実質的には、全員一致の答だ」と解釈することにする。たとえば、「うっかり答を言いちがえた」、「Fの形をよく記憶していなかった」などといった被験者が、「一〇〇人のうち五人ぐらいは偶然に含まれていてもおかしくない」と考えるわけである。しかし、少数意見がそれよりも多くて、かつそれがみな同じ意見だという場合には、その少数意見を生みだす共通の要因があると考えたほうがいい。そうした要因が想定される場合には、それが何なのかについても考えてみることにする。ただ、その話を本文に入れると、議論の筋道がはっきりしなくなるので、そうした横道の話は、註に記すことにする。

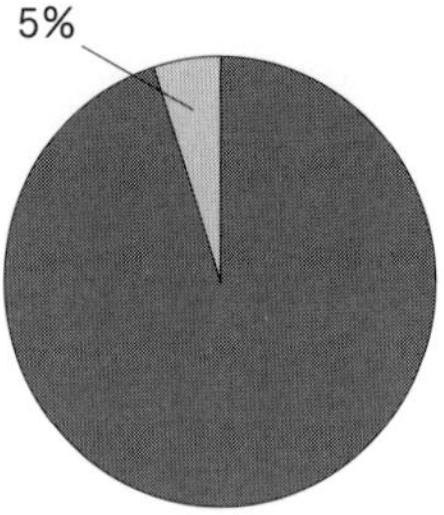

図4-2　円グラフのなかの5%

円グラフで五%を表すと、図4-2のなかで色が薄い部分の面積になる。データを円グラフで表したとき、これより面積が小さい回答は、「誤差の範囲内」であり、「存在しないのと同じだと見なしてさしつかえない」と考えることになる。この五%の大きさを記憶にとどめておいて、あとでじっさいのデータを吟味するときに、頭のなかで比較してみることにしよう。

「一つの現象」対「三つの現象」

第2章で紹介した過去のさまざまな説は、いずれも、鏡映反転が一つの現象だと考えていた。「どのような原理がその現象を生みだしているのか」については、説明はそれぞれに違っていたものの、「鏡映反転は、一つの原理が生みだす一つの現象だ」と考える点では、どの説も変わりがなかった。

一方、多重プロセス理論は、「鏡映反転は、三つの異なる現象の集まりだ」と考える。視点反転、表象反転、光学反転の三つである。それぞれの鏡映反転は、三つの異なる原理の異なる組み合わせから生じると考える(表3-1)。

多重プロセス理論だけが、鏡映反転を三つの異なる現象の集まりだと考え、ほかのすべての説は、鏡映反転を一つの同じ現象だと考えるのだから、鏡映反転が三つなのか一つなのかが分かれば、多重プロセス理論とほかの説のどちらが正しくて、どちらが間違っているのかが分かることになる。とすると、実験で確かめなければならない最も重要なことは、「鏡映反転が三つなのか一つなのか」だということになる。

もっとも、「鏡面に垂直な方向が反転する」という、鏡の光学的な性質にもとづく鏡映反転(光学反転)については、サイエンス・ライターのガードナーや哲学者のベネットのように、「真の反転」と呼んで区別する人もいるので、とくに重要なのは、視点反転と表象反転の区別ということになる。

この章では、第2節から第7節までの六つの節を費やして、この区別が妥当かどうかを検証する。そのあとで、光学反転と視点反転、光学反転と表象反転の違いを調べてみることにする。

2 「視点反転」対「表象反転」

自分自身の鏡映反転と文字の鏡映反転は、ずっと区別なしに論じられてきた。しかし、前章の第2節「手がかり」のところで述べたように、この二つの鏡映反転のあいだには、明白な相違点が二つある。「比較の対象」と「方向の異同」である。

自分自身の鏡映反転の場合は、鏡像を実物の自分とくらべている。一方、文字の鏡映反転の場合は、鏡像を表象とくらべている。まず、この点に、はっきりとした違いがある。また、文字の鏡映反転の場合は、鏡像の左右と表象の左右が逆になっているが、自分自身の鏡映反転の場合は、鏡像の左右と自分自身の左右は逆になっていない。ここにも、はっきりとした違いがある(これらの違いについては、第3章第2節で詳しく説明した)。

これだけはっきりとした違いがあるのだから、自分自身の鏡映反転と文字の鏡映反転が別の現象だということは明々白々であるように思えるのだが、ほかの研究者たちは、なかなか理解してくれない。そこで、「なにか良い説得材料はないだろうか」と思っていたところ、ふとしたことから糸口が見つかった。

鏡映反転を否認する人

もう一五年以上前の話になるが、授業が終わったあとで、学生たちと連れだって昼食に行ったときのこと、うしろを歩いていた学生たちが鏡映反転の話をはじめた。私が卒論指導を担当していた学生が、多重プロセス理論の話をしはじめるとすぐに、別の学生が「鏡を見ても、左右が反対になっているようには見えない」と言い張って、歩きながら、ちょっとした議論になった。

それを聞いているうちに、おぼろげな記憶がよみがえってきた。子どものころ、大人が「鏡に映ると左右が反対になる」と言っているのを聞いて、「その言葉の意味がよくわからなかった」という記憶である。わからなかったのは、鏡に映った自分の姿を見たとき、「左右が反対になっている」とは感じなかったからである。読者のなかにも、同じ思いを抱いている人がいるのではないだろうか(もっとも、そういう人は、鏡映反転の本を手にとったりはしないかもしれないが……)。

多重プロセス理論からみると、自分自身の鏡像については、左右反転を認知しない人がいても、じつは、すこしも不思議ではないのである。自分自身の鏡映反転は視点反転である。視点反転を認知するためには、視点変換をしなければならない。ところが、この視点変換は、やってもいいが、やらずに済ますこともできるのである。というのは、鏡像の左右は、視点変換をせずに、自分自身の視点から判断することも、かんたんにできるからである。

たとえば、第1章に出てきた図1-2のなかで、鏡像のほうをもう一度見てみよう。視点変換をして鏡像の視点をとり、敬礼している手を「左のほうにある手」とみることも可能だが、一方、視点変換をせずに、自分自身の視点から「右のほうにある手」とみることも可能である。むしろ、こちらのほうが自然だといえなくもない。なぜなら、前後や左右といった方向は、ふだんは自分自身の視点から判断しているからである。

鏡像の視点から左右を判断するためには、視点変換という余分な心理的操作をしなければならない。そのぶん、すこしだが余分な努力が必要になる。

「自分自身の視点とは別の視点をとり、その別の視点から方向を判断する」という心理的操作については、心理学では、これまでに数多くの研究がなされてきた[例：Diwadkar & McNamara 1997; Huttenlocher & Presson 1973; McDonald & Stuart-Hamilton 2003; Nakatani, Pollatsek & Johnson 2002; Piaget & Inhelder 1956]。これらの研究から、「視点変換は、幼い子どもにとっては非常に難しい」ということがわかっている。視点変換は、任意の心理的操作というだけではなく、多少なりとも努力を要する心理的操作なのである。

前章の第5節で述べたように、視点変換の目的は、他人の身体部位を「右」「左」という言葉で確実に指し示すことである。それができないと、たとえば、「右足を上げて！」という体操の先生の指示を聞いたときに「どちらの足を上げればいいのか分からない」といった実生活上の不都合から、「健常な眼を摘出してしまう」といった重大な悲劇(前章であげた例)にいたるまで、さまざまな問題が生じうる。したがって、相手が生身の人間の場合は、相手の視点から左右を判断するための視点変換は、面倒だろうが難しかろうが、やらずに済ますわけにはいかないのである。

しかし、相手が生身の人間ではなく、自分自身の鏡像となると、話がちがってくる。鏡像を相手に動作を指示することはないし、手術をすることもない。相手の視点から左右を判断しなくても、問題が生じることは、まずないのである。となると、視点変換を省略して、「自分自身の視点から鏡像の左右を判断する」という人がでてきても不思議ではない。

自分の視点から判断すると、自分の鏡像は「右のほうにある手」で敬礼をしているが、自分自身も「右のほうにある手」で敬礼をしている、ということになる。左右は反対になっていない。したがって、自分の視点から鏡像の左右を判断した場合には、鏡映反転は認知しないことになる。

鏡映反転を認知しないひとを「否認者」と呼ぶことにしよう。「否認者」は、視点反転と表象反転が別種の鏡映反転であることを裏づける良き証人になってくれるはずである。というのも、そうした否認者も、文字の鏡映反転(表象反転)は、かならず認知するはずだからである。

文字の鏡像の認知

文字やその鏡像の「形」を認知する心理的プロセスを調べてみると、そこには、視点変換のような「しても、しなくてもいい」という任意の心理的操作は含まれていないことが分かる。基本的には、すべてのプロセスが自動的に進行するプロセスであり、「したり、しなかったりする」という制御は効かないのである。

まず、紙に書いてある文字が網膜に映ると、視覚情報処理のプロセスがはたらいて、自動的にその形が見えてしまう。見えるか見えないかを任意に切り替えるというわけにはいかない。晴れた空に目をやると空は青く見え、どう努力しても黄色く見えるようにすることはできないが、同じように、目に映った文字の形は、自動的にそのまま見えてしまうのである。たとえば、「F」が眼に映っているときには、直線が三本見え、どう努力しても、曲線が一〇本見えるようにすることはできない。

つぎに、その見えた形は、記憶にある文字の表象と照合されて、それがどの文字なのかが分かる。この文字認知のプロセスについても、心理学では数多くの研究がなされていて[例：Duncan 1987; Greenberg & Krueger 1983; Rayner & Sereno 1994; Sanocki 1991; Schneider & Shiffrin 1977; Stroop 1935]、そうした研究から、文字を認知するプロセスは、ほぼ自動的に進行することが明らかになっている。そのことは、私たちの主観的な体験とも一致する。たとえば、「F」が網膜に映っているときには、自動的に「F」が見える。「F」が見えるか「C」が見えるかを自由に切り替えるというわけにはいかない。

鏡像の場合は、網膜に映った文字は、左右が反対になっているのだから、記憶にある文字の表象と照合したとき、形が完全に一致するわけではない。しかし、一致しないのは、構成要素間の位置関係を示す情報だけである。たとえば、「F」の場合、鏡像と表象のあいだで違っているのは、「二本の横棒が一本の縦棒の左にあるか右にあるか」という相対的な位置関係だけである(まえに述べたように、私はこうした情報を「相対方向情報」と名づけた：高野 一九八七；Takano 1989)。

それ以外の情報は共通している。たとえば、「二本の短い棒と一本の長い棒がある」とか、「短い棒の一本は長い棒の端についているが、もう一本は真ん中あたりについている」とかいったことは、鏡像のように「F」が反転していても、あるいは、「F」が傾いたり逆さになったりしていても変わらない。

こうした情報(「方向自由情報」：高野 一九八七；Takano 1989)を利用すれば、網膜に映っている形が「F」と似た形だということはすぐに分かる。ただし、一致しない情報(相対方向情報)もあるので、分かるまでには、普通の「F」が網膜に映っている場合にくらべて、ごくわずかながら余分に時間がかかる。そのことは、実験でも確かめられている[Kolers 1979; Kolers & Perkins 1969a, 1969b]。しかし、時間がわずかばかり余分にかかるだけで、「網膜に映っている形が「F」に対応し、他の文字には対応しない」ということは自動的に分かるのである。

自動的には分からない部分があるとすれば、それは、文字の鏡像と表象の違いについて、「左右が反対になっていることだ」と判断するところだろう。「左右」の識別ができない「左右盲」[Corballis & Beale 1976]の人には、この判断は困難にちがいないが、普通の人でも、ここでうっかり判断ミスをして、誤差の原因をつくる可能性がある。

否認者についての予測

さて、そういうことになると、「鏡のなかでも、左右が反対になっているようには見えない」と言い張る人(否認者)の場合も、「左右が反対になっているようには見えない」のは自分自身の鏡像だけで、文字の鏡像は、左右が反対になっているように見えるはずである。

否認者は、自分の鏡像については、任意の心理的操作である視点変換をしない人だと考えられる。視点変換をしないので、自分自身の鏡映反転を認知しないのである。

しかし、文字の鏡像の認知には、このような任意の心理的操作は含まれていない。鏡像の形は自動的に認知してしまう。対応する文字の表象も自動的に想起してしまう。鏡像が表象と少しだけ違っていることも、自動的に検出してしまう。つまり、文字の鏡映反転は、ほとんど自動的に認知してしまうことになる。したがって、自分自身の鏡映反転を認知しない否認者も、文字の鏡映反転は、(左右盲やうっかりミスを除けば)かならず認知するのではないか、という予測が成りたつのである。

この予測が正しいのかどうかを調べるためには、実験室で否認者に文字の鏡像を見てもらい、反転して見えるかどうかを尋ねてみればよい。もし、「否認者もみな文字の鏡映反転は認知した」ということになれば、多重プロセス理論の説明どおり、「自分自身の視点反転と文字の表象反転は別種の鏡映反転だ」ということを示す有力な証拠になるだろう。

3 調査

だが、鏡映反転を論じた過去の文献には、否認者はまったく登場しないのである。どの文献も、「だれもが自分自身の鏡映反転を認知する」ということを当然の前提として議論を進めている。そうしてみると、否認者というのは、ごく稀な存在なのかもしれない。もしそうなら、否認者に文字の鏡像を見てもらうためには、まず、その否認者を捜しだすことから始めなければならないことになる。そこで、否認者を捜しだすことを目的として、できるだけ多くの人々に、自分の鏡映反転を認知するかどうかを尋ねてみるという調査をおこなうことにした〔高野・田中 二〇〇八〕。

調査の方法

東京都内の四つの大学で授業時間を拝借して、合わせて五八三名の大学生に調査用紙を配布した。その調査用紙には、つぎのような質問を記して、自分自身の鏡映反転を認知するかどうかを尋ねた(回答者は、二つ以上の選択肢を選んでもよいということになっていた)。

「鏡と向かい合って、そこに映っている自分の姿を見ているところを想像してみてください。ほんものの自分と鏡に映った自分を比較したとき、あなたが受ける印象は、次のうちのどれでしょうか?」

(1) 左右が逆になっている
(2) 上下が逆になっている
(3) 何も逆になっていない

(4) その他(具体的に説明してください)

調査の結果

回答を整理してみたところ、二つ以上の選択肢を選んだ回答者は少数で、ほとんどの回答者が選択肢を一つだけ選んでいた(五八三名の被験者が延べ五九八個の回答をしていた)。そのうち、左右の鏡映反転を認知するかどうかを示す回答を見ると、つぎのような割合になっていた。

「左右が逆になっている」　四三%
「何も逆になっていない」　四七%

「何も逆になっていない」という回答は、左右反転を認知しないことを示している。そう答えた人が半分近くもいたのである。「左右が逆になっている」と答えた人より多いぐらいである。

鏡映反転を論じた過去の文献に否認者の話がまったく出てこないことを考えると、これは驚くべき比率である。この結果から、自分の直観だけを頼りに議論を進めていくことがいかに危険か、また、多くの人々の判断を調べる実証的な研究がいかに重要かということがよく分かる。

とはいえ、質問に答えた人たちは、鏡に向かいあっているところを想像しただけである。「何も逆になっていない」と答えた人たちは、自分の鏡像とじっさいに向かいあったときにも、ほんとうに「左右が反対になっていない」と答えるのだろうか?

ここで推測に頼るわけにはいかない。「何も逆になっていない」と答えた人たちがほんとうに鏡映反転を認知しないのかどうかを知るためには、やはり、じっさいに鏡の前に立ってもらう必要がある。

4　否認者

自分の鏡映反転

じっさいに自分の鏡像を目にしたときにも、鏡映反転を否認する人がいるのかどうかを調べるために、一〇二名の学生に、個別に実験室に来てもらった(実験①：Takano & Tanaka 2007)。この実験では、自分自身の鏡映反転を認知しない人たちを調べたかったので、主にそういう人たちに協力を依頼した結果、被験者のほぼ半数は、調査で「何も逆になっていない」と答えた人たちが占めることになった。調査に回答した人たちがみな来てくれたわけではなかったので、充分な数の被験者を確保するために、調査の対象にはならなかった人たちにも、実験に参加してもらった。

実験室では、被験者は、全身が映る大きな鏡と向かいあった。被験者は、第1章で見た図1‐2のように、自分自身の鏡像と正対したことになる。被験者には、自分の鏡像を実物の自分とくらべたとき、左右が反対になっていると感じるかどうかを質問した。

この質問に対する回答は、つぎのような割合になった。

「はい」　　　六六％

「いいえ」　　　　　　三三％
「わかりません」　　　一％

自分自身の鏡像とじっさいに対面したときにも、被験者の三分の一は左右反転を認知しなかったのである。

被験者のほぼ半数は、調査で左右反転を否認していた人たちだったということを考えると、想像をしただけのときとはちがって、ほんものの鏡像を目にしたときには、左右反転は認知しやすくなるらしいということが分かる。それにしても、三分の一の被験者が鏡映反転を否認したのである。この比率は、むろん、「誤差の範囲」五％より遥かに多い。鏡映反転の原因を論じた過去の文献が否認者の存在にまったく触れていなかったことを思えば、やはり、これは驚くべき比率である。

ちなみに、否認者の存在は、この実験ではじめて実証データによって確認されたことになる。

否認者の割合

とはいっても、実験①では、調査で「何も逆になっていない」と答えた人たちを優先的に集めてきたのである。「否認者が確かに存在する」というのは、まちがいなく重要な発見だが、否認者の割合は、この実験だけからでは、よく分からない。「普通、三分の一ぐらいの人たちは、自分の鏡映反転を認知しないものなのだ」と断言してよいのかどうかは、はっきりしないのである。

実験②以降は、とくに否認者を探そうとはせず、普通に被験者を募集した。したがって、「否認者を

図 4-3　リボンをつけて鏡に正対したときの鏡像

優先的に集める」というバイアスはかかっていなかったことになる。

実験②以降の四つの実験のうち、実験②と実験④では、実験①とおなじく、普通に鏡と正対した被験者に、「左右は反対になっていますか?」と尋ねた。その結果、実験②[Takano & Tanaka 2007]では五二名中一〇名の被験者が、実験④では五六名中一二名の被験者が「いいえ」と答えた。通算すると、二〇%の被験者が自分自身の鏡映反転を否認したことになる。

実験②、④、⑤では、被験者は、図4-3のように、左の肘に、よく目立つ赤いリボンをつけた上で、左右が反対になっているかどうかを答えた。実験②では二七%、実験④では三〇%、実験⑤では一八%の被験者が「左右は反対になっていない」と答えた。通算すると、二五%が鏡映反転を否認したことになる。

こうした実験結果からみて、「否認者を優先的に集める」というバイアスがかかっていない場合でも、だいたい二割から三割の人が自分自身の鏡映反転を認知しないと考えてよさそうである。

文字の鏡映反転

さて、実験でいちばん知りたかったことは、この否認者たちが文字の鏡映反転を認知するかどうかである。

さきほど述べたように、多重プロセス理論は、「自分自身の鏡映反転は認知しない否認者たちも、全員、文字の鏡映反転は認知するはずだ」と予測する。文字の鏡映反転を認知するプロセスは、自分自身の鏡映反転を認知するプロセスとはちがって、視点変換のような任意の心理的操作は含まず、ほぼ自動的に進行するからである。

一方、ほかの説は、いずれも、「否認者たちは、文字の鏡映反転も否認するはずだ」と予測することになる。否認者が自分自身の鏡映反転を認知しないのは、鏡映反転を生じさせる原理が働かないからである。その原理が具体的にどういう原理なのかは、それぞれの説によって違っているが、「自分自身の鏡映反転と文字の鏡映反転は、同じ原理から生じる」と考える点では、どの説も違いはない。否認者の場合、自分自身の鏡映反転を認知しないということは、その原理が働かないということなのだから、自分自身の鏡映反転を認知しないだけではなく、文字の鏡映反転も認知しないはずなのである。

では、実験の結果はどうなったか？

文字の鏡映反転は、事実上、すべての被験者が認知したのである。図4-4の上段には、三種類のアルファベット文字のそれぞれについて、鏡に正対したとき、その鏡像の左右が「反対になっている」と答えた被験者の割合と、「反対になっていない」と答えた被験者の割合が示してある。

「F」の鏡像については、実験①から実験⑤まで、すべての実験で左右が反対になっていると思うかどうかを尋ねた。合わせて三一四名の被験者のうち、九九％にあたる三一〇名が左右反転を認知した。「左右が反対になっていない」と答えた被験者は、わずか四名(一％)だった。この四名のなかには、第

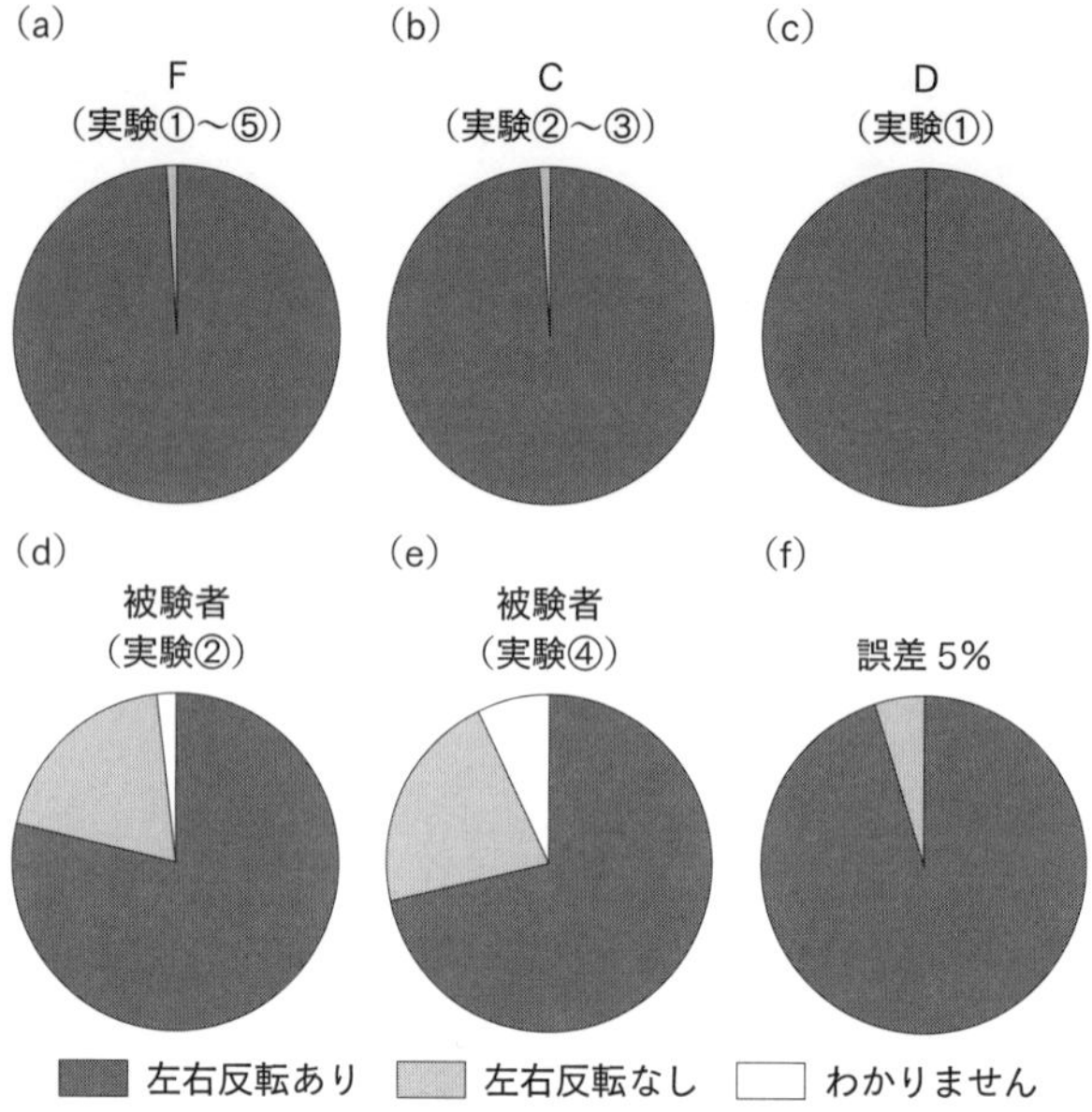

図 4-4　文字の鏡映反転と被験者自身の鏡映反転

1節の「較正」の項で触れた、「F」の形をはっきり憶えていなかったと思われる被験者たちも含まれていた。図4-4の下段の右端には、比較のために、誤差五%の大きさも示してあるが、「左右が反対になっていない」と答えた被験者の割合一%は、あきらかに誤差の範囲内である。したがって、「F」の鏡像については、事実上、すべての被験者が左右反転を認知したと考えていいだろう。

「C」の鏡像については、実験②と実験③で、合わせて一〇〇名の被験者が左右反転について判断をしたが、やはり、九九%が左右反転を認知した。「左右が反対になっていない」と答えた被験者は一名(一%)しかいなかった。「D」の鏡像については、実験①の被験者一〇二名全員(一〇〇%)が左右反転を認知した。

こうした実験結果からみて、文字の鏡映反転は、事実上、全員が認知したと考えてさしつかえないだろう。全員が認知したのだから、自分自身の鏡映反転を認知しなかった否認者たちも、文字の鏡映反転は認知したということになる。

図4-4の下段には、「否認者を優先的に集める」というバイアスがかかっていない実験②と実験④で、赤いリボンをつけずに、普通に鏡と正対したときに被験者がくだした判断を示してある。「左右は反対になっていますか?」という質問に、実験②では一九%の被験者が、実験④では二一%の被験者が「いいえ」と答えた。どちらの割合も、五%という「誤差の範囲」を大きく超えている。

これらの否認者たちがみな、文字の鏡映反転は認知したのである。この結果は、多重プロセス理論の予測と一致している。「自分自身の鏡映反転と文字の鏡映反転は同じ原理で生じる」と考える他の説は、どれも、「二〇%前後の被験者(否認者)は、文字の鏡映反転も認知しないはずだ」と予測するが、この予測は、はっきりと覆されたことになる。

5 別解釈の検討

対称性にもとづく解釈

これらの実験結果は、「自分自身の鏡映反転(視点反転)と文字の鏡映反転(表象反転)は別の原理で生じる別の現象だ」という多重プロセス理論の考えかたと合致している。が、「別の解釈もできる」という批判がでてきた。対称性の度合にもとづく解釈である。

実験で用いた文字は、「F」にしても、「C」や「D」にしても、左右が著しく非対称である。これにたいして、人間の身体は、全体としてほぼ対称で、左右の違いはあまり目立たない。

この違いに着目して、別解釈は、否認者について、つぎのような説明をする。

「自分自身の鏡像と向かいあったときは、左右がほぼ対称なので、左右の違いは目立たない。そのため、左右が反対になっていることには気づきにくい。その結果、左右反転を認知しない被験者が多くなったのではないか。」

「一方、文字の鏡像と向かいあったときは、左右が著しく非対称なので、左右の違いがいやでも目につく。そのため、左右が反対になっていることを見落とすことはなく、だれもが左右反転を認知したのではないか。」

この別解釈は、理屈としては筋が通っている。机上の議論だけでは、そうした可能性を否定することはできない。この別解釈が正しいかどうかは、やはり、実験で確かめてみる必要がある。

だが、実験の話に移るまえに、ひとつ、はっきりさせておかなければならないことがある。第2章で紹介した左右対称説とこの別解釈との違いである。おなじように「左右対称」をもちだしてきてはいるが、この二つは、まったく別の考えかたなのである。

左右対称説では、鏡映反転が起こる理由について、「人間の身体は、ほぼ左右対称なので、自分が自分の鏡像に重なるところを想像するときには、左右が反対になるような重なりかたをすれば、違いが目立たないように重なることができるので、そういう重なりかたをして、左右の反転を認知するのだ」という説明をしていた。一方、いまの別解釈のほうは、「人間の身体は、ほぼ左右対称なので、左右が反対になっていることが分かりにくいから、鏡映反転を認知しにくいのだ」という説明をしている。

つまり、左右対称説は、「ほぼ左右対称だから、左右反転が認知される」と主張し、別解釈のほうは、「ほぼ左右対称だから、左右反転が認知されにくい」と主張しているわけである。したがって、この二つは、たがいに正反対の考えかたなのである。

なお、「この別解釈は、鏡映反転の説明ではない」ということにも留意しておいたほうがいいだろう。「左右が非対称だと左右の鏡映反転が認知しやすくなる」と言っているだけで、「では、そもそも、なぜ左右の鏡映反転が認知されるのか」については、なにも言っていないからである。

非対称な人体と対称な文字

この別解釈が正しいかどうかを調べるためには、どうすればいいのだろうか？

著しく非対称な人体と、ほぼ対称な文字とを比較してみればいいだろう。もし、この別解釈が正しいとすれば、著しく非対称な人体の場合は、左右の違いがはっきりしているから、事実上すべての被験者が左右の鏡映反転を認知するはずである。それにたいして、ほぼ対称な文字の場合は、左右の違いが目立たないので、左右の鏡映反転を認知しない被験者が多くなるはずである。つまり、「図４‐４の実験結果が(人体と文字のあいだで)逆になる」という予測が成りたつ。

一方、多重プロセス理論は、「図４‐４の実験結果は変わらない」と予測する。人体の鏡映反転と文字の鏡映反転の違いは、「やってもやらなくてもいい任意の心理的操作(視点変換)が必要か、必要ではないか」という違いなので、左右対称の程度は、鏡映反転を認知するかしないかとは、本質的な関係はないからである。

図4-5　左右非対称にした人体の鏡像

非対称な人体の例として、ナヴォンとグレゴリーは、片腕のない人を引き合いにだした(この話は、第2章の第2節「左右対称説」のところに出てきた)。しかし、実験では、被験者の片腕を切り落とすわけにもいかないので、半身をカバーで覆うことにした。

顔の半分は、縦半分に切ったお面で覆い、身体の半分は、四角い布のカバーで覆った。カバーの上には、不整形の突起をつけた。実験④では、左半分をミッキーマウスのお面と布カバーで覆い、実験⑤では、右半分をパンダのお面と布カバーで覆った。布カバーの表面につけた模様も、実験④と実験⑤では違っていた。

この姿で鏡に映ると、図4-5のようになる(この写真に写っている園児は、写真のモデルをつとめただけで、被験者をつとめたわけではない)。

つぎに文字だが、アルファベットには、「左右がほぼ対称」という文字はないので、被験者が日本人であることを利用して、漢字を使うことにした。といっても、「王」とか「田」のように、左右が完全に対称では、左右が反対になっても、それと気づくことができない。人体の場合も、完全に左右対称だったら、「左右が反対になっている」とは感じないだろう。そこで、部分的な非対称があり、しかも、その非対称があまり目立たない、画数の多い漢字を使うことにした。たくさんの候補のなかから選んだ文字は、「聞」と「昼」である。鏡に映すと、図4-6のように見える。

鏡映反転と対称性

実験④と実験⑤では、お面とカバーをつけた被験者、ほぼ左右対称な二つの文字(「聞」と「昼」)、それから「F」のそれぞれについて、まず、上下、左右、前後が反対になっているかどうかを答えてもらい、つづいて、対称性の程度を評定してもらった。実験④と実験⑤の結果は瓜ふたつだったので、両方の結果をまとめて図にしたところ、図4-7のようになった。左右反転については、判断の割合は、前の図(図4-4)とおなじく円グラフで表してあるが、対称性の評定については、平均値が横棒グラフで表してある。

図 4-6　ほぼ左右対称な文字の鏡像

まず、対称性の評定(横棒グラフ)をみてみよう。お面とカバーをつけた被験者については、評定値(以下、いずれも平均値)は一・六で、かなり非対称だと判断されていた(評定値「1」が「完全に非対称」、「7」が「完全に対称」)。「F」の評定値は一・八だったので、「F」に勝るとも劣らないぐらいに非対称だと判断されていたことになる。

一方、「聞」の評定値は四・〇、「昼」の評定値は四・四で、「F」や被験者にくらべれば、どちらもずっと左右対称に近いと判断されていたことが分かる。

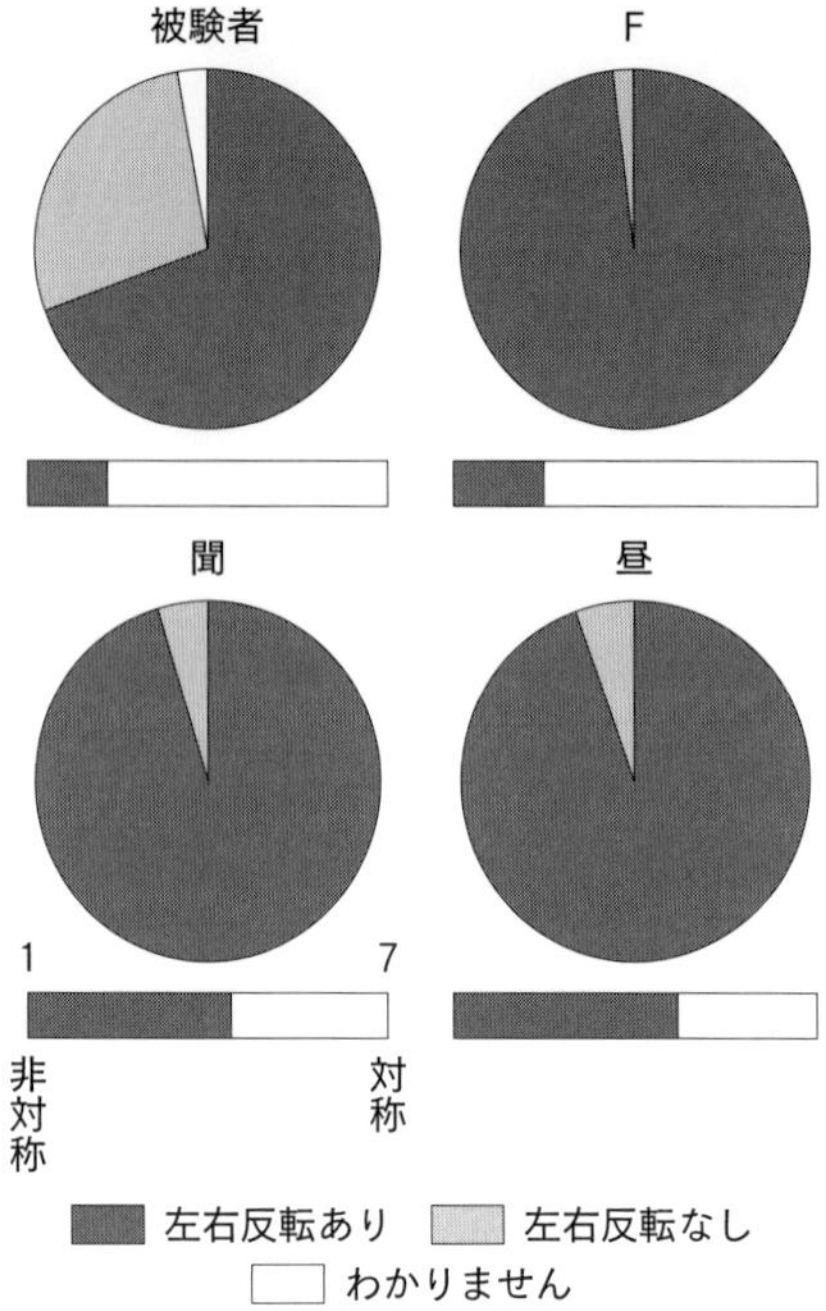

図 4-7　左右反転の判断(円グラフ)と左右対称性の評定(横棒グラフ)

「非対称な人体とほぼ対称な文字を比較する」という目論見どおりになっていたわけである。

では、左右反転についての判断はどうなっただろうか？

　お面とカバーをつけた自分自身については、著しく非対称だと判断したにもかかわらず、二八％の被験者が左右反転を否認した。二八％というのは、もちろん、五％という「誤差の範囲」を大きく超えている。

　一方、それよりずっと左右対称に近いと判断した「聞」については、四％の被験者しか左右反転を否認しなかった。「昼」についても、やはり五％の被験者しか左右反転を否認しなかった。五％なら、「誤差の範囲内」である。

　「F」について左右反転を否認した被験者の割合は二％だったので、それとくらべれば、「聞」と「昼」の場合は、否認者の割合は二、三％ほど多かったことになる。「左右が対称に近いと、左右反転が認知しにくくなる」という効果は、わずかながら存在するのかもしれない。とはいえ、二、三％という差は、やはり、「誤差の範囲内」である。

いずれにせよ、実験の結果は明白である。あきらかに、先ほどの別解釈は正しくない。「左右がほぼ対称か、それとも、著しく非対称か」ということは、左右の鏡映反転を認知するかどうかとは、本質的には関係がないのである。

対称性の程度がどうあれ、文字の鏡映反転は、事実上、すべての人が認知し、自分自身の鏡映反転は、二割から三割の人が認知しないのである。だとすれば、やはり、「自分自身の鏡像については否認者が存在する」という事実は、「文字の鏡映反転(表象反転)と自分自身の鏡映反転(視点反転)は、別の原理で生じる別の現象だ」ということを裏づける確かな証拠だ、と考えていいことになる。

他人の鏡映反転

しかし、否認者の存在については、もうひとつ別解釈がある。

第2章で紹介した物理的回転説は、「自分自身の鏡映反転も、文字の鏡映反転も、同じ原理で生じる同じ現象だ」と考える諸説のうちのひとつだが、この物理的回転説を提唱したグレゴリーが来日した折、すこし立ち話をする機会があった。そのとき、「文字の鏡像については、事実上、一〇〇%の人が左右反転を認知するが、自分自身の鏡像については、二〇%から三〇%の人が左右反転を認知しない」という実験①のデータを見せた。このデータを見たグレゴリーは、どう答えただろうか？

「自分自身の鏡像は特殊だ」と答えたのである。「自分自身の場合は、実物を正面から見たことがないから、鏡像の左右反転を認知しにくいのだ」というのである。

図 4-8　鏡に正対した他者とその鏡像

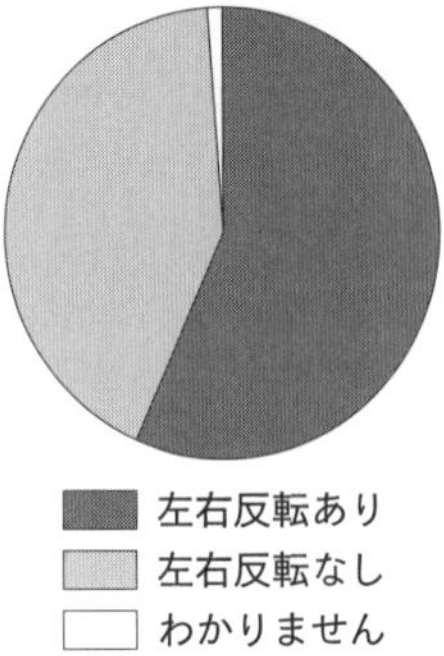

図 4-9　実験者の鏡映反転

この答、説明として筋が通っているかどうかはさておき、もしこの答が正しくて、左右反転を認知しない人(否認者)がでてくることが、自分自身を鏡で見た場合の特殊事情なのだとしたら、他人の鏡像と向かいあったときには、だれもが左右反転を認知し、文字の場合と同様、否認者はでてこないはずである。

多重プロセス理論の予測は違う。

他人の鏡像と向かいあっている場合も、左右反転を認知するためには視点変換が必要である。たとえば、「実物の他人は右手で敬礼をしているのに、鏡像は左手で敬礼をしている」という判断をするためには、視点変換をして、鏡像の視点から鏡像の左右を判断しなければならない。否認者がでてくるのは、この視点変換をしない人がいるからである。とすれば、他人の鏡像の場合も、「視点変換をせず、したがって左右反転を認知しない」という否認者がでてくるはずなのである。

じつは、実験①では、他人の鏡映反転も調べていた。その他人というのは、実験者である。被験者と向かいあって説明をしていた実験者が、自分の左肘に赤いリボンをつけ、鏡のほうに向きなおって、自分自身（実験者自身）の鏡像について、左右が反対になっているかどうかを被験者に尋ねたのである。被験者は、ちょうど図4-8を見ている私たちのように、実物の実験者の背後から、実験者の鏡像と向かいあったことになる。

この状況で、被験者の判断はどうなっただろうか？

実験結果は図4-9に示してある。四二％もの被験者が左右反転を否認したのである。

もちろん、被験者は、実物の実験者を正面から見たことがあった。つい今しがたまで、実験者と向かいあって、説明を聞いていたのである。この実験結果を見れば、グレゴリーの説明が正しくないことは明白である。実物を正面から見たことがあるかどうかは、鏡映反転を認知しない否認者がでてくるかどうかとは無関係なのである。

否認者がでてくるのは、自分自身の鏡像だけの特殊事情ではない。他人の鏡像の場合にも否認者はでてくるのである。となると、なぜ否認者がでてくるのかを説明するための原理は、人間一般にあてはまるものでなければならないことになる。視点変換は、まさしくそのような原理なのである。[2]

（2）ちなみに、この実験①では、被験者が自分の左肘に赤いリボンを結んだときには、自分自身の鏡像について四三％が左右反転を認知しなかった。実験者の左右反転については、四二％が認知しなかったのだから、自分の鏡映反転についても、他人の鏡映反転についても、否認者の割合はほとんど変わらなかったことになる。

6　反転鏡

凹面鏡と合わせ鏡

第1章の第4節「鏡の光学的な性質」のところで述べたように、鏡と向かいあったとき、光学的には、左右は反転しない。普通の鏡(平面鏡)の場合は、これが基本的な性質である。

ところが、左右を光学的に反転する鏡も存在するのである[Thomas 1980]。

たとえば、内側が鏡になっている円筒を立てて、それを縦に割ったとしよう。そうすると、左右方向に湾曲した凹面鏡が二枚できる。この凹面鏡に映った鏡像は、左右が反対になって見える。

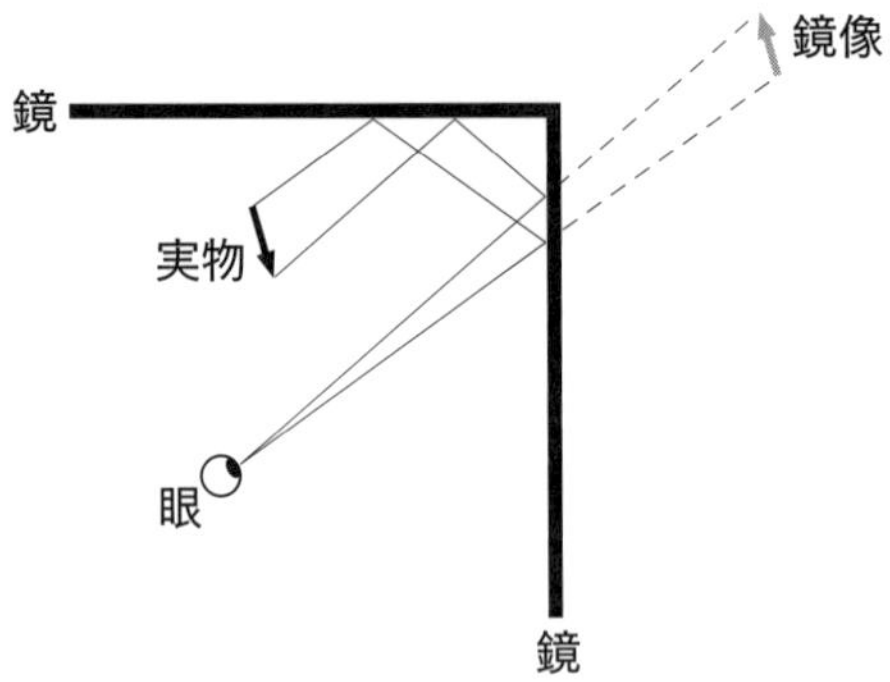

図 4-10　合わせ鏡の反転鏡

この「反対になって」というのは、これまで説明しようとしてきた「鏡映反転」のことではない。ほんとうに(ということは、つまり、光学的に)左右が反対になるのである。右にあるものは左に、左にあるものは右に映る。

わが家の小学二年生は、ある日、ヨーグルトを食べていて、スプーンに映った自分の顔が逆さになっていることを発見した。このスプーンは、皿の部分が上下方向に湾曲していたので、上下が光学的に反転して見えたのである。

合わせ鏡の場合も、左右が光学的に反転する。二枚の鏡を、縁と縁が接するように合わせて立て、特定の場所に対象を置いて、一方の鏡を特定の場所から見ると、左右が光学的に反転した鏡像が見えるのである。

なぜ左右が反転するのか、その理由は、図4-10を見ると分かる。この図は、合わせ鏡を上から見たところである。左の鏡に映った鏡像は、さらに右の鏡に映る。このときに左右が(光学的に)反転するのである。[3] 図4-10を見ると、この反転は、「反射角は入射角と等しい」というお馴染みの基本原理によって引き起こされていることが分かる。

この反転鏡に映った人は、図4-11のように見える。左の腕に赤いリボンが結んであると、鏡のなかでは、リボンは、身体の右側にある腕に結んであるように見える。普通の平面鏡なら、左腕に結んだリボンは、鏡のなかでも左側に見えるが、反転鏡の場合は、右側に見えるのである。

図4-11　反転鏡に映った人物

(3)　じっさいには、左の鏡に映った鏡像それ自体も別の位置に見えるし、右の鏡にじかに映った鏡像もさらに別の位置に見えるのだが、煩雑になるので、図4-10では省略してある。

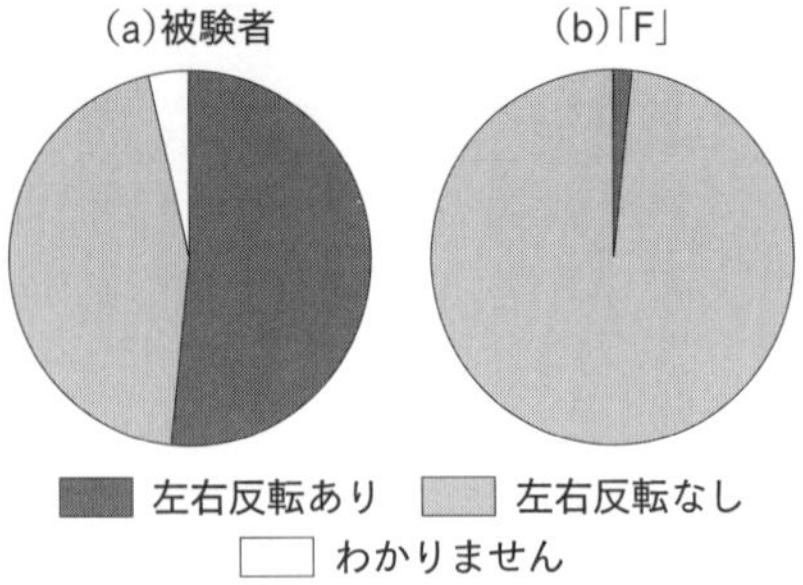

図4-13　反転鏡に映った鏡像の左右反転

図4-12　反転鏡に映った文字

多重プロセス理論の予測

こういう鏡像を見た被験者は、鏡映反転については、どういう判断をするだろうか？

視点変換をせず、自分自身の視点から鏡像の左右を判断する被験者は、反転鏡に映った自分自身の姿を見たとき、左腕に結んだリボンは右側に映っているので、「左右が反対になっている」と判断するだろう。一方、視点変換をして、鏡像の視点から鏡像の左右を判断する被験者にとっては、鏡像のリボンは左の腕に結んであることになる。実物の自分もリボンを左の腕に結んでいるので、「左右は反対になっていない」と判断することになるだろう。

普通の平面鏡の場合は、視点変換をしない人は鏡映反転を認知せず、視点変換をする人が鏡映反転を認知する。しかし、反転鏡の場合は、逆に、「視点変換をしない人が鏡映反転を認知し、視点変換をする人は鏡映反転を認知しない」という予測になる。

一方、文字を反転鏡に映した場合はどうなるかというと、図4-12の右側の鏡像のように見えることになる。こちらを向いていた文字を鏡のほうに向けると、こちらからは直接には見えないが、物理的には左右が反対になる。「F」の場合なら、二本の横棒は、縦棒の左側にくる。図4-12の左側の鏡には、それがそのまま映っている。

しかし、左側の鏡に映った「F」の左右方向は、右側の鏡の面にたいしては垂直に近いので、右側の鏡のなかでは光学的に反転される。反転されると、左側の鏡のなかで反対になっていた「F」の左右は、もとに戻ってしまう。その結果、「F」の横棒は、縦棒の右側に見えることになる。

記憶のなかにある「F」の表象と同じである。当然、左右の鏡映反転は認知されないことになるだろう。文字の場合は、視点変換のような任意の心理的操作には依存していないので、だれもが「左右は反対になっていない」と感じるはずである。

反転鏡を使った実験⑤の結果(図4-13)は、この予測のとおりになった。左腕に赤いリボンを結んだ自分自身の鏡像については、五二%の被験者が左右反転を認知し、四五%の被験者が否認した。(4) 一方、「F」については、事実上、すべての被験者が左右反転を否認した。「左右が反対になっている」と答えた被験者は二%(一人)しかいなかった。「誤差の範囲内」である。

(4) 実験⑤では、普通の平面鏡と(リボンをつけて)向かいあったとき、視点変換をした結果、自分自身の左右反転を認知した被験者の割合は七三%だった。しかし、反転鏡と向かいあったときには、同様に視点変換をした結果、左右反転を認知しなかった被験者の割合は四五%にすぎなかった。ずいぶん少なくなっている。少なくなった最大の原因は、おそらく反転鏡のインパクトだろう。反転鏡の場合、ふだん見慣れている鏡とはちがって、左と右がほんとうに反対になっている。この「反対になっている」という強烈な印象が、「左右は反対になっていますか?」という質問に答えるとき、「はい」という答を後押しして、そのため、「いいえ」と答えた被験者が大幅に減ってしまったのだろう。

反転鏡の場合には、平面鏡の場合とくらべて、「左右が反転しているか、いないか」の判断こそ逆になるものの、自分の鏡像と文字の鏡像のあいだの違いは変わらなかった。自分の鏡像については、かなりの被験者が左右反転を認知したのにたいし、文字の鏡像については、事実上すべての被験者が左右反転を否認したのである。

反転鏡を使った実験の結果も、「自分自身の鏡映反転(視点反転)と文字の鏡映反転(表象反転)は別の現象だ」という多重プロセス理論の主張とよく一致しているといえるだろう。

7 「視点反転」対「表象反転」:結論

これまで、どの説でも、自分自身の鏡映反転と文字の鏡映反転は、同じ原理から生じる同じ現象だと考えられてきた。しかし、両者のあいだには、はっきりした違いが三つある。

(1) 比較の対象
(2) 方向の異同
(3) 否認者の有無

はじめの二つについては、すでに述べた。

第三が今回の実験で明らかになった違いである。自分自身の鏡映反転(視点反転)の場合は、「誤差の範囲」をはるかに超える割合の人たちが左右反転を否認する。ところが、文字の鏡映反転（表象反転）の場合は、そうした否認者たちも含めて、事実上すべての人が左右反転を認知する。

否認者がでてくるのは、人体がほぼ左右対称だからではない。左右が顕著に非対称であっても、自分自身の鏡像についてはかなりの否認者がでてくるのにたいし、左右がほぼ対称であっても、文字の鏡像については、事実上すべてのひとが左右反転を認知する。

否認者がでてくるのは、実物の自分自身を正面から見た経験がないからでもない。実物を正面から見たことがある他人の場合でも、左右反転を認知しない否認者はでてくるのである。

これまでの諸説のように、自分自身の鏡映反転と文字の鏡映反転を「同じ原理から生じる同じ一つの現象だ」と見なしたのでは、これら三つの違いは説明できない。多重プロセス理論のように、「自分自身の鏡映反転と文字の鏡映反転は、それぞれ別の原理から生じる、別の現象だ」と考えれば、これらの違いは、どれも無理なく合理的に説明することができる。

また、多重プロセス理論では、視点反転と表象反転の違いを、「自分自身」と「文字」という対象の違いとしてではなく、それぞれの鏡映反転を生みだす原理の違いとして理解するので、「自分自身」と「文字」以外の対象についても、否認者の有無を予測することができる。他人の鏡映反転についての予測は、すでに検証済みだが、それ以外の予測については、つぎの第5章で検証することにしよう。

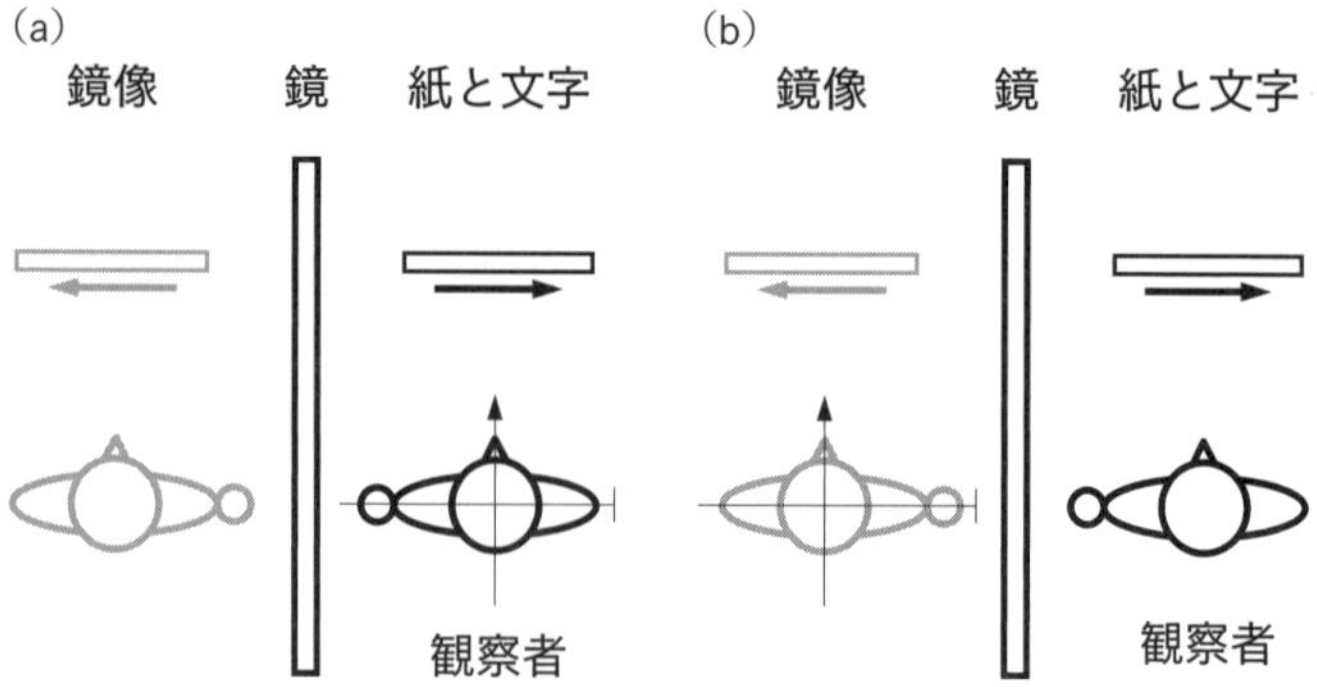

図4-14　鏡に横対した文字と観察者の鏡映反転

8　「視点反転」対「光学反転」

横対の場合

鏡面に垂直な方向は、光学的に反転する。これが鏡の基本的な性質だった。左右方向が鏡面に垂直になっている場合には、この光学変換によって、映っているのが文字であれ自分であれ、鏡像の左右は光学的に反転する(図4-14)。

文字が鏡に横対している場合、その鏡映反転は、この光学変換だけが原因で生じる光学反転である。しかし、鏡に横対しているのが自分自身の場合には、光学変換だけでは、鏡映反転の認知は生じない(このことについては、前章の第5節「視点反転」でも、図3-14を使って説明した)。図4-14(a)のように、左右を実物の座標系(視点)から判断すると、実物の腕時計は、その座標系の中心からみて「左」にあると判断することになるが、鏡像の腕時計も、座標系の中心からみて、やはり「左」にあると判断することになるからである。

左右反転を認知するためには、図4-14(b)のように、座標系を鏡像の中心まで平行移動して、鏡像については、鏡像の視点から左右を判断する必要がある。そうすると、鏡像の腕時計は「右」にあると判断することになる。実物の腕時計は、実物の視点から判断すると「左」にあるので、ここで左右が反対になり、左右の鏡映反転が認知されることになるわけである。

前章で述べたように、この座標系の平行移動は、視点変換を構成する二つの成分、すなわち、「回転」と「平行移動」のうちの平行移動である。つまり、自分が鏡に横対している場合は、左右反転そのものは光学変換によって引き起こされるものの、「左右の鏡映反転を認知するためには、視点変換も必要だ」ということになる。

実験による検証

ところが、前に述べたように、この視点変換は、任意の心理的操作なのである。してもいいし、しなくてもいい。鏡に正対している場合には、この視点変換をせず、鏡映反転を認知しない否認者が存在した。もしいまの説明が正しいとすれば、鏡に横対している場合も、視点変換をしない人は、鏡映反転を認知しないはずである。つまり、横対の場合にも、否認者がでてくると予想される。

一方、文字の鏡映反転を認知するプロセスには、これも前に述べたように、視点変換のような任意の心理的操作は含まれない。実物の文字の形とその鏡像の形を認知するプロセスも、それらの形を比較するプロセスも、ほぼ自動的に進行する。したがって、文字の鏡映反転は、鏡に横対している場合にも、正対している場合とおなじく、否認者も含めて全員が認知するはずである。

すなわち、自分自身の鏡像については、左右反転を認知しない否認者がでてくるのにたいし、文字の

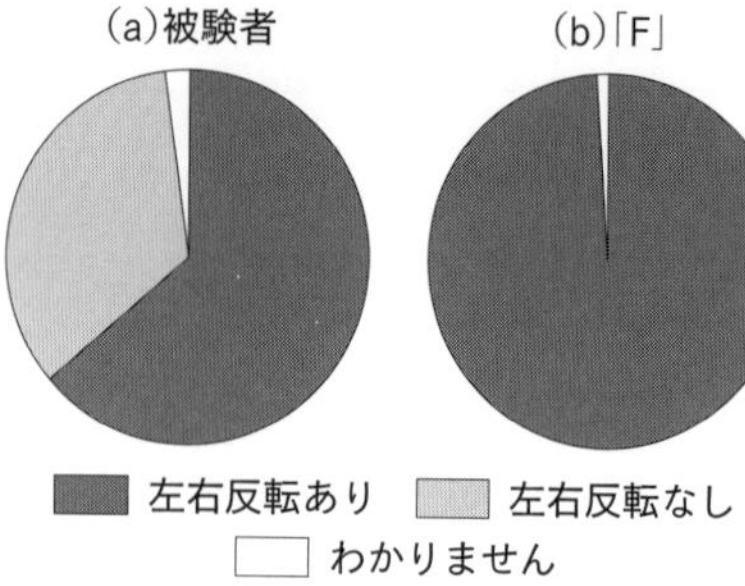

図 4-15　左右反転の認知率：鏡に横対した被験者と文字「F」

図 4-16　鏡に横対した文字「F」

鏡像の左右反転は、すべての被験者が認知するにちがいない。これが多重プロセス理論の予測である。

実験①の結果はこの予測を裏づけた(図4-15)。自分自身の鏡像(リボンなし)について左右反転の有無を判断したときには、三四%の被験者が「左右は反対になっていない」と判断した(図4-15(a))⑤。この実験では、鏡に正対していたときにも、自分自身の鏡像(リボンなし)については、三三%の被験者が「左右は反対になっていない」と判断していたので、横対の場合にも正対の場合にも、ほぼ同数の否認者がいたことになる。

一方、「F」が鏡に横対していたとき(図4-16)には、九九%の被験者が左右反転を認知した(図4-15(b))。一人だけ「わかりません」と答えた被験者がいたが、これは「誤差の範囲内」と考えることができる。

この実験結果は、光学反転と視点反転の違いをはっきりと示している。鏡に横対している場合は、左右反転そのものは光学変換によって生みだされる。この点では、光学反転と視点反転のあいだに違いはない。しかし、その左右反転を鏡映反転として認知するためには、自分自身が鏡に映っている場合は、視点変換(平行移動成分)が必要になるのである。文字が鏡に映っている場合には、視点変換は必要ない。光学変換による左右反転がそのまま認知される。

視点変換の必要性

光学反転では、構成要素のあいだの相対的な位置関係にもとづいて、左右反転を認知する。たとえば「F」の場合、「二本の横棒は、実物では縦棒の右にあるが、鏡像では縦棒の左にある」ということから、「左右が反対になっている」という認知が生じる。

視点反転の場合も、すくなくとも原理的には、同じような判断ができるはずである。図4-14(a)で、観察者の座標系(視点)にもとづいて、「腕時計は、実物では胴体の左にあるが、鏡像では胴体の右にある」という認知をしたとすれば、これで左右反転の認知は成立する。この場合には、座標系の平行移動はおこなっていないので、光学反転とおなじく、光学変換だけで左右の鏡映反転を認知したことになる。

しかし、もし、このように、文字とおなじ方法で判断をしたのだとすると、文字の場合とおなじく、ほぼすべての被験者が自分自身の左右反転を認知したはずである。だが、じっさいには、いま確認したように、鏡に横対していたときにも、かなりの被験者が自分自身の左右反転を認知しなかったのである。

(5) 横対の場合にも否認者が存在することは、後続の実験でも、繰り返し確認されている。実験①と同じくリボンをつけていなかった場合、実験②では三三%、実験④では三〇%の被験者が自分自身の左右反転を否認した。左腕にリボンをつけていた場合は、実験②では三三%、実験④では二三%、実験⑤では二七%の被験者が左右反転を否認した。

その割合は、正対していたときと変わらなかった。この実験結果からみると、鏡に横対している場合にも、自分自身の鏡映反転を認知するときには、被験者は、やはり視点変換(座標系の平行移動)をしていると考えざるをえない。

では、どうして、自分自身の鏡像については、構成要素のあいだの相対的な位置関係にもとづく判断をしないのだろうか?

おそらく、最大の理由は、実物と鏡像を同時に見くらべることができないことだろう。文字が鏡に横対している場合は、実物を正面から見ている(図4-14)。したがって、実物と鏡像を同時に視野に入れて比較をすることができる。そうすると、「実物と鏡像のあいだでは、構成要素のあいだの相対的な位置関係が反対になっている」ということがひと目で見てとれる。一方、自分が鏡に横対している場合は、自分自身を正面から見ることはできないので、文字の場合とはちがって、実物と鏡像を同時に視野に入れて比較するということができない。実物については、構成要素のあいだの相対的な位置関係を視覚的にとらえることができないので、それを実物と鏡像のあいだで比較することが難しくなる。⑥

おそらく、そのせいで、身体の左右を判断するときの普通のやりかたをとることになるのだろう。「普通のやりかた」というのは、「身体に即した座標系の中心(=身体の中心)からみて、右にあるか、左にあるか」という判断のしかたである。私たちが自分からみての「右」「左」を判断するときには、普通はそういう判断をしている。たとえば、「財布は上着の左の内ポケットに入れた」ということを思いだしたときには、財布をとりだすために、身体の中心より「左」にあるポケットを探る。他人の場合も、

「右足をひきずっている」というときの「右足」は、その人の身体に即した座標系の中心からみて「右」にある足のことである。

この「普通のやりかた」を自分の鏡像に適用するためには、鏡像に即した座標系にもとづいて左右を判断しなければならない。そのためには、(幾何学的にいえば)自分の身体に即した座標系を鏡像まで平行移動しなければならない。つまり、視点変換が必要になるというわけである。

9 「表象反転」対「光学反転」

「表象との比較」対「実物との比較」

さいごに、表象反転と光学反転がほんとうに別種の鏡映反転なのかどうかを調べてみることにしよう。前章の第4節「表象反転」の終わりで述べたように、文字が鏡に横対している場合、鏡像を実物と比較したときに認知される左右反転は光学反転だが、鏡像を表象と比較したときに認知される左右反転は表象反転になる。おなじように鏡映反転を認知しても、その認知を生みだすプロセスは異なっているのである。

(6) ちなみに、図4-14を見ている読者は、実物と鏡像を同時に視野に入れて比較することができる(正面から見たところではなく、上から見たところではあるが)。したがって、図4-14では、実物と鏡像のあいだで、構成要素のあいだの相対的な位置関係を比較することが簡単にできるが、じっさいに鏡に横対して自分自身の鏡映反転を判断するときには、そのような比較はできないのである。

図 4-17　鏡に横対したヒエログリフ「鼻」の鏡像と遮蔽された実物の文字

実験①では、「F」が鏡に横対しているとき(図4-16)、鏡像を実物と比較してもらって、「左右は反対になっていますか？」と尋ねたあとで、鏡像を「普通のF」と比較してもらって、同じ質問をした。「普通のF」については、「あなたが憶えている大文字の「F」のことです」と説明した。

この実験では、鏡像を実物と比較したときには、九九％の被験者が左右反転を認知した。表象と比較したときには、九八％の被験者が左右反転を認知した。どちらの場合も、事実上すべての被験者が左右反転を認知したことになる。

これは予想どおりの結果ではあるのだが、結果に違いがないので、これでは、表象反転と光学反転のあいだに、ほんとうに違いがあるのかどうかは分からない。そこで、実験④と実験⑤では、この二種類の鏡映反転のあいだに違いがあるとすれば、それが実験結果の違いとなって現れるように工夫をした。

横対したヒエログリフ

実験⑤では、図4-17のように、文字を鏡に横対させ、実物は衝立で隠して、鏡像だけが見えるようにした。こうすると、鏡像は、実物と比較することができないので、表象と比較しなければならないことになる。ところが、鏡に映っている文字は、古代エジプトの象形文字ヒエログリフ(「鼻」を表す文字)で、被験者は、だれ一人としてこの文字を知らなかった。つまり、だれもこの文字の表象をもっていな

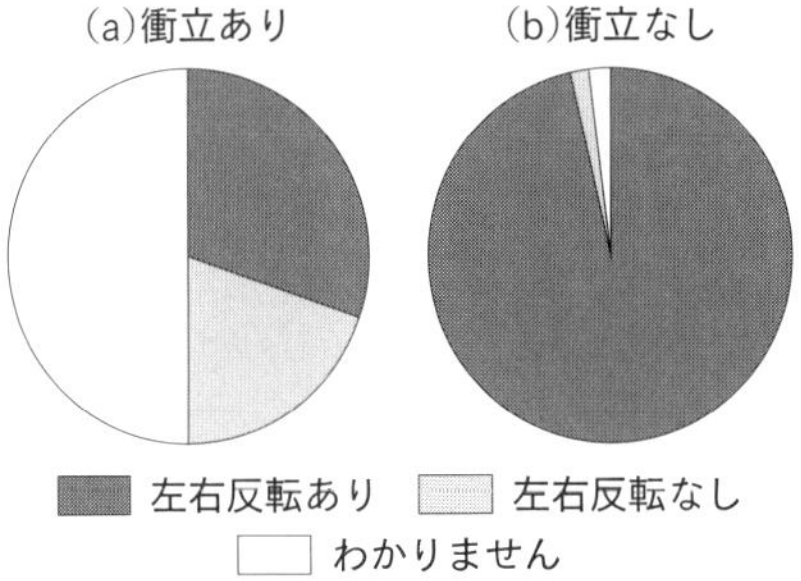

図 4‒18　左右反転の認知率：鏡に横対したヒエログリフ

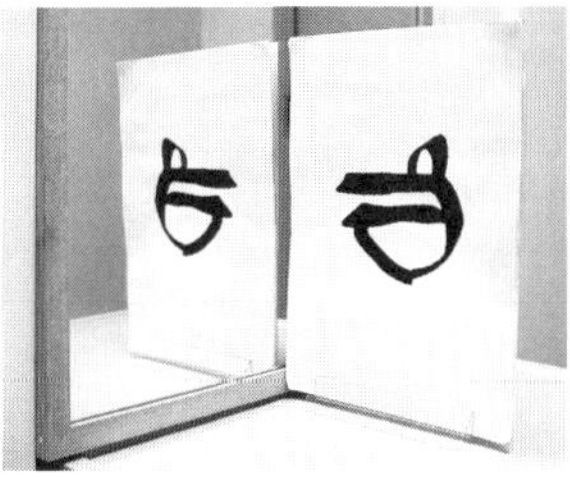

図 4‒19　鏡に横対したヒエログリフ「鼻」の鏡像と遮蔽されていない実物

かった。そうなると、鏡像を表象と比較することはできないことになる。

この実験では、何と比較するかは指定せずに、ただ「左右は反対になっていますか？」とだけ尋ねた。当然、被験者は答に窮する。「鏡に映っているのだから、左右は反対になっているにちがいない」と推測して「はい」と答えるか、「比較の対象がないのだから、反対になっているとはいえない」と考えて「いいえ」と答えるか、あるいは、ただ「わかりません」と答えるか、いずれにしても、確信をもって答えることはできないだろう。

実験の結果は、図4‐18(a)のようになった。半数(五〇%)の被験者が「わかりません」と答え、三〇%が「はい」、二〇%が「いいえ」と答えたのである。

この設定では、実物が見えないので光学反転は認知できず、表象をもっていないので表象反転も認知できず、いたしかたなく「適当な答」をせざるをえない。そのため、答がバラバラになったのだろう。

確信度の評定をみると、「1　全く確信がない」から「7　完全に確信がある」の七段階の尺度上で、平均値は「四・六」と真ん中に近い値になっていた。自分の答に確信がもてなかった被験者が多かったことを窺わせる。

では、図4-19のように衝立を取り去ったら、どうなるだろう？

このヒエログリフの表象をもっていないことには変わりがないので、依然として表象反転は認知することができない。しかし、見えるようになった実物と鏡像を比較することはできるので、光学反転は認知することができる。

じっさい、図4-18(b)に示したように、ほぼすべて(九六%)の被験者が左右反転を認知した。確信度評定の平均値は「六・四」と最大値の「七」に近くなり、こんどはかなりの確信をもって鏡映反転を認知したことが分かる。一人の被験者が「左右は反対になっていない」と答え、一人が「わかりません」と答えたが、合わせても四%で、これは「誤差の範囲内」である。

この実験結果は、表象反転と光学反転の違いをはっきりと示している。表象反転が認知できない場合でも、実物と鏡像を比較することができれば、光学反転のほうは認知できるのである。

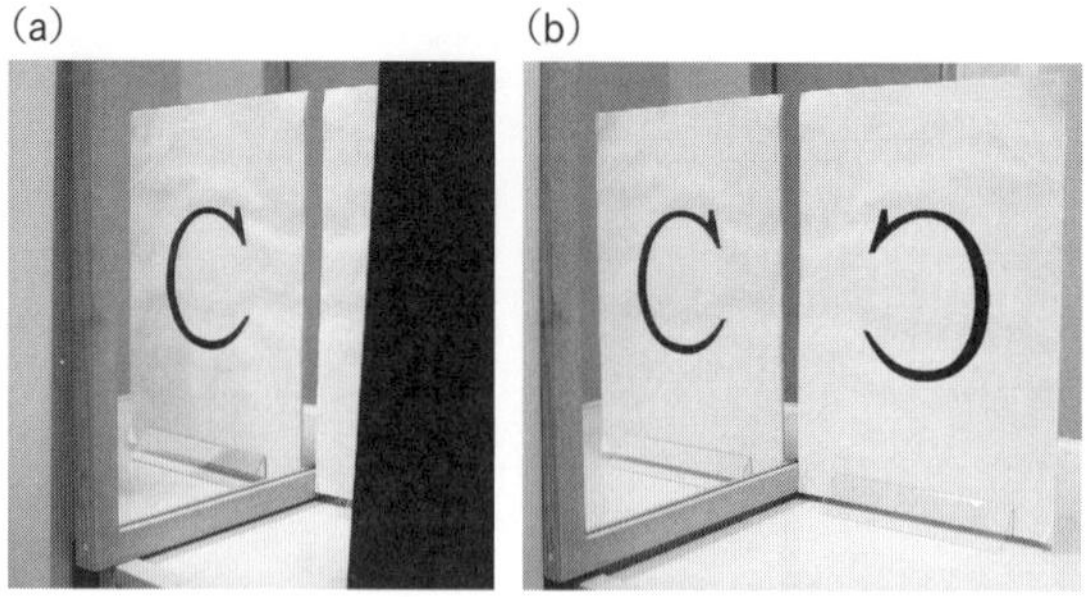

図4-20　鏡に横対した文字「C」：実物を遮蔽した場合(a)と遮蔽しなかった場合(b)

鏡映文字のC

表象反転と光学反転の違いは、図4-20のように、鏡映文字を鏡に横対させてみると、さらに明確になる。

鏡映文字というのは、左右が反対になるように印刷した(あるいは、書いた)文字である。実験④では、まず、図4-20(a)のように、実物を衝立で隠して、鏡像だけが見えるようにした。被験者は、もちろん、「C」という文字は知っているから、「C」の表象はもっていることになる。その表象と比較すると、この鏡像の左右は反対にはなっていない。もともと左右が反対になっている鏡映文字の左右を光学変換が反転したので、左右がもとに戻ってしまい、普通の「C」と同じ形に見えることになったわけである。

この鏡像について、「鏡に映った文字とあなたが記憶している「C」を比較してください。左右は反対になっていますか?」と尋ねたところ、図4-21(a)に示したように、九三%の被験者が「いいえ」と答えた。[7] この状況では、実物は見えないので、この「いいえ」という答は、表象反転のプロセスが働いた結果に相違ない。鏡像を「C」の表象と比較したところ、左右の違いがなかったので、「いいえ」と答えたのだろう。

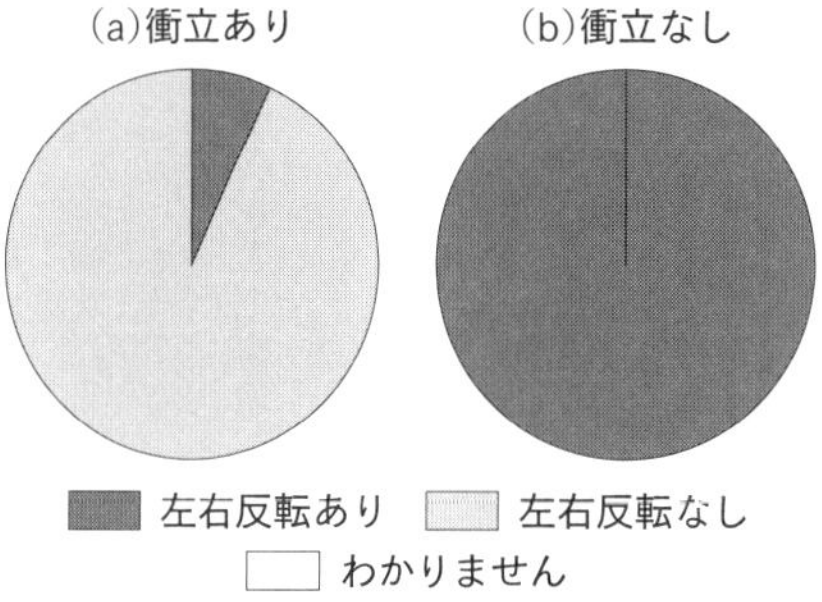

図4-21　左右反転の認知率：鏡に横対した文字「C」

(7)「はい」と答えた被験者が七%いた。「誤差の範囲」より僅かに多い。「鏡に映っているのだから、左右は反対になっているはずだ」と考えた被験者が一人二人いたのかもしれない。

つぎに、衝立を取り払い、図4-20(b)のように実物も見えるようにした。こんどは、「鏡に映った文字と紙に印刷されている文字とを比較してください。左右は反対になっていますか?」と尋ねたところ、一〇〇%の被験者が「はい」と答えた(図4-21(b))。

鏡像を実物と比較したのだから、ここで被験者たちが認知した左右反転は光学反転である。実物は鏡映文字なので、左側に開口部がある。一方、鏡像のほうは、光学変換によって左右が反転しているので、右側に開口部がある。図4-20(b)を見れば、読者にも、「はい」という答は「当然の答」に思えるだろう。

同じ鏡像について、「表象と比較したときには左右反転を否認し、実物と比較したときには左右反転を認知する」という正反対の結果になったわけである。この実験結果は、表象反転と光学反転が別種の鏡映反転であることを雄弁に物語っている。

10 三種類の鏡映反転

この章では、多重プロセス理論が想定している三種類の鏡映反転のあいだに、ほんとうに違いがあるのかどうかを調べるために、いろいろな実験結果を参照した。それらの実験結果は、いずれも、三種類の鏡映反転がたがいに異なった現象であり、異なった原理から生みだされるものであることを明確に示していた。

まず、視点反転と表象反転の違いについて。

視点反転の場合は、左右反転を認知するには、視点変換が必要になるが、視点変換は任意の心理的操作なので、実行しない人もいる。そういう人は、鏡映反転を認知しない「否認者」となる。実験の結果、だいたい二割から四割の否認者がでてくるということが分かった。

一方、表象反転の場合は、任意の心理的操作は含まれていないので、だれもが鏡映反転を認知し、否認者はでてこないと予測される。実験では、じっさいに、事実上すべての被験者が鏡映反転を認知した。この点で、視点反転と表象反転は、はっきりと異なっていることが明らかになった。

視点反転で否認者がでてくる理由については、二つの別解釈を検討した。「人体の近似的な左右対称性」にもとづく別解釈は、被験者の半身をカバーとお面で覆った実験の結果から、妥当ではないことが分かった。「一度も実物を正面から見たことがない」という「自分自身の身体の特殊性」にもとづく別解釈は、実験者の鏡像についての実験から、やはり妥当ではないことが分かった。

これらの別解釈が成り立たない以上、否認者がでてくる理由については、多重プロセス理論が想定しているとおり、「任意の心理的操作(視点変換)をおこなわないためだ」と考えていいだろう。このことは、「視点反転と表象反転は、別種の鏡映反転だ」という多重プロセス理論の説明が妥当であることを示している。

つぎに、視点反転と光学反転の違いについて。

鏡に横対した場合には、文字も人体も、光学変換によって左右が反転する。しかし、自分自身の左右反転を認知するためには、視点変換(座標系の平行移動)も必要になる。これは任意の心理的操作なので、鏡に正対しているときと同様、この心理的操作を実行せず、左右反転を認知しない否認者がでてくると予測される。一方、文字の場合には、任意の心理的操作は含まれないので、だれもが左右反転を認知すると予測される。これらの予測は、いずれも実験結果と一致していた。視点反転と光学反転は、たしかに別種の鏡映反転なのである。

さいごに、表象反転と光学反転の違いについて。文字が鏡に横対している場合、左右反転は、鏡像を実物と比較したときには光学反転になるが、表象と比較したときには表象反転になる。実験では、表象をもっていないヒエログリフの場合には、表象反転の認知は曖昧だったが、光学反転ははっきりと認知された。鏡映文字の場合には、左右反転は、鏡像を表象と比較したときには認知されず、実物と比較したときには認知された。これらの実験結果は、表象反転と光学反転が別の現象であることを裏づけている。

多重プロセス理論が想定しているように、三種類の鏡映反転は、たしかに別々の現象だということが立証されたわけだが、このことは、裏を返せば、「鏡映反転は同じひとつの現象だ」と考える過去の諸説がすべて一律に反証されたということでもある。第6章と附章A(無料ダウンロード資料)では、そうした諸説のひとつひとつについて、その説では説明できない実験結果を示すことになるが、それ以前の問題として、どの説も、「三種類の異なった鏡映反転が存在する」という基本的な事実と矛盾しているのである。このことを忘れないようにしておこう。

第5章　理解を深める

前章では、いろいろな実験結果を参照して、鏡映反転が一つの現象ではなく、三つの異なった現象だということを確認した。この章では、やはり実験結果を参照しながら、三種類の鏡映反転それぞれについて、さらに理解を深めていくことにしたい。

1　表象反転

前章の第9節「表象反転 対 光学反転」で述べたように、表象反転と光学反転の違いは、光学反転が鏡像を実物と比較するときに認知されるのにたいし、表象反転は鏡像を表象と比較するときに認知されることである。この節では、さまざまな実験結果にもとづいて、「表象反転の場合は、鏡像を表象と比較している」ということに疑問の余地が残らないようにしておきたい。

つぎに、文字以外の表象反転を検討する。表象反転が認知されるための条件を考えてみると、文字以外の対象でも、その条件を満たしていれば、つまり、左右の違いがはっきりとした表象を持っていさえすれば、「表象反転は認知されるはずだ」という予測が成りたつ。この予測を実験で検証する。

鏡映文字

多重プロセス理論によれば、文字の鏡映反転が認知されるのは、鏡像の左右が表象の左右とは反対になっているからである。たとえば、普通の「F」(図2-4(a))を鏡に映すと、鏡像の左右は、記憶にある「F」の表象とくらべたとき、左右が反対になっている(図2-4(b))。そこで、左右の鏡映反転が認知される。

しかし、第3章の第4節「表象反転」のところで述べたように、もともと左右が反対になっている鏡映文字(図3-7(b))を鏡に映した場合には、鏡像は、記憶にある「F」の表象と同じ形をしていて(図3-7(a))、左右は反対になっていない。したがって、左右の鏡映反転は認知されないはずである。

これを確かめるために、普通の「F」の鏡像(図2-4(b))と鏡映文字の「F」の鏡像(図3-7(a))を被験者に見せて、左右が反対になっているかどうかを判断してもらった(実験④)。結果は、図5-1のとおりである。正字、つまり、普通の「F」の場合は、事実上すべての被験者(九八%)が左右反転を認知した。一方、鏡映文字の場合は、事実上すべての被験者(九六%)が左右反転を否認した。いずれの場合も、多数派と逆の答をした被験者の割合は「誤差の範囲内」だった。予想どおりの結果である。

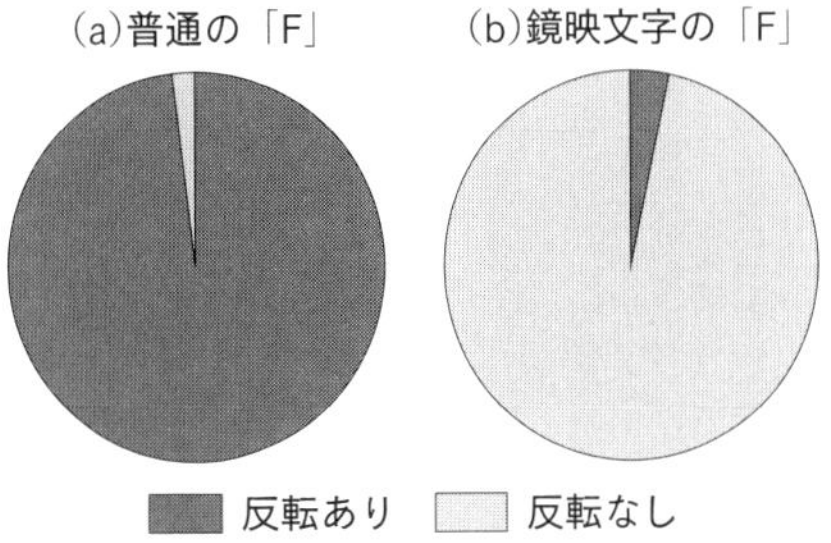

図5-1　左右反転の認知率：正字の鏡像と鏡映文字の鏡像

これは文字が鏡に正対している場合だが、横対している場合の実験結果は、第4章の第9節「表象反転 対 光学反転」のところで、すでに紹介した。「C」の鏡映文字が鏡に横対しているとき、実物のほうが衝立に隠れていて、鏡像だけが見える場合(第4章の図4-20(a))には、鏡像は表象としか比較できないので、光学反転ではなく、表象反転のケースになる。このとき、鏡像の形は、記憶にある「C」の表象の形と変わらない。いずれも、右側に開口部がある。したがって、「左右反転は認知されないだろう」という予測になるが、じっさいに、この鏡像については、ほとんどの被験者が鏡映反転を認知しなかった(第4章の図4-21(a)：註7も参照)。

鏡映文字が鏡に映っている場合には、正対していようと、横対していようと、鏡像の左右が表象の左右と一致していることには変わりがない。左右が一致していれば、左右反転は認知されないはずだが、じっさいに左右反転は認知されなかった。これらの実験結果は、「実物の文字が見えないときには、文字の鏡映反転は、鏡像と表象の比較から生じる」ということを示す強力な証拠である。

切り抜いた文字

鏡映文字のかわりに、切り抜いた文字を使うと、さらに面白い結果が得られる。実験①では、文字「F」をボール紙から切り抜き、表を黒く、裏を赤く塗って、鏡の前に置いた(図5-2)。

まず、表が被験者のほうを向いている場合(図5-2(a))だが、紙に書いた「F」の場合とはちがって、文字を鏡のほうに向けなくても、切り抜いた文字は、そのまま鏡に映る。鏡に映るのは、赤い色をした裏側のほうなのだが、「鏡のほうに向ける」という回転操作を加えていないので、鏡のなかに見える形は、実物と変わらない。「F」の記憶表象とも変わらない。したがって、鏡像を「普通のF」(つまり、「F」の表象)と比較したときには、左右の鏡映反転は認知されないはずである。じっさい、すべての被験者(一〇〇%)が左右反転を認知しなかった(図5-3(a))。

なお、この同じ鏡像を実物と比較した場合には、どちらも同じ形をしているから、やはり、左右反転は認知されないはずである。実験では、たしかに、事実上すべての被験者(九九%)が左右反転を否認した(図5-3(b))。ついでにいっておくと、実物と比較したのだから、これは表象反転ではない。原理的には、光学反転のケースである。鏡面と平行な左右方向は光学的には反転しないので、左右反転は認知されなかったのである。

この切り抜いた「F」を鏡のほうに向けた場合には(図5-2(b))、こちらには、赤い色をした裏側が見えることになる。垂直軸を中心にして一八〇度の回転をしたので、左右は反対になっている。鏡には、黒い色をした表側が映っているが、形としては、左右が反対になった形がそのまま映っている。

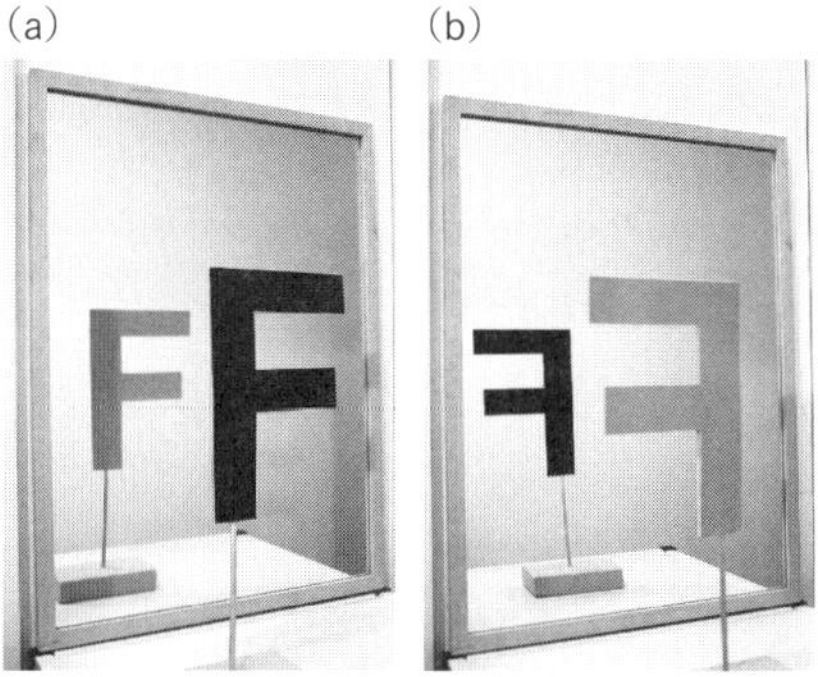

図5-2　切り抜いた文字：観察者に正対した場合(a)と鏡に正対した場合(b)

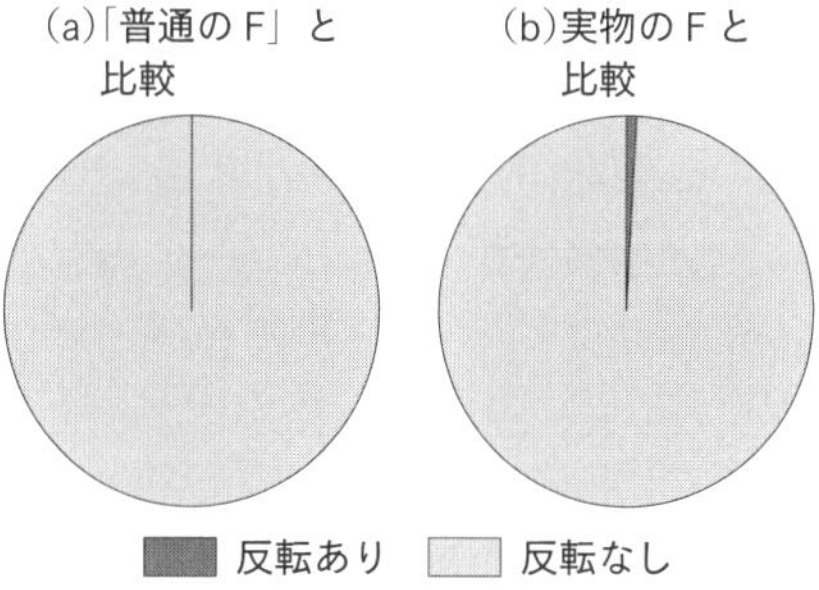

図5-3　左右反転の認知率：切り抜いたF(被験者に正対)

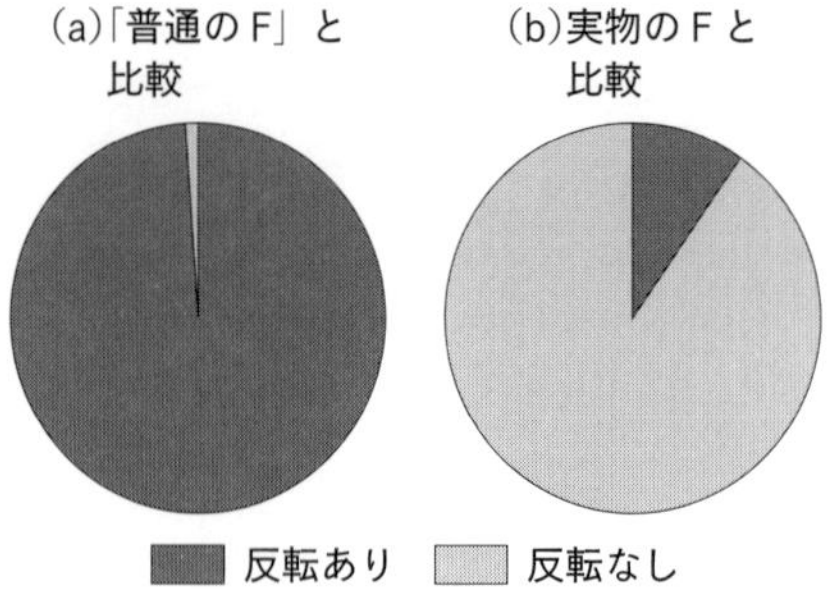

図5-4　左右反転の認知率：切り抜いたF（鏡に正対）

鏡像を「普通のF」と比較すると、表象とは左右が反対になっているので、左右反転を認知するはずである。実験でも、事実上すべての被験者(九九%)が左右反転を認知した(図5-4(a))。鏡像を記憶のなかにある表象とくらべたとき、左右が反対になっていれば、このように左右反転を認知するが、図5-2(a)のように左右が反対になっていなければ、左右反転は認知されないのだから、「鏡に映ると左右が反対に見える」というわけではないことがはっきり分かる。鏡に映るかどうかではなく、あくまでも、表象とくらべたときに左右が反対になっているかどうかが問題なのであり、それが左右反転を認知するかどうかの決め手になっているわけである。

なお、図5-2(b)の鏡像を実物と比較したときには、形が同じなので、被験者は左右反転を認知しないはずである。じっさい、実験では、大部分の被験者(九〇%)が左右反転を認知しなかった(図5-4(b))[8]。この場合も、鏡像を実物と比較したので、原理的には表象反転ではなく、光学反転の状況であり、光学反転としての左右反転が認知されなかったということになる。

同じ鏡像(図5-2(b))でも、表象と比較するか、実物と比較するかによって、結果が正反対になる(図5-4(a)(b))という事実は、表象反転と光学反転の違いを如実に物語っている。

鏡像を表象と比較するということになると、その表象がない場合はどうなるだろうか？知らない文字の場合は、記憶のなかに表象がないので、「左右は反対になっていますか？」と訊かれても困る。「鏡に映っているのだから、左右は反対になっているにちがいない」と推測して「はい」と答えるか、「比較ができないのだから、反対になっているとはいえない」と考えて「いいえ」と答えるか、あるいは、素直に「わかりません」と答えるか、いずれにしても、答が「はい」か「いいえ」に収束することはないだろう。

実験②では、古代エジプトの象形文字ヒエログリフ(図5-5：Betrò 1995)を鏡に正対させた。図5-5(a)は、「髪」という意味のヒエログリフ、図5-5(b)は、「鼻」という意味のヒエログリフだが、こちらのほうは左右を反転して印刷した鏡映文字になっている。(9)

---

(8)　左右反転を認知した被験者も一〇%ほどいた。この割合は、「誤差の範囲」よりは明らかに大きい。第4章の第2節「視点反転　対　表象反転」のところで述べたように、「文字の形を知覚し、それを文字の表象と比較する」というプロセスは、ほぼ自動的に進行する。図5-2(b)の鏡像を見たときには、「表象とは左右が反対になっている」という情報処理結果がほぼ自動的に出てくるので、表象とではなく、実物と比較するように言われたにもかかわらず、「左右は反対になっていますか？」と尋ねられたとき、うっかり「はい」と答えてしまった被験者が何人かでてきたのではないかと考えられる。

(9)　実験⑤でも、おなじ「鼻」のヒエログリフを使ったが(第4章第9節「表象反転　対　光学反転」：図4-17と図4-19)、そちらは鏡映文字ではなくて正字だった。

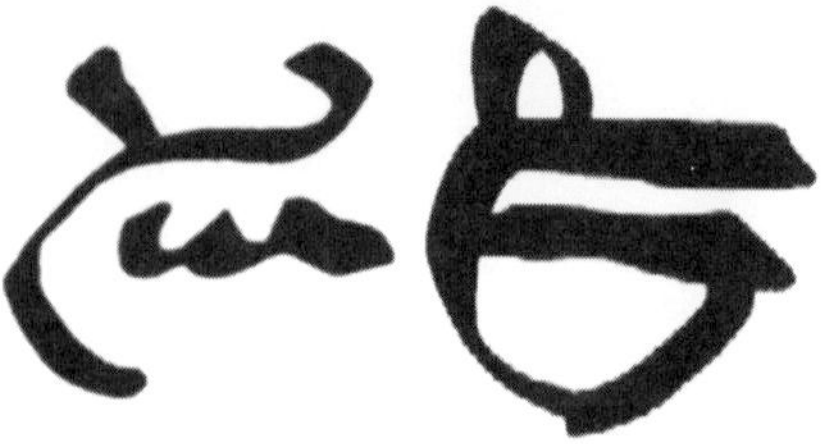

図5-5　正字と鏡映文字のヒエログリフ

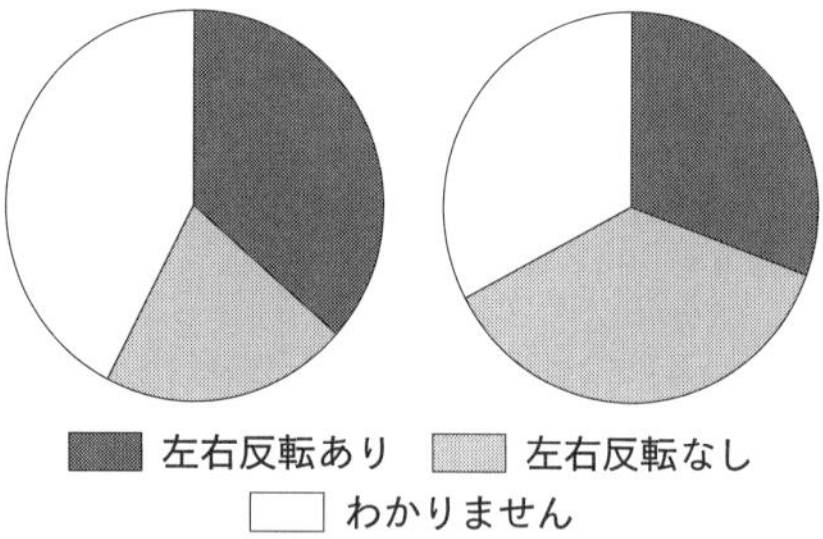

図5-6　左右反転の認知率：正字と鏡映文字のヒエログリフ

五二名の被験者のうち、これらのヒエログリフを知っていた人はひとりもいなかった。ヒエログリフは鏡に正対していたので、実物は見えない。実物と比較することができないので、鏡像の左右が反対になっているかどうかを判断するためには、表象と比較しなければならない。が、その表象がないのである。にもかかわらず、答として、「はい」「いいえ」「わかりません」のどれかを選ばなければならない。

被験者の判断は、図5-6に表されているとおりになった。どちらのヒエログリフについても、「左右は反対になっていますか?」という質問にたいして、「はい」「いいえ」「わかりません」が、だいたい三分の一ぐらいずつになっている。「反対になっている」とも「なっていない」とも、はっきり判断することができず、「適当な答」をするほかなかったことがみてとれる。

記憶のなかに表象をもっている「F」や「D」や「C」の場合には、「反対になっている」という答がほぼ一〇〇%を占めていたが、それと比較すると、違いは歴然としている。文字の鏡映反転について、はっきりとした判断を下すためには、やはり、表象が不可欠なのである。

また、すでにみたように、表象をもっている「F」の場合は、正字と鏡映文字の差がはっきりしていた。普通の「F」については、ほぼすべての被験者が「反対になっている」と答えた一方で、「F」の鏡映文字については、ほぼすべての被験者が「反対になっていない」と答え、回答パターンは正反対になった(図5-1)。しかし、ヒエログリフの場合は、左右反転についての判断には、正字と鏡映文字のあいだで、本質的な違いはなかった。そもそも、表象をもっていないのだから、正字であろうと、鏡映文字であろうと、違いがないのは当然といえば当然だろう。

学習経験の有無

こんどは、表象をもっていない人ともっている人を直接くらべてみよう。

図5-7は、ロシア語のアルファベット、キリル文字の鏡像である。図5-7(a)は、「ツェー」という文字の左右を反転した鏡映文字の鏡像である。図5-7(b)は、「ユー」という文字(鏡映文字ではなくて、正字)の鏡像である。

キリル文字を知っている人なら、「F」の場合とおなじく、鏡映文字の鏡像(図5-7(a))については、表象と形が変わらないので鏡映反転を認知せず、正字の鏡像(図5-7(b))については、表象とは左右が反対になっているので、左右反転を認知するだろう。しかし、キリル文字を知らない人は、ヒエログリフの場合とおなじく、鏡映文字、正字のどちらにも、「適当な答」をせざるをえないだろう。

実験②では、五二名の被験者のうち、四五名はキリル文字を習ったことのない学生たちだった。かれ

図 5-7　キリル文字の鏡像

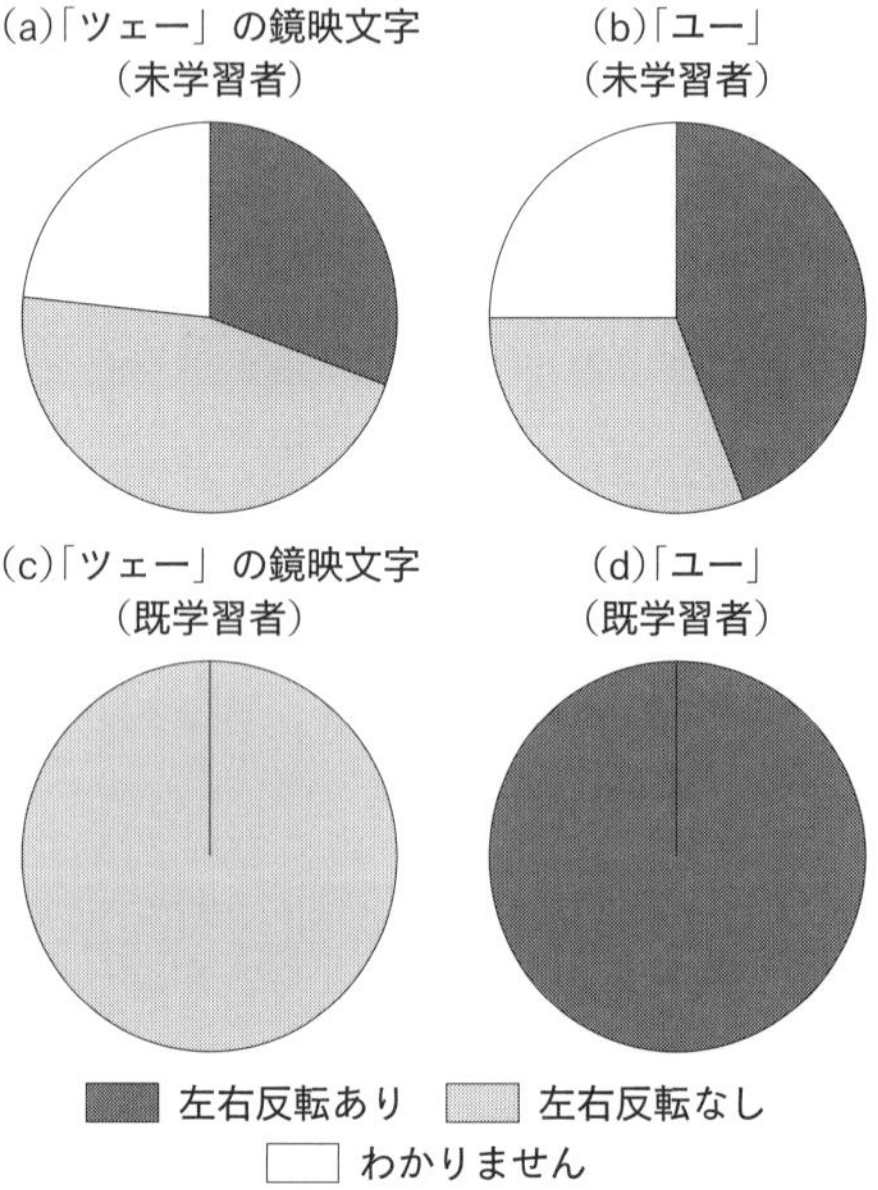

図 5-8　左右反転の認知率：キリル文字

らの判断は、図5－8(a)(b)のとおりで、たしかにヒエログリフの場合とおなじようなパターンになった。

残る七名の被験者は、スラヴ語スラヴ文学研究室の学生たちで、当然のことながら、キリル文字をよく知っていた。かれらの判断は、キリル文字を知らない学生たちとは、まったく違っていた。鏡映文字の鏡像については、全員が左右反転を否認し(図5－8(c))、正字の鏡像については、全員が左右反転を認知したのである(図5－8(d))。これは「F」の場合とまったく同じパターンで、まさに予想どおりの結果である。

逆さの文字の鏡像：上下反転

表象反転は、鏡像と表象の左右が反対になっているために認知される鏡映反転である。ならば、鏡像と表象の上下が反対になっているときには、上下の鏡映反転が認知されるはずである。上下反転は、じっさいに認知される。

第3章で見た図3-1(b)は、「F」を逆さにして鏡に正対させたときに見える鏡像である。図3-2(a)は、「F」の鏡映文字を逆さにして鏡に正対させたときに見える鏡像である。実験②では、逆さになった「F」について、全員(一〇〇%)が上下反転を認知した(図5-9(a))。実験④では、逆さになった「F」の鏡映文字について、やはり全員(一〇〇%)が上下反転を認知した(図5-9(b))。この結果も、表象反転が鏡像と表象の比較から生じることを裏づけている。

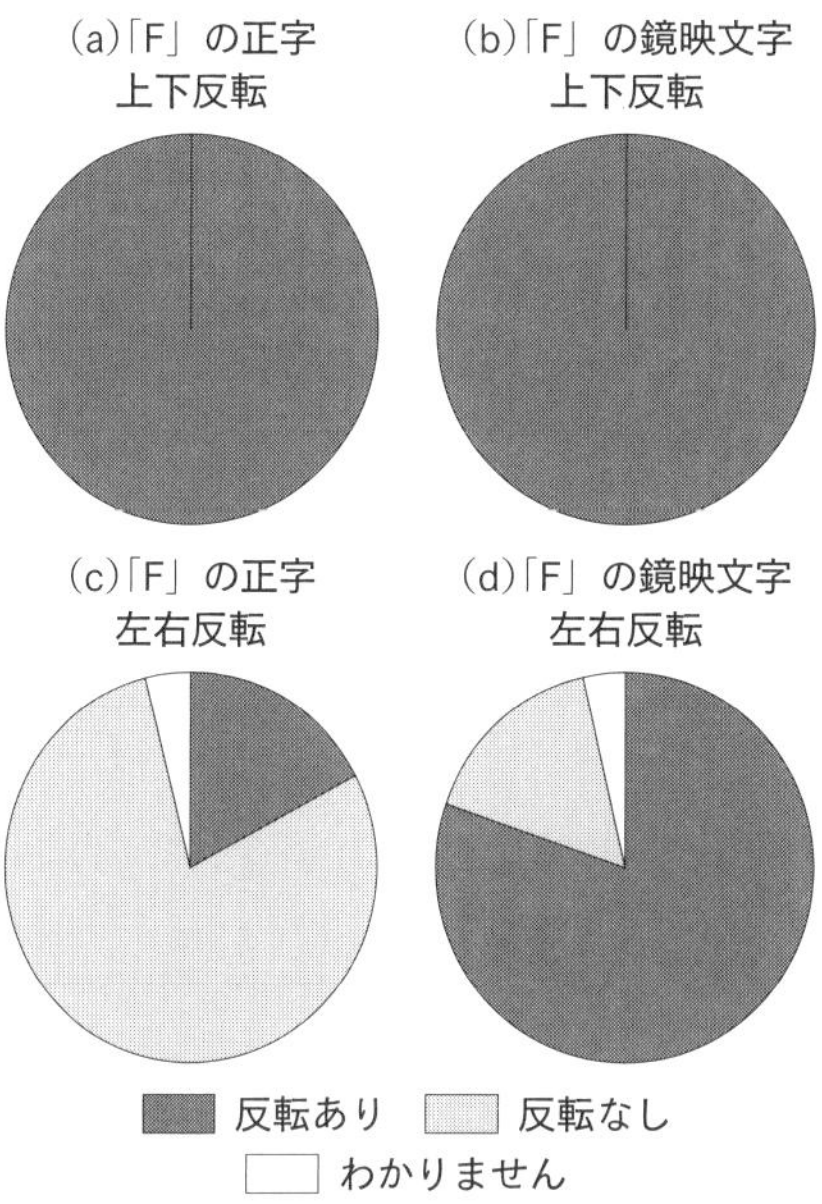

図5-9　反転の認知率：逆さになった正字と鏡映文字の上下反転と左右反転

逆さの文字の鏡像：左右反転

話がすこし本筋からそれるが、逆さの文字の左右反転についても見ておこう。

逆さの「F」の鏡像(図3-1(b))を見ると、二本の横棒は、縦棒の右にある。逆さにしたときには、水平軸を中心にして、一八〇度の回転をした。幾何学的にみると、この回転では、上下と前後が反転し、左右は反転しない。だから、左右は反対にならないのである。記憶にある「F」の表象とくらべて左右が変わらないのだから、左右反転は認知されないはずである。じっさい、実験②では、大部分(七九%)の被験者が左右反転を認知しなかった(図5-9(c))。

一方、「F」の鏡映文字のほう(図3-2(a))を見ると、二本の横棒は、縦棒の左にある。鏡映文字の場合、もともと、横棒は縦棒の左にあるので、ひっくり返しても、それは変わらないわけである。「F」の表象と比較すると、上下と前後だけではなく、左右も反対になっているので、左右反転も認知されるはずである。たしかに、実験④では、大部分(八〇%)の被験者が左右反転を認知した(図5-9(d))。

基本的には、予想どおりの結果である。しかし、どちらの場合も、多数派とは逆の判断をした被験者がかなりいた。「左右は反対になっていますか?」という質問に、普通の「F」の場合は、一七%の被験者が「はい」と答え、「F」の鏡映文字の場合は、一六%の被験者が「いいえ」と答えた。どちらの割合も、「誤差の範囲」にはおさまらない。話がさらに本筋からそれるが、その理由についても、すこし考えておくことにしよう。

イメージ回転

認知心理学には、「メンタル・ローテーション mental rotation」という有名な実験がある[Shepard &

Metzler 1971; Takano & Okubo 2002]。「人間はイメージを回転することができる」ということを初めて科学的に立証した実験である。この実験では、普通は二つの図形が同じか違うかを判断するのだが、「違う」場合は、二つの図形は、左右だけが反対になっていて、それ以外には違いがない。つまり、たがいに鏡像の関係になっている。

図形が文字の場合は、文字が一つだけ提示され、それが正字か鏡映文字かを判断することになる。正字なら「イエス」、鏡映文字なら「ノー」と答える。その文字は、いろいろな角度で提示される(たとえば、図5-10のように)。

メンタル・ローテーションの実験については、拙著『傾いた図形の謎』[高野 一九八七]に記したので、ここでは詳しくは説明しないが、この実験の結果から、文字が傾いている場合は、「まず、そのイメージをつくり、それを頭のなかで回転して正立させてから、正字か鏡映文字かを判断する」というやりかたをすることがわかっている[Cooper & Shepard 1973]。

図5-10(a)の場合は、イメージを反時計まわりに一二〇度回転すると、普通の「F」だということが分かる。そこで、「イエス」と答えることになる。図5-10(b)の場合は、おなじくイメージを反時計まわりに一二〇度回転すると、鏡映文字の「F」だということが分かる。そこで、「ノー」と答えることになる。

(a)「イエス」　(b)「ノー」

図5-10　メンタル・ローテーション実験

さて、倒立した正字の鏡像(図3-1(b))を見た場合だが、左右軸を中心にして一八〇度回転するのではなく、図5-11(a)のように、前後軸を中心にした一八〇度のイメージ回転をして正立させると、回転したイメージは、正字の「F」とは左右が

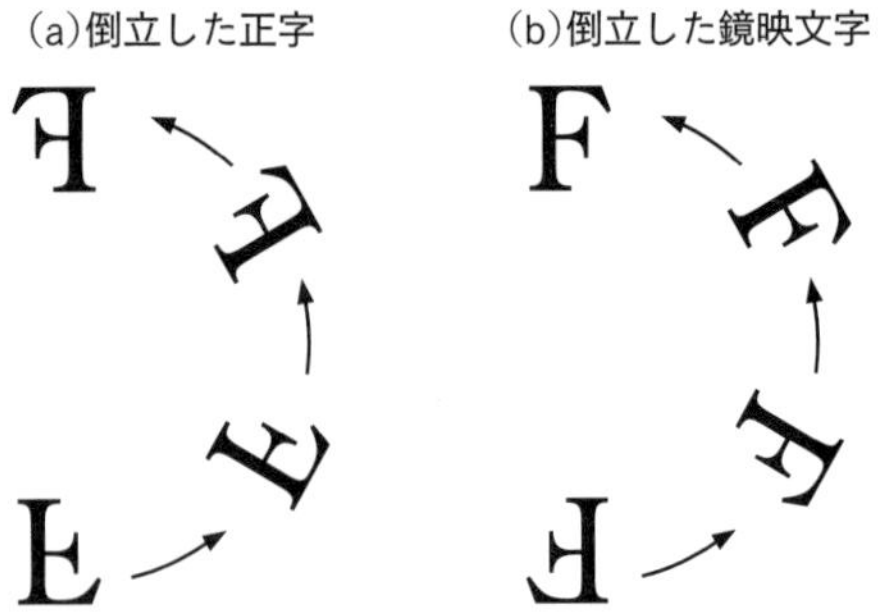

図 5-11　鏡像のイメージの回転

反対になってしまう。したがって、このイメージ回転をした被験者は、「左右は反対になっていますか?」と尋ねられたときには、「はい」と答えることになるだろう。

一方、倒立した鏡映文字の鏡像（図3－2(a)）を見た場合は、図5－11(b)のように、一八〇度のイメージ回転をして正立させると、回転したイメージは、正字の「F」と左右が同じになる。したがって、このイメージ回転をした被験者は、「いいえ」と答えることになるだろう。

メンタル・ローテーションの実験とはちがって、鏡映反転の実験では、正字か鏡映文字かを判断しなければならないわけではない。「左右は反対になっていますか?」と尋ねられるだけなので、二本の横棒が縦棒の右にあるか左にあるかだけを判断すれば、質問に答えることはできる。そういう答えかたをすれば、実験での多数派の回答になる。

しかし、メンタル・ローテーション実験の結果から考えると、鏡像のイメージを回転してから「F」の表象と比較したくなる被験者がいたとしても、おかしくはないだろう。イメージを回転して、正立させたイメージと表象を比較すると、正字（図3－1(b)）の場合は、多数派の回答とは逆に、「左右が反対になっている」という答をすることになる。鏡映文字（図3－2(a)）の場合も、多数派の回答とは逆に、「左右は反対になっていない」という答をすることになる。

おそらく、こういうイメージ回転をした被験者がいたので、どちらの場合も、多数派の回答とは逆の答が「誤差の範囲」を超える割合を占めることになったのだろう。

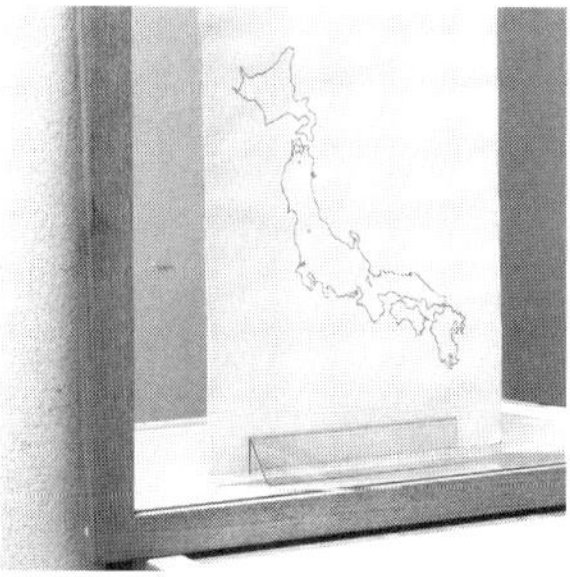

図 5-12　日本地図の鏡像

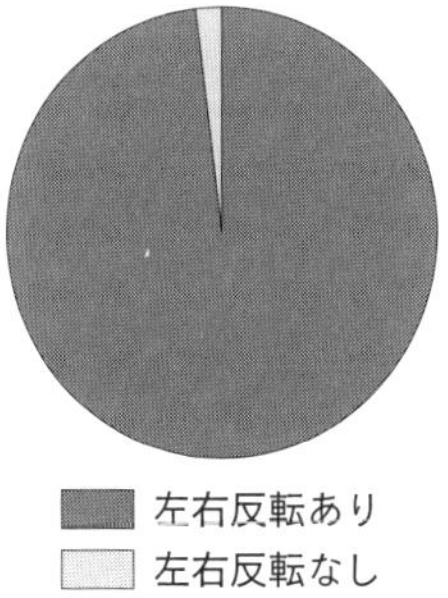

図 5-13　左右反転の認知率：日本地図の鏡像

文字以外の表象反転

ここで、話を本筋に戻そう。

第3章の第4節「表象反転」のところで述べたように、表象反転が認知されるのは、文字の場合だけとはかぎらないはずである。表象反転はなぜ起きるのか、その原理を考えてみると、「左右の違いがはっきりした表象が記憶のなかにありさえすればいい」ということが分かる。鏡像をその表象とくらべれば、左右が反対になっていることは、すぐに分かるので、左右反転が認知されることになる。

実験④では、日本地図(輪郭のみ)を鏡に正対させて(図5-12)、「左右は反対になっていますか?」と尋ねた。被験者は日本人ばかりだったから、日本列島の形を憶えていないはずはない。一応、確認のために、「どこの地図か知っていますか?」という質問をしてみたが、これは愚問だった。

この鏡像については、ほぼすべての被験者(九八%)が左右反転を認知した(図5-13)。「鏡と正対しているとき、事実上すべての被験者が左右の鏡映反転を認知する」というのは、視点反転のパターンではない。表象反転のパターンである。多重プロセス理論では、文字の鏡映反転は、「鏡像の方向が表象の方向とは反対になっていること」が原因で生じると説明している。日本地図についての実験結果は、この説明が正しいことを証明していると解釈できる。この説明原理があてはまる場合には、対象が文字ではなくても、表象反転が認知されるのである。

未知の地図

では、ヒエログリフのときのように、表象がない場合はどうなるだろうか? 被験者は「適当な答」しかできないので、ヒエログリフのときとおなじく、「はい」「いいえ」「わかりません」のあいだで答が分かれるにちがいない。

実験④では、図5-14のように、おそらく被験者が知らないだろうと思われる地図を鏡に正対させた。じっさい、これがどこの地図か、正しく言いあてた被験者は一人もいなかった。尋ねられると、八九%の被験者が「わかりません」と答えたが、地名をあげた被験者の答も、「アフリカのどこか」、「カナダのどこか」、「アメリカのどこか」といった具合だった。このなかでは、「アメリカのどこか」という答がいちばん近い。じつは、ニューヨーク州の輪郭なのである。図5-14(a)は、反転していない輪郭の鏡像、図5-14(b)は、左右を反転した輪郭の鏡像である。実験では、どの被験者にも、この順番で見てもらった。

左右反転についての判断は、図5-15のようになった。予想どおりの結果である。図5-15(a)は左右反転していない輪郭(図5-14(a))についての判断、図5-15(b)は左右反転した輪郭(図5-14(b))についての判断だが、ロシア語を学習したことがない被験者がキリル文字を見たときと同様、実物が左右反転していようといまいと、大差ない結果になった。(10)

地図についてのこれらの実験結果は、文字についての実験結果と同じパターンを描いている。このことは、第一に、表象反転が

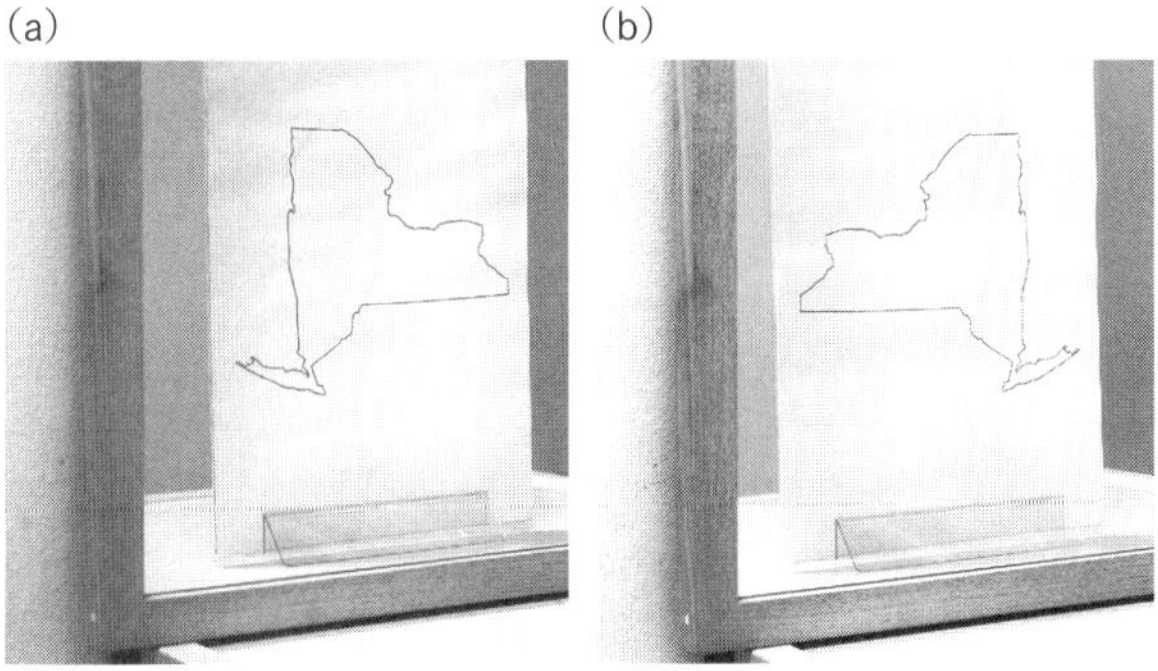

図5-14　未知の地図の鏡像：元の地図(a)と反転した地図(b)

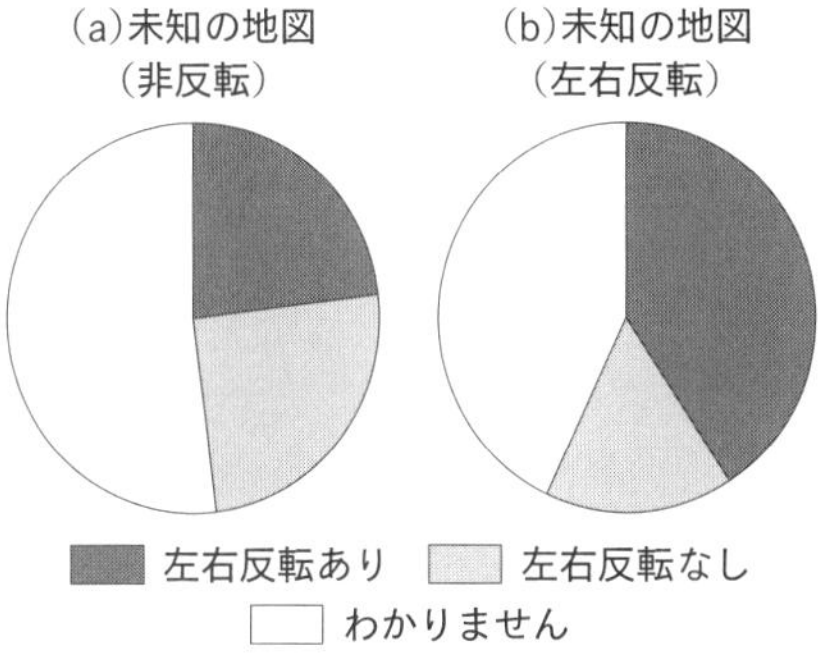

図5-15　左右反転の認知率

(10)「左右が反対になっている」という答の割合は、反転せずに印刷した地図(図5-14(a))の場合より、反転して印刷した地図(図5-14(b))の場合のほうが多かった(図5-15(a)(b))。おそらく、反転せずに印刷した地図(図5-14(a))のほうを先に見たので、その表象が記憶に残っていた被験者は、反転して印刷した地図(図5-14(b))を見たとき、「左右が反対になっている」という印象を受けたのだろう。

認知される対象は文字だけではないこと、第二に、表象反転は鏡像と表象の比較にもとづいて認知されること、をはっきりと示している。

表象の左右

ここまでは、表象がある場合とない場合を考えてきた。しかし、「表象はあっても、左右がはっきりしない」という場合もある。

沖縄のシーサーは、普通、右を向いた獅子と左を向いた獅子が一対になっているものだが、私の実家には、沖縄土産のシーサーが片方だけある。その色や形は、かなりはっきり思い出せるのだが、右向きだったか左向きだったか、そこだけが、どうもはっきり思いだせない。

こういった経験はだれにでもあるのではないだろうか。たとえば、レオナルド・ダ・ビンチの「モナリザ」。だれもが知っている有名な絵なので、絵のイメージを思い浮かべることは、だれにとっても、そう難しくはないだろう。しかし、モナリザの顔が右のほうを向いていたか、それとも、左のほうを向いていたかとなると、「はっきりとは思いだせない」という人も少なくないのではないだろうか。

文字のように、「左右の違いをだれもがはっきり憶えている」というケースは、意外に少ないのかもしれない。その文字にしても、憶えはじめたばかりの幼児は、よく左右が逆になった鏡映文字を書くことが知られている。図5‐16は、わが家の幼稚園児が書いた文字である。「パーティー屋さん」と平仮名で書いてあるのだが、「は」の縦棒が左ではなく、右にある。「お」や「あ」も、よく逆に書いていた。おとなも、左右をよくまちがえる。昔、友人たちとドライブにでかけたときのこと。助手席でナビゲーターをしていた私が「そこを左に曲がって」と言ったところ、運転をしていた友人が右にハンドルをきった。あわてて「左、左！」と言うと、友人は「だから、左に曲がってるだろう……あ、右だ」と、こちらもあわててハンドルを切りなおした。

心理学者のコーバリスによれば、左右が区別できない「左右盲」という人もいるというが［Corballis & Beale 1976］、考えてみると、たしかに、左右の区別は手がかりに乏しい。「上下」なら、「重力方向」という万人に共通した手がかりがある。人間の身体も、上と下では、はっきり形が違うし、動物や乗り物の形も、ほとんどの場合、上下は非対称である。「前後」も、「前」は見えるほうで、「後ろ」は見えないほうだから、まちがえようがない。それに、人体も、ほかの多くの物体も、前後は非対称な形をしている。

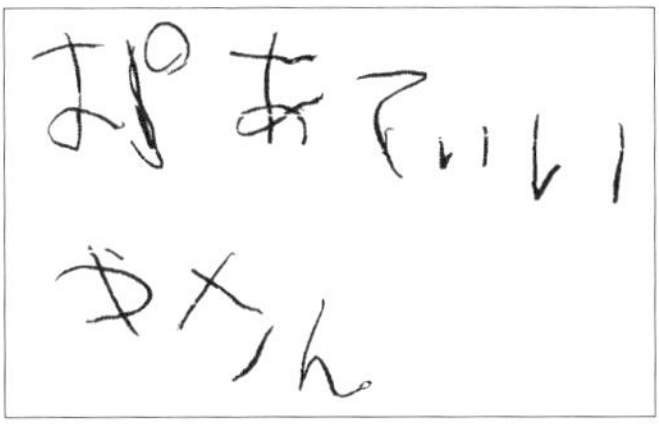

図 5-16　幼児の書いた鏡映文字

ところが、左右となると、そうはいかない。「重力方向」や「見えるほう」にあたるような手がかりがまったくない。しかも、人間もそうだが、ほとんどの動物は、身体がほぼ左右対称にできている。左右がはっきりと非対称な身体をもった動物を探そうとすると、結構、難しい。私の場合、すぐに思い浮かぶのは、ヒラメとカレイ、それにシオマネキぐらいである。

「「右手」は、箸をもつほうの手」というわけにもいかない。左利きの人は箸を左手でもつだろう。昔の武将は、左手を「弓手」(ゆんで：弓をもつほうの手)、右手を「馬手」(めて：馬の手綱をもつほうの手)と呼んで区別したそうだが、この区別も、馬に乗って合戦をする人にしか役立たない(そういえば、左利きの武将の場合、右手で弓をもち、左手で手綱をとる、ということはなかったのだろうか?)。

つきつめてみると、「右と左を区別するためには、最終的には、身体的な感覚に頼るほかない」ということが分かる。二本ある足のうちのどちらかを挫いたとき、痛いのがどちらの足なのかは間違いようがないし、片方の手でVサインをつくろうとしたとき、どちらの手がチョキになるかを予測しそこなうこともない。こうした身体的な感覚を頼りにすれば、左右対称な身体のなかで、一方の側を確実に識別することができる。

身体感覚にもとづいて識別した側方向に、それぞれ、「右」「左」という言語ラベルを結びつければ、「右」と「左」をまちがいなく区別することができるようになる。つまり、身体感覚が「右」と「左」を区別する最終的な拠り所になるのである。身体感覚と言語ラベルとの結びつきが一時的に弱まると、私の友人のように、右にハンドルをきっていながら、「だから、左に曲がってるだろう」と言うことになるのだろう。

モナリザの鏡映反転

話がすこし脱線したが、表象のなかで左右の区別がはっきりしない場合の鏡映反転を調べるために、実験④では、モナリザの写真と、その左右を反転して印刷した写真を鏡に映して、被験者に見てもらった(図5-17)。読者諸兄は、どちらがどちらなのか、確信をもって判別することができるだろうか?

実験④では、「この絵を知っていますか?」と尋ねられたときには、すべての被験者が「はい」と答えた。「この絵の名前を教えてください」と言われたときには、すべての被験者が「モナリザ」と即答した。

この実験では、図5-17(a)のほうを先に見てもらったが、こちらがオリジナルの「モナリザ」の鏡像である。したがって、「モナリザ」がどちらを向いていたかをはっきりと憶えている被験者は、この鏡像を見たときには、左右反転を認知するはずである。じっさいには、「左右は反対になっていますか?」という質問に「はい」と答えた被験者は六四%で、二九%の被験者が「いいえ」と答えた(図5-18(a))。

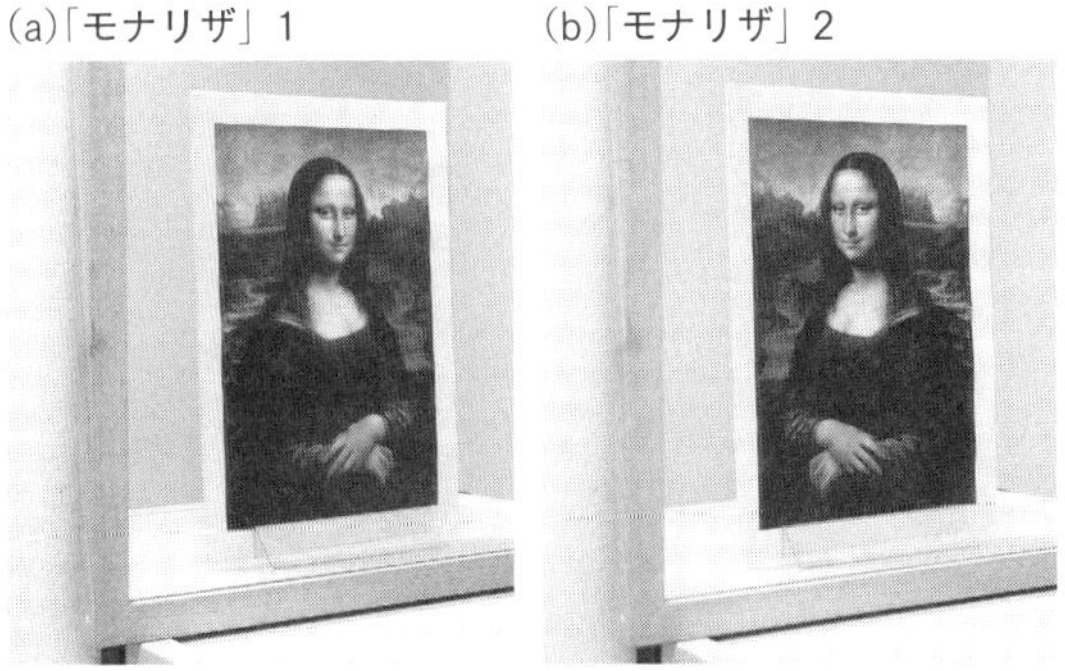

図5-17　モナリザの鏡像

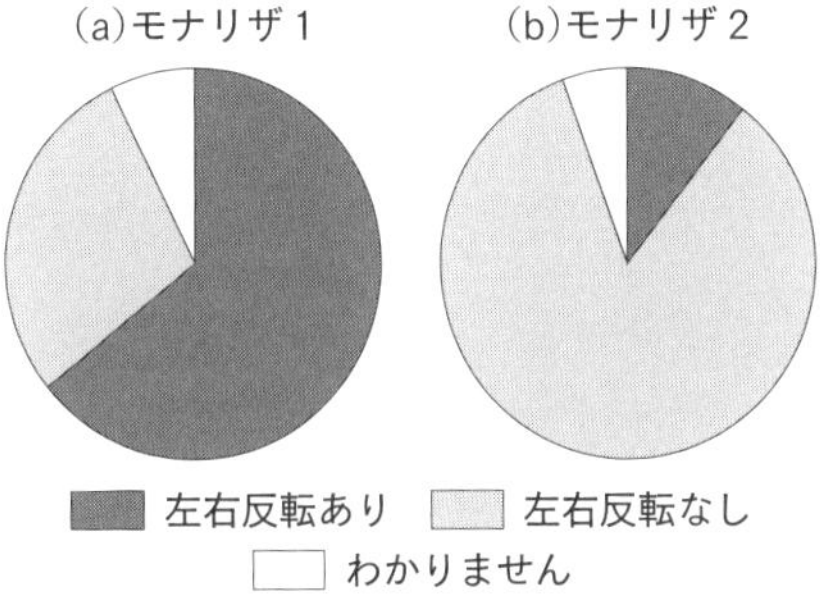

図5-18　左右反転の認知率:「モナリザ」

左右の違いがはっきりした表象をもっている文字(F、C、D)の場合には、事実上すべての被験者が「はい」と答えたが(図4-4)、それにくらべると、「はい」という答が圧倒的に少ない。しかし、表象をもっていないヒエログリフ(図5-6)やニューヨーク州の地図(図5-15)などの場合にくらべれば、

「はい」という答はずっと多い。「モナリザ」の場合、「はい」という答の割合は、両者の中間になっている。やはり、「モナリザ」がどちらを向いていたか、はっきり憶えていなかった被験者がかなりいたのだろう。

図5‐17(b)のほうは、左右を逆に印刷した写真の鏡像なので、モナリザの左右をしっかり憶えている被験者なら、「いいえ」と答えるはずである。データをみると、八四%の被験者が「いいえ」と答え、一一%の被験者が「はい」と答えた(図5‐18(b))。

「モナリザ」の左右を憶えていたときの答という点では同じであるにもかかわらず、図5‐17(a)に「はい」と答えた被験者の割合にくらべると、こちらの図5‐17(b)に「いいえ」と答えた被験者の割合は、ずいぶん多い。「いいえ」と答えた理由を尋ねてみると、「違和感がなかった」とか「しっくりきた」といった答が多かった。おそらく、左右の違いについて、曖昧ながらも多少は記憶があって、正しい方向を向いているモナリザを見たときには、「これが本物のモナリザだ」という「感じ」が強まったのではないだろうか。

なお、絵に描かれているのは人物だが、ここでの鏡映反転は視点反転ではない。視点反転の場合は、鏡像を実物の人物と比較するが、この場合は、モナリザという実物の女性が鏡と向かいあっているわけではないからである。鏡像は、記憶のなかにあるモナリザの絵と比較するほかないので、鏡映反転を認知したとすれば、それは表象反転ということになる。

2　視点反転

多重プロセス理論によると、視点反転の場合、左右の反転は視点変換によって引き起こされるわけだが、では、なぜ視点変換をするのだろうか？――「他人の身体部位を特定するため」というのがその答だった(第3章第5節を参照)。しかし、相手が実物の他人ではなく、鏡像の場合は、身体部位を確実に同定できなくても、とくに不都合は起こらない。そこで、視点変換をしない人もでてくる。そういう人は、人体の鏡像については、左右の鏡映反転を認知しない。否認者である。

ここまでは、すでに述べた。ここからが話の主眼である。

位置判断についての予測

この説明が正しいかどうかを確かめるためには、被験者が左右の判断をしたとき、自分自身の視点から判断したのか、それとも、鏡像の視点から判断したのかを調べなければならない。そこで、実験①では、被験者と実験者の左腕に赤いリボンを巻き、それが左右どちらにあるかを尋ねた。

もし上の説明が正しければ、実物のリボンの位置については、リボンをつけている当人の視点から左右を判断するはずである。その「当人」が自分自身の場合はもちろんのこと、それが他人で、しかも、自分とは反対の方向を向いていたとしても、やはり「当人」の視点から左右を判断するはずである。

しかし、鏡に映ったリボンの位置については、話が違ってくる。否認者がいるということは、「鏡像の視点から左右を判断しない人がいる」ということを暗示している。したがって、鏡像のリボンの位置については、鏡像の視点をとらず、自分自身の視点から判断をする人もでてくると予想される。

また、他人や鏡像の視点をとる目的が身体部位を特定することだとすると、身体部位の「右」「左」を尋ねた場合と、たんに「右」「左」という抽象的な方向を尋ねた場合とでは、答がすこし違ってくる可能性がある。そこで、実験では、リボンの位置について、「右と左のどちらにありますか?」という質問をしたあとで、「右腕と左腕のどちらにありますか?」という質問もしてみた。

被験者のリボン

まず、被験者は鏡に正対し、自分自身の鏡像と向かいあって(図4-3)、左腕に結んだリボンの位置について質問に答えた。

「リボンは右と左のどちらにありますか?」と尋ねられたとき、自分がつけている実物のリボンについては、全員が「左」と答えた(図5-19(a))。まあ、これは当然の答だろう。「自分自身の左右を区別できなかったり、間違えたりした被験者はいなかった」ということである。

問題は、鏡像のリボンである。鏡像の視点から左右を判断すると、鏡像のリボンは「右」にあることになる。一方、自分自身の視点から左右を判断すると、鏡像のリボンは「左」にあることになる。

実験結果(図5-19(b))をみると、五七%の被験者が「右」と答えていた。この被験者たちは、視点変換をして、鏡像の視点から左右を判断していたことになる。「左」と答えた被験者は四三%だった。予想どおり、鏡像の場合は、視点変換をせず、自分自身の視点から左右を判断した被験者が相当数いたのである。

　質問を抽象的な方向から身体部位に変えて、「リボンは右腕と左腕のどちらにありますか？」と尋ねたときには、実物のリボンについては、全員が「左腕」と答えた(図5-19(c))。これも当然の答で、「自分の左腕と右腕を区別できない被験者はいなかった」ということである。

　他方、鏡像のリボンについては、「右と左のどちらにありますか？」と尋ねられたときの「右」という答にくらべて、「右腕」という答がかなり増え、七五％になった(図5-19(d))。「右」とか「右腕」とかいう答は、鏡像の視点をとったときに出てくる答である。したがって、身体部位について尋ねたときには、鏡像の視点をとる被験者が増えたことになる。「増えた」というこの結果は、「視点変換をして鏡像の視点をとるのは、もともと、身体部位を特定することが目的なのだ」という多重プロセス理論の想定と符合する。

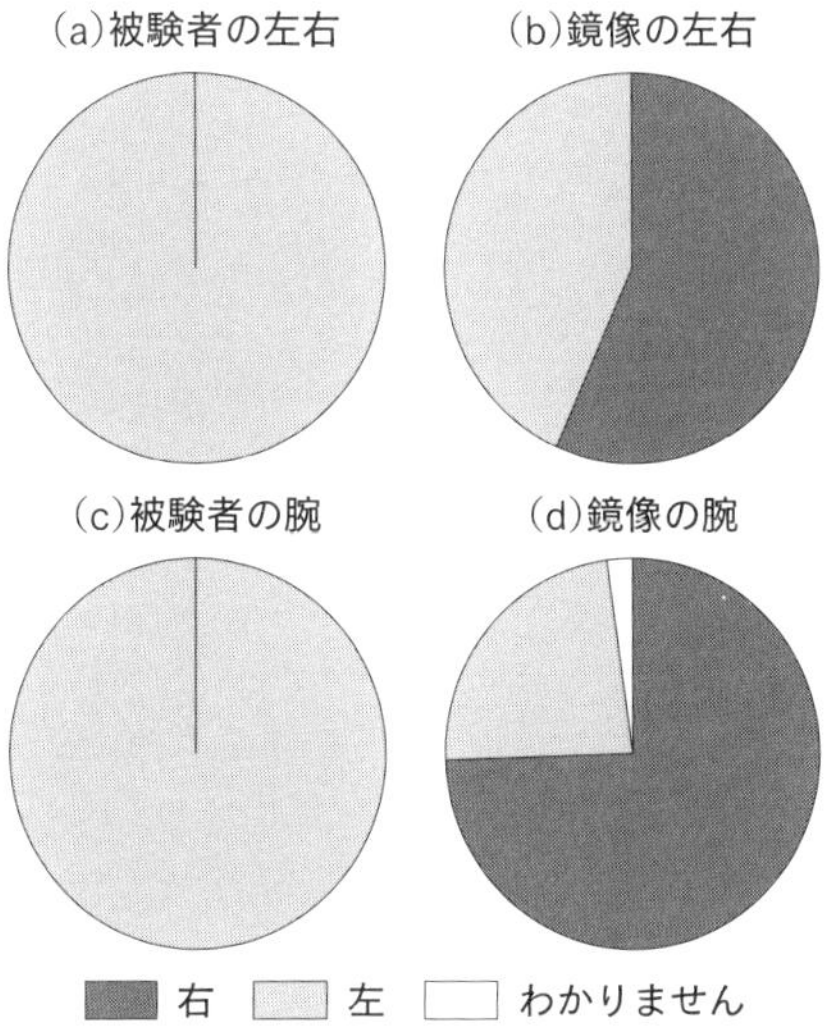

図5-19　リボンの位置：鏡に正対した被験者

鏡と正対した実験者のリボン

　つぎに、被験者ではなく、実験者が左腕にリボンを巻いて、鏡と向かいあい、被験者は実験者の背後に立って、実物の実験者の後ろ姿、および、実験者の鏡像の正面と相対した(図4-8)。

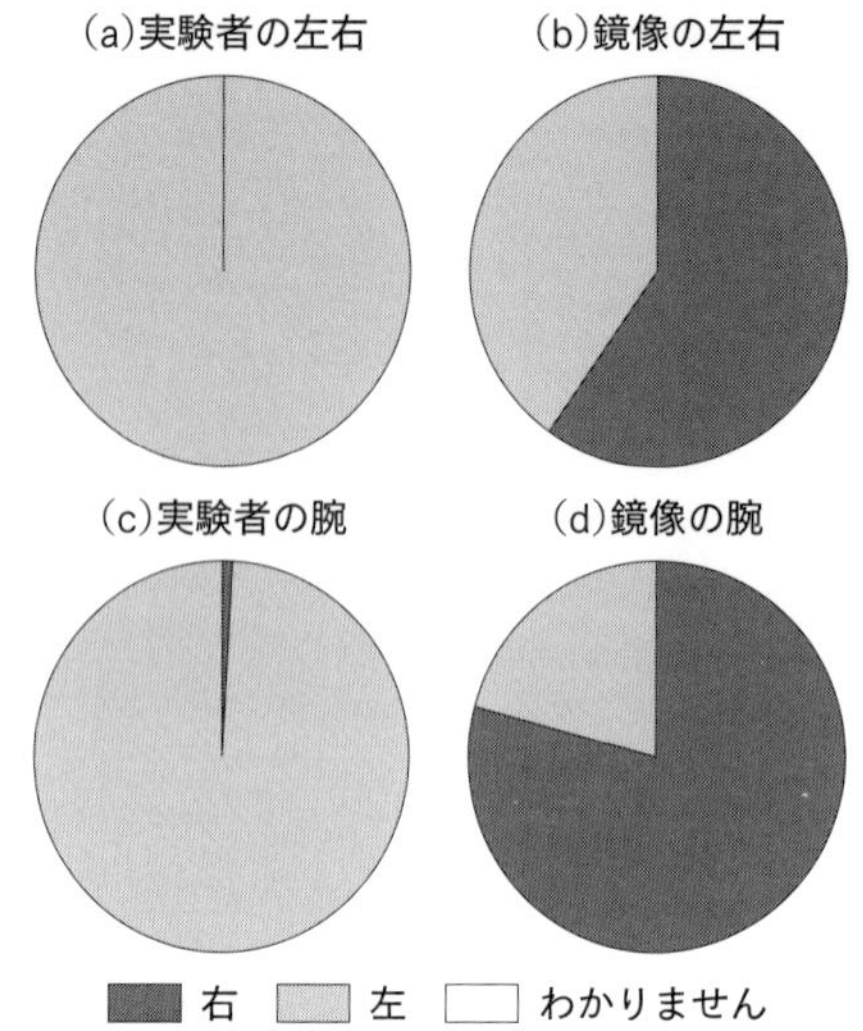

図5-20　リボンの位置：鏡に正対した実験者

「リボンは右と左のどちらにありますか？」と尋ねられたとき、後ろを向いた実物の実験者については、全員が「左」と答えた（図5-20(a)）。被験者が自分自身の視点から左右を判断しても、実験者の視点から左右を判断しても、答は変わらないので、これも「当然の答」といっていいだろう。

こちらを向いた鏡像については、被験者自身の鏡像の場合とおなじく、鏡像の視点から判断すれば「右」、自分自身の視点から判断すれば「左」という答になる。実験では、六〇％の被験者が（視点変換をして）「右」と答え、四〇％の被験者が（視点変換をせずに）「左」と答えた（図5-20(b)）。他人の鏡像の場合も、自分の鏡像の場合とおなじく、鏡像の視点をとらずに「左」と判断する人がかなりいたことになる。自分の鏡像の場合は、その割合は四三％（図5-19(b)）だったから、鏡像が自分自身だろうと他人だろうと、鏡像の視点をとるかどうかには、ほとんど変わりがないということが分かる。

質問を抽象的な方向から身体部位に変えて、「リボンは右腕と左腕のどちらにありますか？」と尋ねたときには、後ろを向いた実物の実験者については、事実上、全員が「左腕」と答えた（図5-20(c)）。「右腕」と答えた被験者が一人だけいたが、これは「誤差の範囲内」である。この場合も、被験者、実験者、どちらの視点から判断しても、リボンをつけている腕は左腕になるので、「左腕」というのは、もっともな答である。

こちらを向いた鏡像については、七九％の被験者が鏡像の視点から「右腕」と答え、二一％の被験者が自分自身の視点から「左腕」と答えた(図5-20(d))。抽象的な左右について尋ねたときには、「右」と答えた被験者は六〇％だったので、鏡像の視点をとった被験者がかなり増えたことになる。身体部位について尋ねると鏡像の視点からの答が増えるというのは、被験者自身の鏡像の場合とまったく同じ傾向であり、鏡像の視点をとる理由についての多重プロセス理論の説明と一致する。

総じて、実験者についての判断は、被験者自身についての判断とほとんど変わりがなかった。同じように鏡のほうを向いている場合、自分自身についてであろうと、他人についてであろうと、左右を判断するしかたには、本質的な違いはないと考えていいだろう。

被験者と正対した実験者のリボン

こんどは、実験者は、鏡とではなく、被験者と向かいあった(図5-21)。被験者は、実物の実験者の正面、および、実験者の後ろ姿の鏡像と相対することになった。このレイアウトでは、被験者の視点から判断した左右は、鏡像の視点から判断した左右とは一致するが、実物の実験者の視点から判断した左右とは逆になる。

「リボンは右と左のどちらにありますか？」と尋ねたとき、実物の実験者については、六三％の被験者が「左」と答え、三七％が「右」と答えた(図5-22(a))。実験者の視点をとると、「左」という答にな

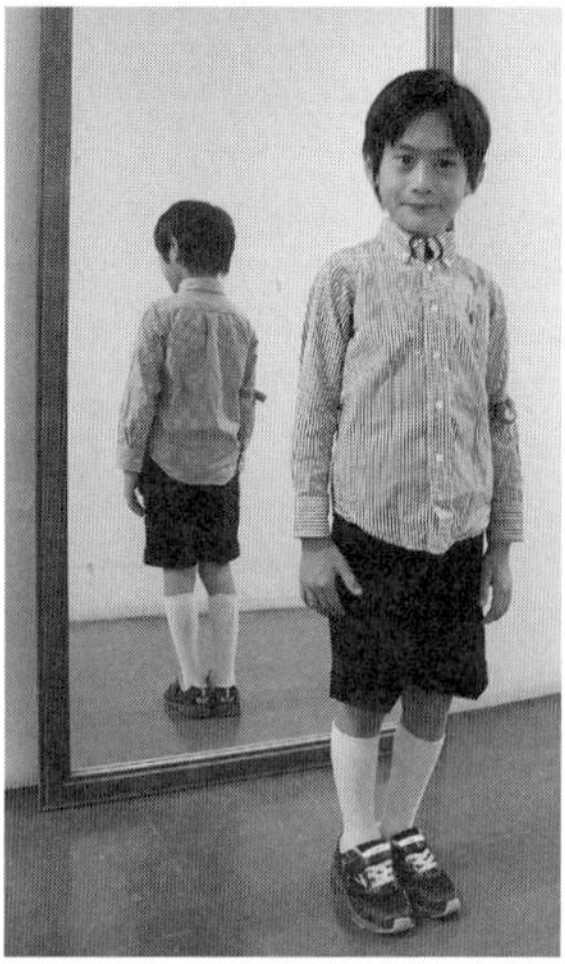

図 5-21　鏡に背を向けた人物とその鏡像

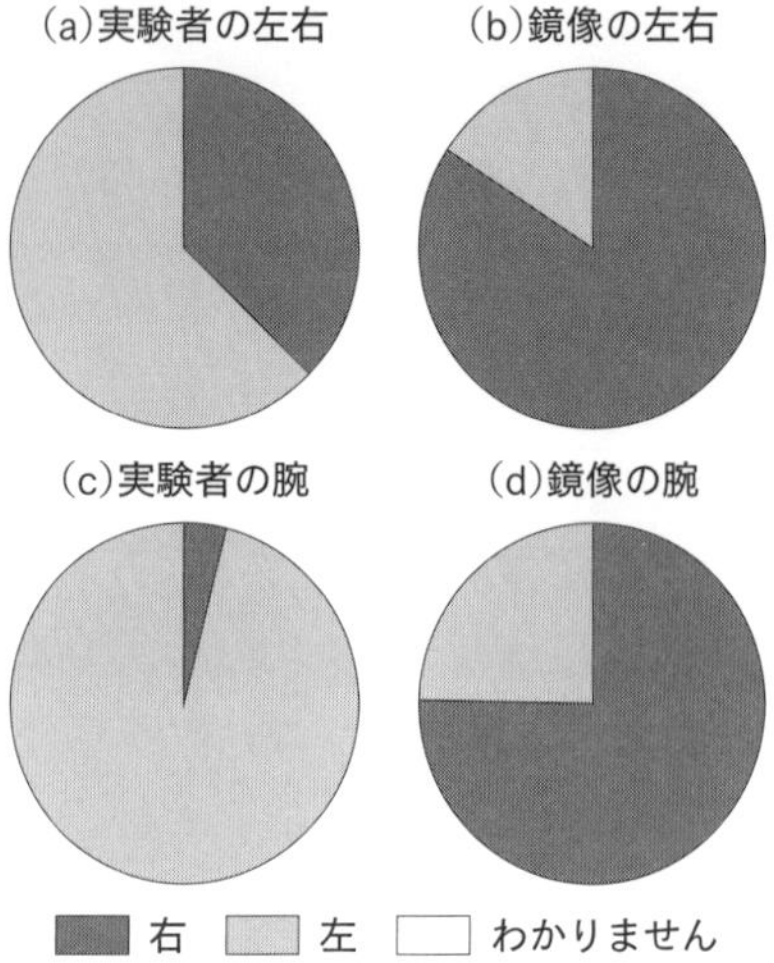

図 5-22　リボンの位置：被験者に正対した実験者

るわけだが、「右」「左」という抽象的な方向を判断するさいには、かならずしもすべての被験者が「当人」の視点をとるとはかぎらないということが分かる。

実験者の鏡像については、一六%の被験者が「左」と答え、八四%が「右」と答えた(図5-22(b))[11]。

「リボンは右腕と左腕のどちらにありますか?」と尋ねられたときには、向かいあっている実物の実験者については、九六%の被験者が「左腕」と答えた(図5-22(c))。「右腕」と答えた四%は「誤差の範囲内」なので、事実上すべての被験者が実験者の視点から判断をしたと考えていいだろう。「他人の身体部位については、その当人の視点から左右を判断する習慣が確立している」という想定と一致する結果である。

「右」「左」という抽象的な方向について尋ねられたときには、六三%しか「左」と答えなかったのだから(図5-22(a))、事実上すべての被験者が「左腕」と答えたという実験結果は、「他人の視点をとるのは、その人の身体部位を同定するためだ」という想定とも一致する。

実物ではなく、鏡像のほうについて「右腕か左腕か」を尋ねられたときには、二五%の被験者が「左腕」と答え、七五%が「右腕」と答えた(図5-22(d))[(12)]。

(11) 実験者の鏡像は被験者と同じ方向を向いていたのだから、鏡像の視点から判断しても、被験者の視点から判断しても、答は「右」になるはずである。しかし、「左」と答えた被験者が一六%もいた。あきらかに「誤差の範囲」を超えている。「左」と答えた理由は、いくつか考えられる。鏡像は実験者の鏡像だったので、実物の実験者の視点から鏡像のリボンの位置を判断した被験者がいたのかもしれない。あるいは、鏡像のリボンについて尋ねられたにもかかわらず、うっかりして、実物のリボンについて答えてしまった被験者がいたという可能性もある。

(12) 実験者の鏡像のリボンについて、「右か左か」と尋ねられたときには、「左」と答えた被験者の割合は一六%だったから、「右腕か左腕か」と尋ねられたときに「左腕」と答えた被験者が二五%になったというのは、一割近い増加である。「左」と答えた被験者が一六%いたという実験結果について、註11では、「鏡像の視点ではなく、実物の実験者の視点から左右を判断した被験者がいたのではないか」と推定したが、一割近い増加という実験結果は、この推定と符合する。鏡像の視点からではなく、実物の実験者の視点から判断すると「左/左腕」という答になるわけだが、これまでの実験結果から、「抽象的な方向(右/左)を尋ねた場合より、身体部位(右腕/左腕)を尋ねた場合のほうが、相手の視点にもとづいた判断が増加する」ということが分かっている。「抽象的な方向を尋ねられたときの「左」という答にくらべて、身体部位を尋ねられたときには「左腕」という答が一割近く増加した」という実験結果は、まさしく、被験者が実物の実験者の視点から左右を判断したときに予想される実験結果なのである。

リボンの位置：結論

これらの実験結果からは、三つの傾向が読みとれる。

まず、第一に、実物の身体部位については、事実上すべての被験者が、その身体部位の持ち主である当人の視点から、身体部位の左右を判断した（「リボンをつけている腕は左腕」という判断をした）。その当人が他人で、自分と向かいあっている場合には、当人の視点をとるために視点変換をした。

第二に、やはり自分と向かいあった他人の実物について判断するときのことだが、身体部位ではなく、「右」「左」という抽象的な方向を尋ねられた場合には、当人の視点からの答（「リボンの位置は左」という答）の割合は減少した。これは、身体部位の左右を判断するための視点変換は、抽象的な左右を判断するときにも適用されるとは限らないということを意味している。

第三に、鏡像あるいは実物と向かいあっていた場合、相手が鏡像のときには、相手が実物のときにくらべて、相手の視点をとる被験者が少なくなるという傾向がみられた。実物の実験者と向かいあった場合には（図5‐21）、相手（実物）の視点をとると、リボンの位置は「左」「左腕」ということになる。実験者の鏡像と向かいあった場合には（図4‐8）、相手（鏡像）の視点をとると、リボンの位置は「右」「右腕」ということになる。実験結果をみると、相手の視点をとって、実物のリボンについて「左」と答えた被験者は六三％（図5‐22(a)）、「左腕」と答えた被験者は九六％（図5‐22(c)）だったのにたいし、おなじく相手の視点をとって、鏡像のリボンについて「右」と答えた被験者は六〇％（図5‐20(b)）、「右腕」と答えた被験者は七九％（図5‐20(d)）と減少している。被験者自身の鏡像の場合も（図4‐3）、相手（鏡像）の視点をとって、鏡像のリボンについて「右」と答えた被験者は五七％（図5‐19(b)）、「右腕」と答えた被験者は七五％(図5-19(d))と、実物の実験者と向かいあった場合にくらべて、やはり減少している。

多重プロセス理論は、「視点変換をする理由は、他人の視点から、その人の身体部位が「右」の部位なのか「左」の部位なのかを判断することだ」と想定している。また、「視点変換は、鏡像にも適用されるとは限らないので、視点変換をせず、その結果、自分の鏡映反転を認知しない否認者がでてくる」とも想定している。リボンの位置を判断してもらった実験の結果は、これらの想定とよく一致しているといえるだろう。

方向の判断と反転の判断

多重プロセス理論によれば、人体の鏡映反転を生みだしているのは、視点変換と光学変換である。したがって、「視点変換をする人は鏡映反転を認知し、視点変換をしない人は鏡映反転を否認する」ということになるはずである。

実験データを見てみると、[13] 実験①でリボンをつけた自分の鏡像と向かいあったとき、リボンの位置に

---

(13) 実験①では、左右の鏡映反転については、リボンをつけずに判断した場合と、リボンをつけて判断した場合とがあったが、リボンの位置を判断したときには、もちろん、リボンをつけていたので、鏡映反転についての判断も、リボンをつけていたときの判断を採用するのが適切だろう。また、鏡映反転については「左右は反対になっていますか?」と尋ねたので、リボンの位置についての判断も、「右腕」「左腕」ではなく、「右」「左」を尋ねたときの判断を採用するのが適切だろう。

ついて（視点変換をして）「右」と答えた被験者は五七％、左右の鏡映反転を認知した被験者は五六％だった。この二つの数字は、ほぼ等しい。

リボンの位置について（視点変換をせずに）「左」と答えた被験者は四三％、左右の鏡映反転を認知しなかった否認者は四三％だった。こちらは、数字が完全に一致している。(14)

他人（実験者）がリボンをつけて鏡に向かいあったときには、リボンの位置について（視点変換をして）「右」と答えた被験者は六〇％、左右の鏡映反転を認知した被験者は五七％だった。ほぼ一致している。リボンの位置について（視点変換をせずに）「左」と答えた被験者は四〇％、左右の鏡映反転を認知しなかった否認者は四二％だった。これも、ほぼ一致している。

これらの数字だけを並べてみると、「視点変換をした被験者は鏡映反転を認知し、視点変換をしなかった被験者は鏡映反転を否認した」というようにみえる。ところが、じつは、ことはそう単純ではないのである。

判断の変化

リボンをつける前は、「左右は反対になっていますか?」と尋ねられて「いいえ」と答えた否認者の割合は三三％だった。ところが、リボンをつけただけで、否認者の割合は四三％に跳ね上がった。一見したところ、否認者が一〇％増えたようにみえる。すなわち、リボンをつける前に左右反転を認知した被験者のうち、全体の一〇％にあたる被験者が否認に転じたようにみえる。

だが、じっさいには、リボンをつける前と後で判断を変えた被験者は一〇％ではなかったのである。

被験者ひとりひとりのデータを調べてみると、二九％の被験者が判断を変えていたことが分かった。「認知から否認」へと判断を変えた被験者ばかりではなく、逆に「否認から認知」へと判断を変えた被験者もいたのである。ただ、数からいえば、「認知から否認」へと判断を変えた被験者のほうが多かったので、全体としては、否認者の割合が一〇％増えるという結果になったのである。

視点変換の不安定さ

「認知から否認」へと判断を変えた被験者は、「リボンをつけていなかったときには視点変換をしたのに、リボンをつけたときには視点変換をしなかった」ということになる。逆に、「否認から認知」へと判断を変えた被験者は、「リボンをつけていなかったときには視点変換をしなかったのに、リボンをつけたときには視点変換をした」ということになる。このように、リボンをつけただけで、視点変換をするかしないかが変わってしまった被験者が約三割もいたのである。

このことは、視点変換がかなり不安定だということを示唆している。「視点変換をして自分の鏡映反転を認知する人」と、「視点変換をせずに自分の鏡映反転を否認する人」がいるという単純な話ではなくて、同じ人でも、場合によって、視点変換をしたりしなかったり、揺れ動くようなのである。

そもそも、たいがいの被験者は、自分がどの視点から左右を判断しているのか、自覚していないよう

(14)　左右の鏡映反転を認知した被験者五六％と否認した被験者四三％を足しても一〇〇％にはならないが、これは、「分かりません」と答えた被験者が一名いたためである。

にみえる。実験が終わったあと、被験者に自由に感想を述べてもらったときに、「何度も答えているうちに、自分がどうやって右と左を決めているのか、だんだん分からなくなってきてしまった」と述懐した被験者もいた。学者のなかにも、自分が視点(座標系)を変えて判断をしているにもかかわらず、そのことに気づかずに議論をしているという例が少なからず見受けられるぐらいなので(附章Aの第1節を参照)、これはかならずしも奇異なことではない。

実験①では、リボンをつけて鏡映反転の有無を判断した直後に、「はい」とか「いいえ」とか答えた理由を自由に述べてもらった。

「左右が反対になっている」と答えた被験者の多くは、「実物のリボンは左にあるのに、鏡像のリボンは右にあるから」という趣旨の説明をしていたが、なかには、「対称に映っているから逆になっている」とか、「鏡は左右逆だと言われているから」とかいった説明もあった。

「左右は反対になっていない」と答えた被験者の多くは、「実物のリボンも鏡像のリボンも左にあるから」という趣旨の説明をしていたが、なかには、「右手を動かしたら、鏡も右に動く」とか、「映ったままだから」とかいった説明もあった。

いずれにしても、「どの視点(座標系)から左右を判断したのか」ということにはっきり言及した説明はほとんどなかったのである。おそらく、視点(座標系)を意識せずに左右を判断しているので、リボンをつけるというようなちょっとしたことで、使用する座標系が無意識のうちに切り替わってしまうということが起こるのだろう。

方向の判断と反転の判断(再)

さて、このように、視点変換をするかしないかが簡単に切り替わってしまうということになると、(視点変換をして)リボンの位置を「右」と答えた被験者の割合と、鏡映反転を認知した被験者の割合が等しかったからといって、「視点変換をすると鏡映反転が認知される」とは、かならずしも言いきれないことになる。おなじ被験者でも、リボンの位置を判断したときの視点(座標系)と、鏡映反転の有無を判断したときの視点(座標系)は違っていたかもしれないからである。

そうなると、被験者全体のなかの割合について、「五七%がリボンの位置を「右」と答え、五六%が左右反転を認知した」というような比較をするのではなく、被験者ひとりひとりについて、リボンの位置の判断と左右反転の判断を比較する必要がでてくる。そこで、そういう比較をしてみると、リボンの位置について(鏡像の視点から)「右」と答えた被験者の場合は、六七%が鏡映反転を認知し、リボンの位置について(自分自身の視点から)「左」と答えた被験者の場合は、四一%しか鏡映反転を認知せず、五九%が鏡映反転を否認していたということがわかった(図5-23)。

やはり、リボンの位置について判断したときと、鏡映反転の有無について判断したときとでは、「視点変換をするかしないかが変わってしまった」という被験者が相当数いたらしい。しかし、それにもかかわらず、「鏡像のリボンの位置について判断したとき、視点変換をし

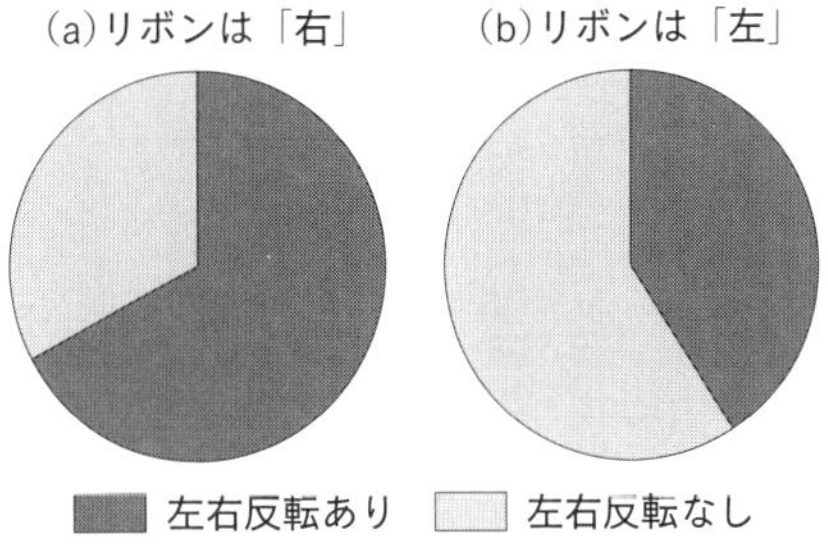

図 5-23　鏡像のリボンの位置についての判断と左右反転の認知率

て鏡像の視点から左右を判断した被験者は、鏡映反転を認知する割合が高く、逆に、視点変換をせずに自分自身の視点から左右を判断した被験者は、鏡映反転を否認する割合が高い」という傾向は、図5－23からはっきりと見てとれる。[15]「視点変換をするかしないかは移ろいやすい」という重大な攪乱要因はあるものの、「視点変換をすると、人体の鏡映反転を認知する」という関係は、実験データにも、ある程度は反映されているわけである。

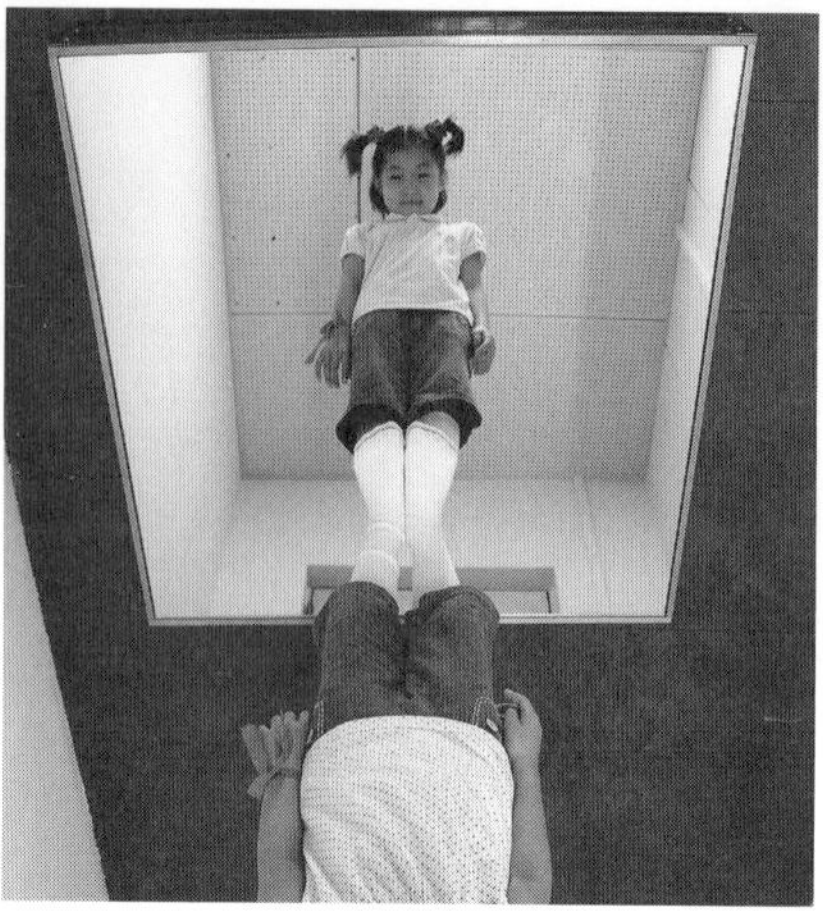

図5-24　床の鏡に映った観察者

床の鏡

多重プロセス理論は、「鏡像の視点をとるのは、他人の左右をその人の視点から判断するという習慣が鏡像にも適用されたためだ」と説明しているが、この説明が正しいかどうかは、鏡の床に映った鏡像についての実験結果からも判定することができる。実験④では、図5－24のような具合に、被験者は、床に置いた頑丈な鏡の上に立って、自分の鏡像を見下ろした。

この設定では、上下方向が鏡面と垂直になるので、光学的には上下が反転する。鏡像の視点をとるための視点変換は、幾何学的には、上下軸を中心にした回転ではなく、両足のあいだの前後軸を中心にした回転になる。実物のリボンは左腕についているが、この回転(視点変換)をすると、鏡像のリボンは

「右腕についている」ということになる。したがって、視点変換をした被験者は、左右の鏡映反転を認知することになる。もちろん、視点変換をしないで、左右の鏡映反転を認知しない否認者も、二割から三割ぐらいはでてくるだろう。

しかし、この場合、興味の中心になるのは、左右反転よりも、むしろ上下反転のほうである。多重プロセス理論の想定が正しければ、視点変換は、左右を判断するために行うのであり、上下を判断するために行うわけではない。だとすれば、鏡像の上下を判断するときには、左右を判断するときとはちがって、視点変換をせずに、自分自身の視点から判断をするはずである。

かりに、視点変換をして、鏡像の視点から鏡像の上下を判断したとすると、「鏡像の頭は上、鏡像の足は下にある」ということになり、これは実物の視点から実物の上下を判断したときと同じだから、上下反転は認知しないはずである。しかし、視点変換をしないということになると、鏡像の上下も、実物の視点から判断するわけだから、「鏡像の頭は下、鏡像の足は上にある」ということになる。そうすると、上下反転を認知するはずである。

つまり、もし多重プロセス理論の想定が正しければ、「左右反転については、認知する人としない人がでてくるが、上下反転については、すべての人が認知する」ということになるはずである。

(15) この違いは、図5-23のグラフを見比べただけでも、はっきり分かるが、一応、統計的検定の結果も記しておくことにしよう：$\chi^2(1)=7.645$, $p<.01$。「このような違いが偶然に得られる可能性は百に一つもない」という結果である。

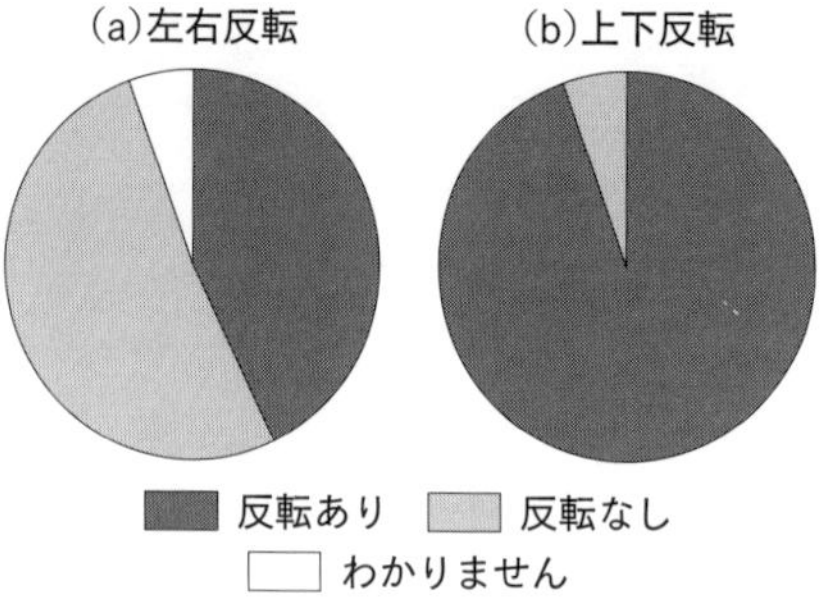

図5-25　反転の認知率：床の鏡に映った観察者

実験結果は、図5-25に示してある（これはリボンをつけなかった場合の結果だが、リボンをつけた場合にも、ほぼ同じ結果になった）。まず、左右反転については、四三％の被験者が認知し、五二％が否認した。イスラエルの心理学者ナヴォンは、「床の鏡に映った自分の鏡像を見たときにも、左右反転を認知する」と主張したが、たしかに、逆さになった自分の鏡像を目のあたりにした場合にも、左右の鏡映反転を認知する人は、全員ではないにしても、半分ぐらいはいるのである。

この実験④の被験者は、鏡と向かいあったときには、七一％が左右反転を認知していたので、それと比較すると、左右反転の認知は三割近く減ったことになる。おそらく、逆さになった他人を見下ろすという経験がほとんどなかったせいで、この場面では、「他人の視点をとる」という習慣の影響力が弱まったのだろう。

肝心なのは、上下反転である。上下反転は九五％の被験者が認知した。認知しなかった被験者も五％いたが、これは「誤差の範囲内」だと見なせるので、事実上すべての被験者が上下反転を認知したことになる。多重プロセス理論の予測と一致する結果である。

「鏡像の視点をとるのは、他人の左右をその人の視点から判断するという習慣が鏡像にも適用されたためだ」という多重プロセス理論の説明は、この実験結果からも裏づけられたといえるだろう。

視点反転をひき起こす対象

視点変換は、左右対称な部位二つのうちの一方を「右」「左」という言葉で指し示すためにおこなわれる心理的操作なので、(第3章の第5節「視点反転」で詳しく述べたように)条件さえ満たせば、人間の身体以外の対象にも適用されるはずである。その条件というのは、「左右がほぼ対称な物体で、その対称な部位を呼び分けるとき、それ自身の視点から判断した「右」「左」という言葉を使う習慣が確立していること」という条件である。視点変換がなされれば、視点反転が認知されることになる。そうした物体の代表例は動物だろう。ほとんどの動物は、左右がほぼ対称な身体をもっており、その対称な部位を「右」「左」という言葉で呼び分けている(「右目」「左目」というように)。

そこで、動物の鏡像についても視点反転が認知されるかどうかを調べるために、動物の代表選手として、犬にご登場願うことにした。といっても、実験でほんものの犬を使うことになると、飼育施設を設置しなければならなかったり、実験室におしっこでマーキングをしないように躾けなければならなかったり、なにかと大変になるので、ぬいぐるみで代用することにした。

実験⑤では、図5-26のように、ぬいぐるみの犬の右耳に造花の飾りをつけて、鏡に正対させた。被験者は、ぬいぐるみの背後に立って、実物のぬいぐるみとその鏡像を見くらべた。多重プロセス理論が正しければ、犬の鏡像の場合も、人の鏡像の場合とおなじく、被験者の多くが左右の鏡映反転を認知するはずである。るはずである。しかし、二割から三割ぐらいは否認者も出てくるはずである。

被験者の判断は、図5-27に示したとおりである。七三%が左右反転を認知し、二七%が否認した。

図 5-26　鏡に正対した犬のぬいぐるみとその鏡像

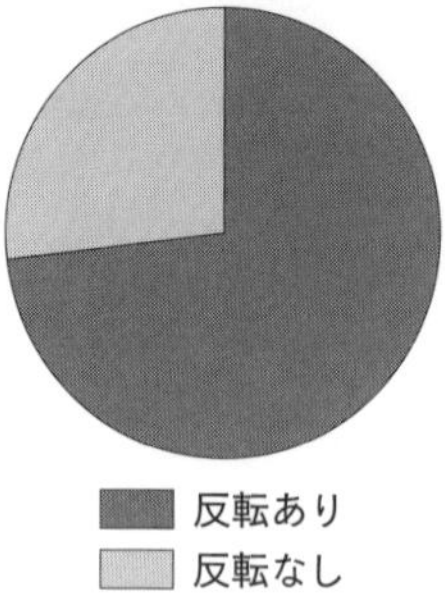

図 5-27　左右反転の認知率：ぬいぐるみの犬の鏡像

この実験結果から、人以外の鏡像についても、鏡映反転は認知されうるということが分かる。しかも、文字の場合とはちがい、全員が鏡映反転を認知するわけではなくて、相当数の否認者がでてくるところも、人の鏡映反転とそっくりである。

この実験⑤の被験者たちは、リボンをつけた自分自身の鏡像については、七三％が左右反転を認知した。実験結果を比較すると、映っているのが人でも、犬でも、左右の鏡映反転の認知には、ほとんど違いのないことが分かる。多重プロセス理論の予測どおりである。

自動車

動物のつぎは、自動車である。

もう二〇年以上前の話になるが、こんな経験をしたことがあった。道を歩いていて、見通しのきかない交差点にさしかかったとき、カーブミラーに、左から来る乗用車の正面が映った。カーブミラーに映ったウィンカーの点滅を見て、「向こうに曲がるのだな」と思って歩いていったところ、こちらに曲がってきたので、あわてて飛び退いてことなきをえた。

このときは、なぜ「向こう側に曲がる」と勘違いしたのか、自分でもよくわからなくて、ひどく頭が混乱した。ちょうど鏡映反転の問題を考えていた頃だったので、この出来事は強く印象に刻みこまれ、今でもはっきりと記憶に残っている。

今になって考えてみると、おそらく、こういうことだったのではないかと思う。

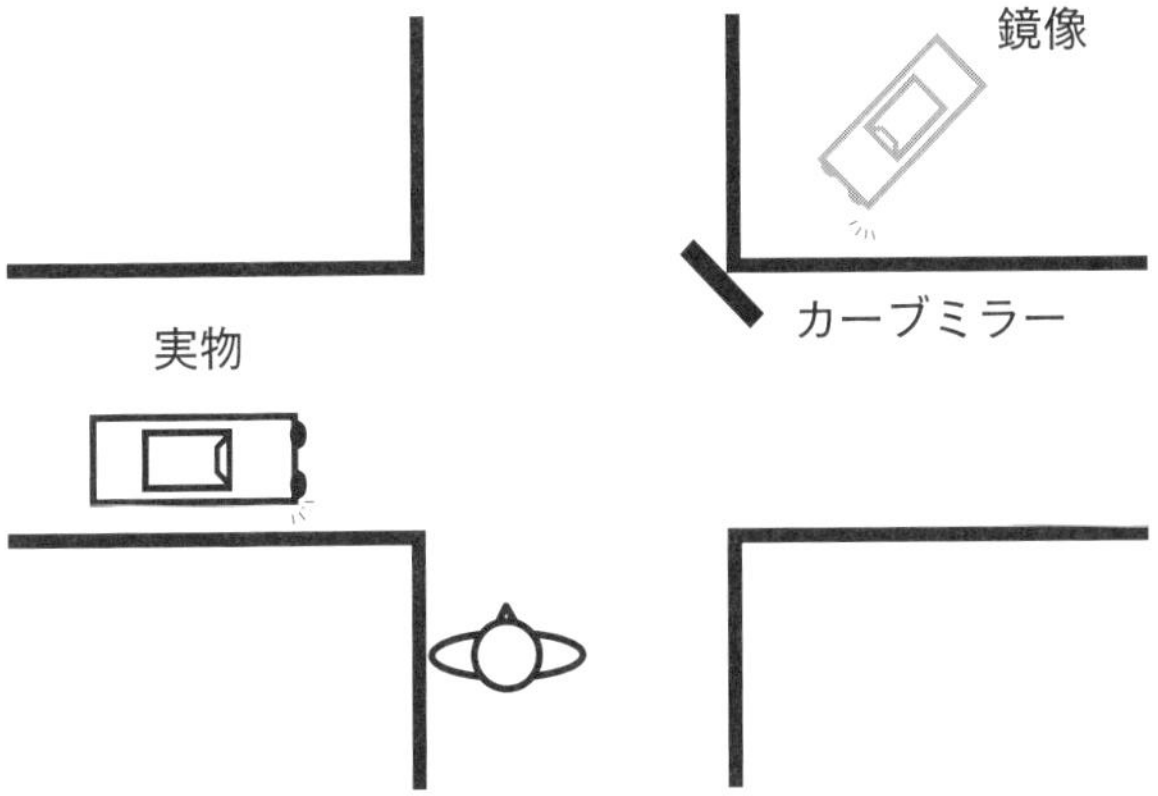

図5-28　カーブミラーに映った乗用車

乗用車は、右に曲がろうとして、右のウィンカーを点滅させていた（図5-28）。歩いてきた私から見ると、カーブミラーのなかでは、（鏡は左右を反転しないので）右のほうのウィンカーが点滅している。私は、無意識のうちに、鏡に映った乗用車の視点をとって、どちらのウィンカーが点滅しているのかを判断した。そうすると、「左のウィンカーが点滅している」ということになる。つぎに、まだ見えない実物の乗用車の視点をとって、「左のウィンカーが点滅しているとすると、どちらに曲がるだろうか」と考え、「向こうに曲がっていくにちがいない」と判断した。おそらく、こうして判断を誤ってしまったのではないだろうか。

ここで、私は一瞬のうちに視点変換を二回もしている。しかし、二回とも、無意識にしたので、自分がどういうプロセスで判断をしたかが自分でもよくわからず、頭が混乱することになったのだろう。

(a)

(b)

図5-29　モデルカーの鏡像

右ハンドルと左ハンドル

私が無意識のうちに自動車の視点をとってしまったのは、自動車の視点からその左右を判断する習慣をもっていたからにちがいない。私にかぎらず、自動車の左右は、自動車の視点から判断するのが一般的だろう。自動車と向かいあったとき、「右のヘッドライト」と言われれば、たいがいの人は、自分からみて「右」にあるヘッドライトではなく、自動車(あるいは運転者)の視点からみて「右」にあるヘッドライトのことだと思うのではないだろうか。

自動車の視点をとるのは、たいがいの自動車が、ほぼ左右対称にできているからである。左右対称な二つの部分の一方を指すときには、(「右のドア」「左のドア」といった具合に)「右」「左」という方向の用語を使い、その「右」「左」は、進行方向を「前」としたときの自動車自身の視点、あるいは、おなじことだが、進行方向に向かって座っている人の視点から判断した「右」「左」である。つまり、人や動物の身体とおなじく、自動車も、視点反転を起こす条件を備えているわけである。

自動車の鏡像の場合にも、視点変換をして、鏡映反転を認知する人がいるかどうかを調べるために、実験⑤では、モデルカーの鏡像を見てもらい、実物のモデルカーが「右ハンドル」か「左ハンドル」かを判断してもらった。鏡に正対したモデルカーを箱で覆い、実物のハンドルが見えないようにして、鏡像だけを見ながら「右ハンドル」か「左ハンドル」かを判断してもらったのである。

図5-29(a)は右ハンドルの国産車、図5-29(b)は左ハンドルの外車のモデルカーだが、視点変換をして、モデルカーの視点から左右を判断した被験者は、図5-29(a)は「左ハンドル」、図5-29(b)は「右ハンドル」と答えるだろう。[16] 人や犬の鏡像についての実験結果は、視点反転をしない人がかなりいることを示しているので、どちらのモデルカーについても、「右ハンドル」「左ハンドル」という両方の答がでてくると予想される。

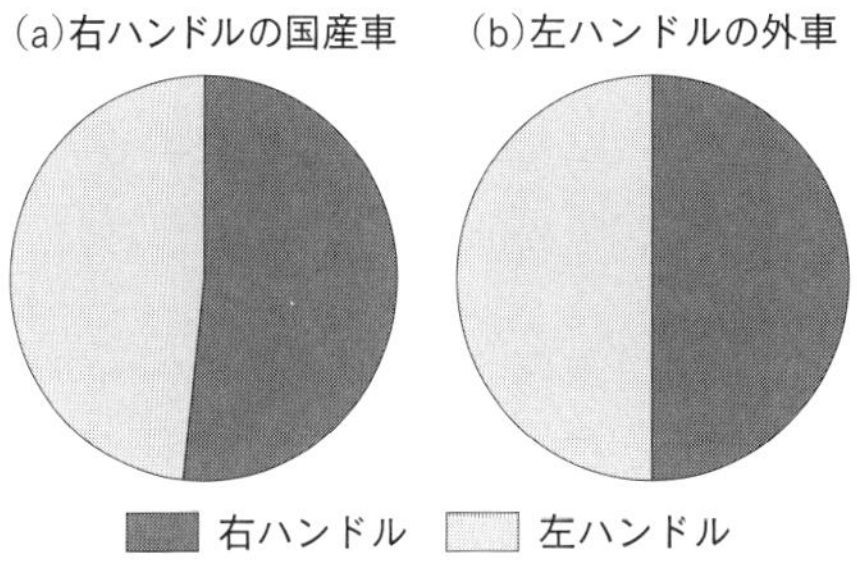

図5-30　ハンドルの位置についての判断

実験結果は、図5-30のようになった。実物のモデルカーが右ハンドルか左ハンドルかにかかわりなく、「右ハンドル」「左ハンドル」という答がだいたい半々になった。実物とは反対の答(たとえば、右ハンドルのモデルカーの鏡像を見たときの「左ハンドル」という答)は、じっさいに視点変換がなされたことの証拠である。この実験結果は、多重プ

(16) モノクロ写真では、ハンドルの位置がすこしわかりにくいかもしれないが、実物のモデルカーでは、フロントシートを赤く塗り、黒いハンドルがはっきり見えるようにしてあった。

ロセス理論の予測とよく一致している。[17]

もっとも、人の鏡像のときと比べると、視点変換をした被験者の割合は、かなり少ない。理由はいろいろと推測できるが、自動車の場合は、「自動車の視点から左右を判断する」という習慣がそれほど広く行き渡っていないのかもしれない。自動車に詳しい被験者のなかには、国産車を見たときには、「国産車だから右ハンドル」、外車を見たときには、「アメ車だから左ハンドル」と判断した被験者がいたという可能性もある。

3　光学反転

この節では、光学反転について、実験データを参照しながら、理解を深めていくことにする。はじめに、鏡像と実物を見くらべられるとき、左右が反対に見えるだけではなく、上下が反対に見える場合もあることを確認する。つぎに、「左右の鏡映反転では、重力方向が重要な役割をはたしている」という意見が正しいのかどうかを調べてみる。さいごに、前後方向の光学反転がじっさいにはどう認知されるのかを検討する。

上下の鏡映反転

「鏡に映ると、上下は反対にならないのに、なぜ左右だけが反対になるのだろう？」——これが普通の疑問である。だが、じっさいには、上下も反対に見える場合がある。

この章の第1節「表象反転」では、「逆さの「F」が鏡に正対していたときには、すべての被験者が上下反転を認知した」という実験結果を紹介した(図3-1(b)、図5-9(a))。この状況では実物の「F」は見えないので、鏡像は「F」の表象と比較しなければならない。したがって、この上下反転は表象反転ということになる。

光学反転の場合も、上下反転は起こりうる。この章の第2節では、「床に置いた鏡の上に立った被験者が自分自身の上下反転を認知した」という実験結果を紹介した(図5-25(b))。床の鏡の上に立つと、上下方向が光学的に反転するので、上下反転が見えるのである。

反転して見えるのは人間の身体だが、この鏡映反転は視点反転ではない。第2節で述べたように、視点変換をして、鏡像の視点から鏡像の上下を判断すると、頭は「上」にあり、足は「下」にあるということになる。そうすると、実物の上下と逆にはなっていないので、上下反転は認知されないという結果になるはずである。じっさいには上下反転が認知されたのだから、鏡像の上下を判断したときには、視点変換は実行されなかったと考えなければならない。視点変換が実行されなかったのだから、この上下

(17) どちらの場合にも、「右」「左」という答がほぼ半数ずつになっているところから、「よく分からなかったので、「右」「左」をランダムに選んだだけなのではないか」という疑問が湧いてくるかもしれない。しかし、あてずっぽうで答えなければならない場合には、たとえば、実物が見えないヒエログリフの鏡像(本章第1節)の場合のように、「分かりません」という答が非常に多くなる(図5-6)。しかし、右ハンドルか左ハンドルかを判断してもらった場合には、「分かりません」という答は一つもでてこなかった。したがって、「よく分からなかったので、単にランダムな答をしただけ」という可能性は除外することができるだろう。

反転は視点反転ではない。光学変換による上下反転がそのまま認知されたことになる。したがって、これは光学反転である。

文字の場合にも、上下の光学反転は起こりうる。実験①では、水平に置いた鏡の上で「F」を垂直に保持して、反転判断をしてもらった(図5-31(a))。ほぼすべての被験者(九七%)が上下反転を認知した

図 5-31　水平に置いた鏡の上で正立している文字とその鏡像

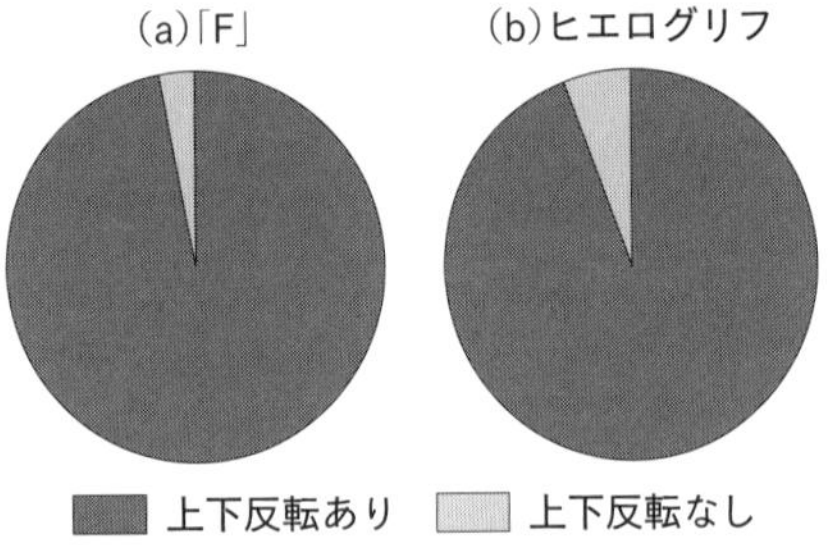

図 5-32　上下反転の認知率：下の鏡に映った文字の鏡像

(図5‐32(a))。鏡像を実物と比較したのだから、これは光学反転である。ちなみに、この実験①で、「F」が鏡に正対していたときには(図2‐4(b))、その鏡像について上下反転を認知した被験者は皆無(〇%)だった。

光学反転であれば、鏡像は実物と比較するのだから、表象がなくても、反転は認知できる。実験②では、「F」のかわりにヒエログリフを下の鏡に映した(図5‐31(b))。ヒエログリフを知っていた被験者はいなかったにもかかわらず、やはり、ほとんどの被験者(九四%)が上下反転を認知した(図5‐32(b))。

重力の影響はあるか?

第1章で、朝永振一郎の「鏡の中の世界」[朝永 一九六三/一九九七]に触れたとき、理化学研究所での議論のなかに、「重力場の存在が空間の上下の次元を絶対的なものにしているからという説」が出てきたという話を引用した。「鏡のなかで上下が反対に見えないのは、重力が上下方向を固定しているからだ」という趣旨の説明である。

しかし、前項でみたように、設定のしかた次第では、上下の鏡映反転も認知されるのである。これだけでも、重力が鏡映反転とは無関係だということは明らかだろうと思うが、一応、左右方向が重力方向と一致する場合の実験結果も紹介しておこう。

実験②では、床に鏡を置き、その上に、「F」を横向きに立てた。そして、被験者も床に横たわった(図5‐33)。こうすると、被験者の視点(座標系)からみた左右は、重力方向と一致することになる。おなじく被験者の視点(座標系)からみた上下方向は、重力方向とは一致しなくなる。もし、重力が鏡映反転を妨げているのだとしたら、この配置では、左右の鏡映反転は起こらないはずである。一方、上下の鏡映反転は起こってもいいことになる。

図5-34には、この実験の結果が示してある。図の上段は、鏡像を「普通の「F」」と比較したときの結果(表象反転)である。左右反転は、すべての被験者(一〇〇%)が認知したが(図5-34(a))、上下反転はすべての被験者(一〇〇%)が否認した(図5-34(b))。

重力方向と一致する左右方向の鏡映反転が認知された以上、「重力が鏡映反転を妨げている」という説が成り立たないことは明白だろう。他方、上下方向は重力方向とは一致していないが、鏡映反転は認

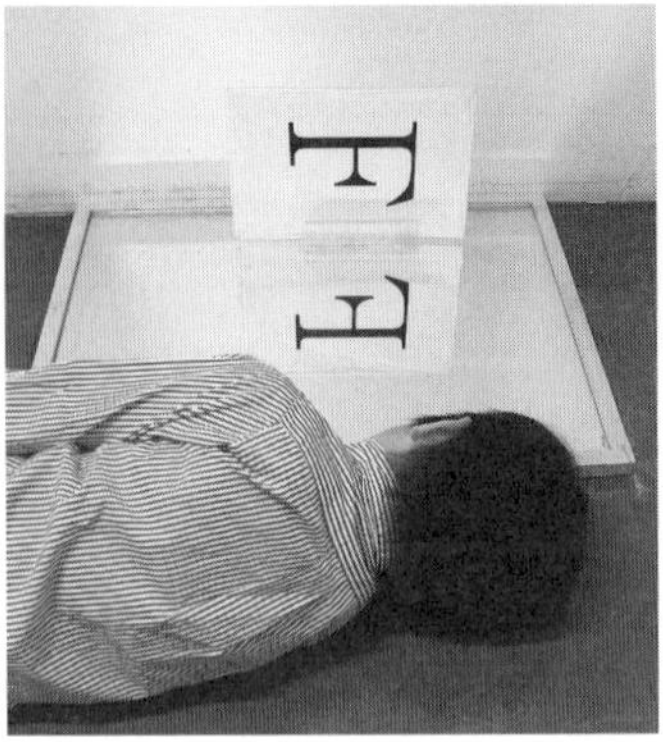

図 5-33　横たわった観察者と文字，および，その鏡像

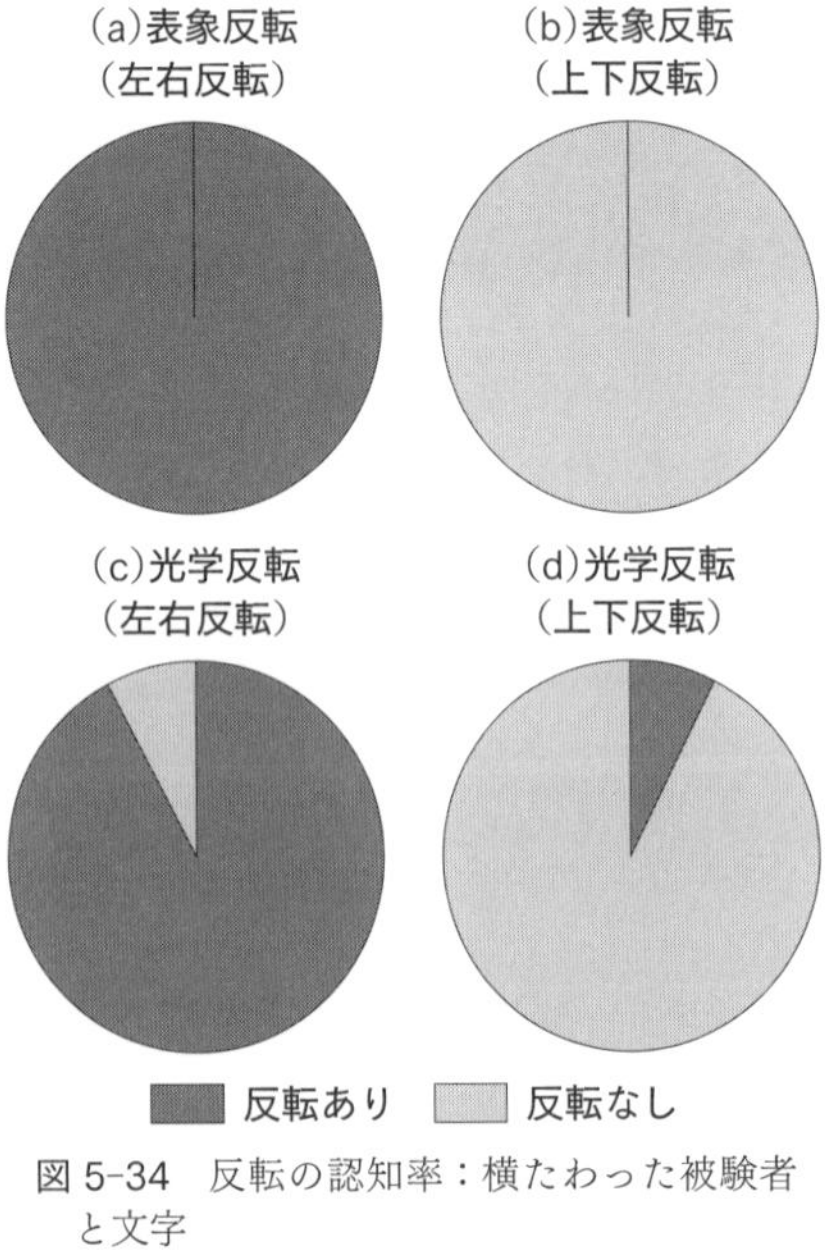

図 5-34　反転の認知率：横たわった被験者と文字

知されなかった。こうした実験結果からみて、文字と被験者がどちらも正立していたときにも、上下の鏡映反転が認知されなかった理由は、やはり重力とは関係がなかったと考えるべきだろう。

この実験結果は、多重プロセス理論の立場からは、表象反転として簡単に説明できる。横たわった被験者の視点(座標系)からみると、重力方向が左右方向になる。頭のあるほうが「上」、足のあるほうが「下」になる。「F」の表象は、この座標系にもとづいて思い浮かべることになる。一方、横向きに立てた「F」の左右方向は、鏡面と垂直になるので、光学変換によって反転される。その結果、鏡像と表象をくらべると、左右が反対に見えるのである。しかし、このときの「上下」は鏡面に垂直ではないので、光学変換によって反転されることはない。したがって、上下の反転は認知されないわけである。

図5-34の下段は、鏡像を実物と比較したときの結果(光学反転)である。ここでも、重力方向と一致する左右方向の反転が認知され、重力方向と一致しない上下方向の反転は否認されている。[18]

---

(18) 鏡像を実物と比較した場合には、八%の被験者が左右反転を否認し、上下反転を認知した。八%というのは、「誤差の範囲」からは少しはみだしている。おそらく、この八%(四人)の被験者は、自分の身体に即した座標系ではなく、環境の座標系にもとづいて上下左右を判断したのだろう。「環境の座標系」というのは、「天井が「上」、床が「下」」という座標系である。この座標系にもとづいて判断すると、上下方向が鏡面と垂直になるので、光学変換によって反転するのは上下ということになる。この座標系では、左右方向は鏡面と垂直ではないので、「左右は反転していない」という判断になる。そう考えれば、この八%の被験者が「上下は反転し、左右は反転しない」と判断した理由が分かる。一方、鏡像を表象と比較した場合は、表象は身体と一致した座標系にもとづいて思い浮かべられるので、環境の座標系の使用は抑制されるのだろう。

(a)ブロック

(b)大人の科学

図 5-35　鏡の前に置かれた未知の立体とその鏡像

立体の前後反転

最後に、前後方向が鏡面と垂直になっているときに、前後の光学反転がどう認知されるのかを調べてみよう。

実験③では、馴染みのない形をした立体を二つ、それぞれ鏡の前に置いて、鏡像と比較してもらった(図5－35)。馴染みのない立体を使ったのは、表象反転ではなく、光学反転を調べるためである。よく知っている立体を使うと、その形が記憶に残っている可能性がある。そういう表象があると、鏡像を実物とではなく、表象と比較してしまう可能性があり、その場合には、鏡映反転は表象反転になってしまう。それを避けるために、馴染みのない立体を使ったのである。

図5－35(a)は、前後の違いが明確になるように作った立体で、プラスチックのブロックで組み立ててある。この立体は、上下・左右・前後のどの方向にも非対称な形をしている。色彩の点でも、方向による違いが目立つように、手前の面が黄色、右側の面が青、左奥の面が赤で、てっぺんについたブロックだけが緑になっている。

図5－35(b)は、『大人の科学⑤プログラム・ロボット デジロボ01』(学研教育出版)という玩具である。タイヤが二つ、写真では手前と奥についていて、自走式になっている。動力源は、鏡のほうに映ってい

る乾電池である。かんたんなプログラムが組みこめるようになっていて、紙の上に置いて動かすと、そのプログラムにしたがって移動し、紙に文字や図形を描くようにできている。もっとも、この実験では、鏡の前に置いただけで、動かすことはしなかった。この「大人の科学」は、前後の違いがあまりはっきりしない物体の例として使用した。電池は向こう側にあって、こちら側にはないなど、前後の違いはあるのだが、全体が円筒形をしていて、前後方向に沿っては、形の違いがあまり目立たない。

被験者は、立体の背後に立って鏡に正対したので、前後方向が鏡面と垂直になった。したがって、前後方向が光学変換によって反転されていたことになる。じっさい、たとえばブロック(図5-35(a))を見ると、とがった頂点は、実物では手前に見えるのに、鏡像では奥に見える。[19]

被験者は、実物と鏡像を見くらべて、反転しているかどうかを判断した。結果は、図5-36に示してある。ブロックの場合、前後の鏡映反転を認知した被験者は九〇%だった(図5-36(a))。「大人の科学」の場合は、八一%だった(図5-36(b))。

大半の被験者が前後反転を認知したとはいえ、ある意味では、

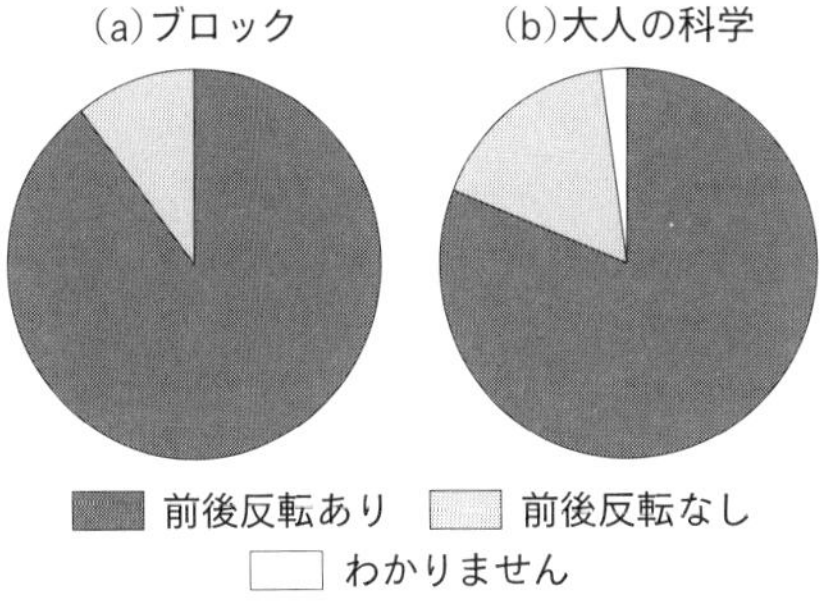

図5-36　前後反転の認知率：鏡の前に置かれた未知の立体

(19)　写真を撮ったときには、撮影者が写らないように、斜め後ろから撮ったので、読者にとっての前後方向は、鏡面に垂直な方向からは少しずれているが、実験では、被験者は立体の真後ろに立って判断をした。

これは意外な結果である。前後方向は、光学変換によって物理的に反転しているのである。目に見える物理的な反転がそこにあるのだから、全員がその反転を認知してもよさそうなものだが、そういうことにはならなかったのである。

文字が鏡のほうを向いているときには（たとえば、図2－4(b)、実物の文字は見えないので、鏡像を実物と見くらべることはできない。そのため、反転しているかどうかを判断するときには、「物理的な反転を、直接、目で見て判断する」というわけにはいかない。鏡像は、物理的な実体とではなく、頭のなかに記憶されている表象と比較しなければならない。にもかかわらず、事実上すべての被験者が左右の鏡映反転を認知した（図4－4(a)(b)(c)）。

それにひきかえ、ブロックと「大人の科学」の場合は、物理的な反転を目で見ることができるレイアウトだったにもかかわらず、一〇%から二〇%近い被験者がその反転を認知しなかったのである。この割合は、むろん、「誤差の範囲」にはおさまりきらない。

対象による違い

実験データを調べてみると、じつは、これでも、前後の光学反転を認知した被験者の割合は多いほうなのである。

図5－37には、対象の種類別に、前後の光学反転の認知率（認知した被験者の割合）を棒グラフで示した。「立体」というのは、ブロックと「大人の科学」のことで、棒の高さは、両方の認知率の平均値を表している。これらの立体の場合、前後反転の認知率はいちばん高いのである。

「文字(切抜)」というのは、切り抜いた「F」のことで(図5‐2)、被験者に正対した場合と鏡に正対した場合を平均すると、前後反転の認知率は四五%にしかならなかった。「他人」というのは、実験者が鏡に正対したときの認知率である。「自分」というのは、被験者自身が鏡に正対したときに、自分の前後反転を認知した割合で、お面とカバーをつけて左右を非対称にしたとき(図4‐5)や、反転鏡に正対したとき(図4‐11)も含んでいるが、これがいちばん低い。

上下と左右の光学反転

一方、おなじ光学反転でも、左右反転や上下反転の認知率は、ずっと高い(図5‐38)。「既知の文字(左右)」というのは、「F」が鏡に横対しているとき(図4‐16)、および、鏡映文字の「C」が鏡に横対しているとき(図4‐20(b))の左右反転である。「既知の文字(上下)」というのは、「F」が水平な鏡の上で直立しているとき(図5‐31(a))の上下反転である。いずれも、認知率は一〇〇%に届こうかという値になっている。

「未知の文字(上下)」は、ヒエログリフ(「髪」)が水平な鏡の上で直立しているとき(図5‐31(b))の上下反転、「未知の文字(左右)」は、ヒエログリフ(「鼻」)が鏡に横対しているとき(図4‐19)の左右反転である。既知の文字の場合にくらべると、認知率がわずかに下がっている。目で見たもの同士(実物と鏡像)を比較する場合でも、表象の助けがないと、比較がわずかながら難しくなるのかもしれない。

「自分(上下)」というのは、床に置いた鏡の上に立って、被験者が自分自身の鏡像を見下ろしたときに認知された上下反転(図5‐24:リボンをつけていなかったときとつけていたときの平均値)である。おなじ

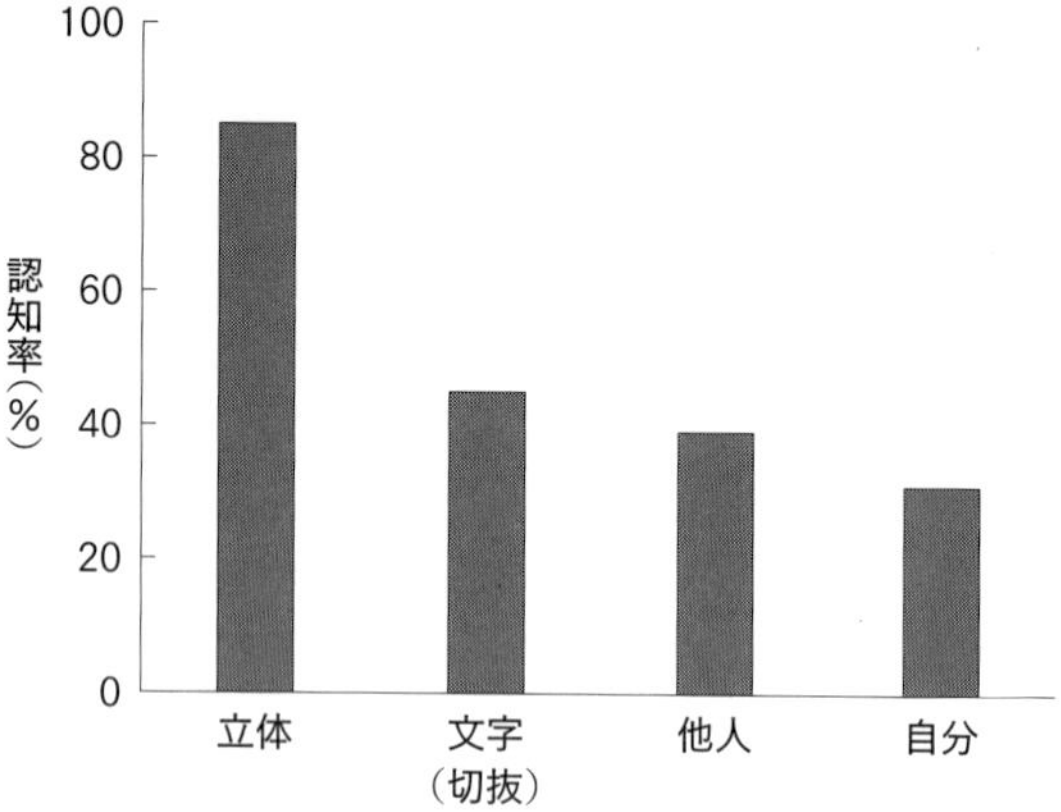

図5-37　前後の光学反転の認知率

自分自身の鏡像でも、鏡に正対したときの前後反転にくらべると、認知率がはるかに高くなっている。

光学反転の認知

左右や上下の光学反転が前後の光学反転より認知しやすいのは、なぜなのだろうか？

図5－37と図5－38をじっくり見ていると、こんなパターンが浮かびあがってくる――「よく似た形を見くらべることができるときには、光学反転の認知率が高くなる」。

文字が鏡に横対している場合も、水平な鏡の上で直立している場合も、よく似た形が並んでいるので、「形はよく似ているが、左右だけが（あるいは、上下だけが）反対になっている」ということが、直接、目で見てとれる。床の鏡に立って、自分の鏡像を見下ろした場合も、実物の体の下半分は見えるので、上下の逆転した、よく似た形が並んでいることには変わりがない（図5－24）。

それにたいして、鏡に正対している場合は、よく似た形が並んで見えるわけではない。

「立体」（ブロックと「大人の科学」）の場合は、被験者は斜め上から対象を見下ろしていたので、実物についても鏡像についても、前後方向の形は、比較的とらえやすかっただろう。それでも、手前に見える実物の形と、鏡に映った裏側の形とは、かなり違っている(図5-35)。「よく似た形」とまではいいづらい。

切り抜いた文字は、一枚の紙なので、前後方向に沿った形の違いは、そもそも存在しない。「他人」(実験者)の場合も、被験者は、実験者の背後に立って、身体を斜め後ろから見ていたので、前後方向に沿った形の違いは、目につかなかっただろう。「自分」(被験者自身)の場合は、もっと極端で、実物の身体は目に入らないから、前後方向に沿った形の違いが目に見えることはない。

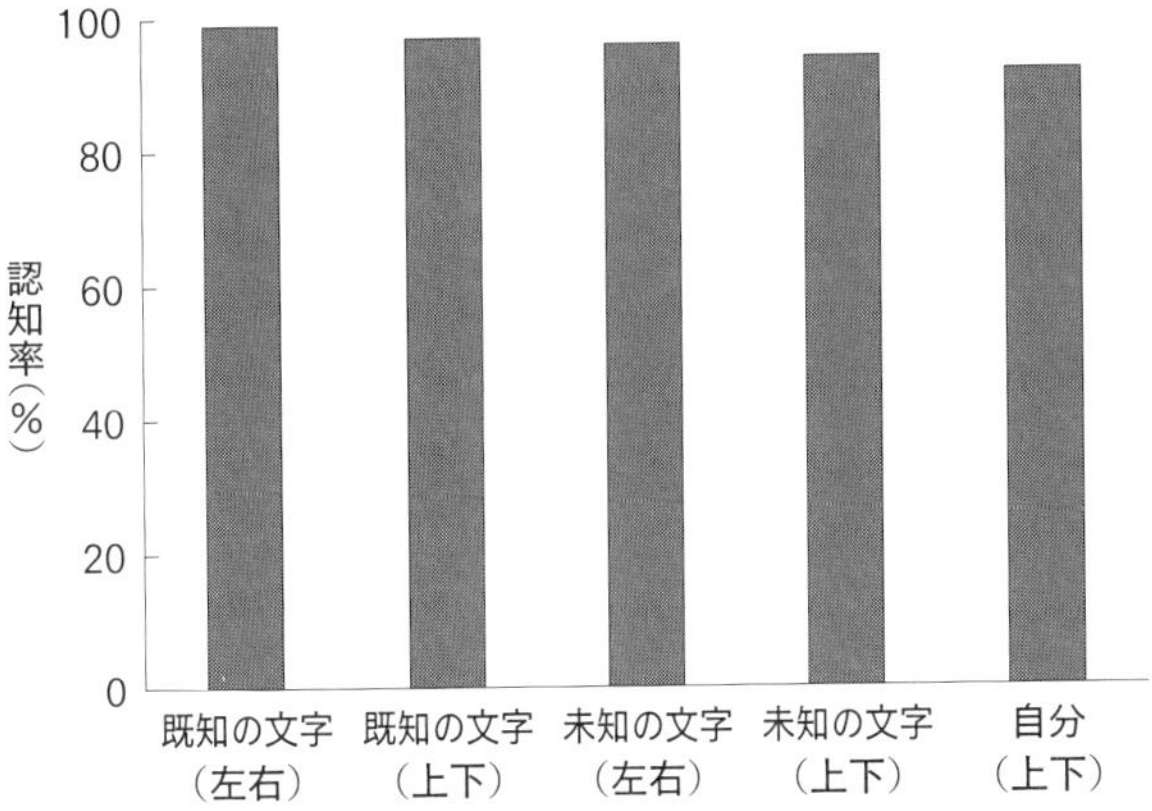

図5-38　左右と上下の光学反転の認知率

よく似た形が並んでいなければ、「前後だけが反対になっている」という印象も生まれにくいにちがいない。前後の反転が視覚でとらえられない場合には、「実物のほうは、こちら側が見えているのに、鏡には裏側が映っているのだから、前後が反対になっているにちがいない」というような概念的な推論が必要になる。この概念的な推論をしない人は、前後反転を認知しないことになるのだろう。

こうしてみると、光学反転は、「鏡面に垂直な方向は、物理的に(光学的に)反転するので、鏡映反転が起こる」というような単純なものではない、ということが分かる。光学反転も、形態認知のプロセスに大きく依存しているのである。二つの形が知覚されたとき、その二つがよく似ていれば、比較をおこなう認知プロセスが始動しやすくなる。よく似た形を比較すれば、「左右だけが反対になっている」といった方向の違いが認知されやすくなる。こうして、形態認知のプロセスによって方向の違いが認知されてはじめて、「鏡映反転」の認知が成立するのである。

第1章の第4節「鏡の光学的な性質」に、つぎのような一節があったことをご記憶だろうか？——「鏡のなかでは、その表面に垂直な方向が反転する」という言いかたは、ほんとうは正確ではないということが分かる。正確を期すなら、「鏡は、その表面に垂直な方向が反転して見えるような光学的変換をおこなう」と言わねばならないだろう。

そもそも、光学反転というのは、純粋に物理的な現象ではなく、形態認知という心理的なプロセスがはたらいてこその現象なのである。とするなら、実物と鏡像の見えかたによって光学反転の認知が影響されるのは当然で、じつは、すこしも意外なことではないのかもしれない。

第6章 他説を反証する

この前の二つの章では、多重プロセス理論が正しいのかどうかを調べるために、いろいろな実験データとつきあわせてみた。すると、どの実験結果も、多重プロセス理論の予測とほとんどぴったり一致していることがわかった。つまり、多重プロセス理論は、鏡像の方向について、大多数の人の判断をうまく説明することができるのである。

この章では、やはり実験データと照合しながら、ほかの説明が妥当かどうかを調べてみる。といっても、多重プロセス理論ひとつを調べるのに二つの章を費やしたぐらいだから、どの説についても同じような調子で検討をしていくと、分量がどんどん増えていって、一冊の本には収まらなくなってしまう。そこで、この章では、三つの説だけを取りあげることにする。それ以外の説については、興味をお持ちの読者は、附章(無料ダウンロード資料)のほうをご覧いただきたい。

一番目に取りあげる説は、「自分の鏡像に後ろから重なるところを想像する」という説明(移動方法説・左右対称説)である。高名な物理学者ファインマンが述べたことも手伝ってか、鏡映反転を説明しようとした諸説のなかでは、この説の人気がいちばん高い。そこで、この章では、この説のどこが実験データと一致しないのかを明らかにしておきたい。

二番目に取りあげる説は、著名な心理学者グレゴリーが提唱した物理的回転説である。もとは、文字の鏡映反転についての説明だったのだが、のちに、グレゴリーは、観察者自身の鏡映反転も説明できるように、この説を拡張した。この章では、文字の鏡映反転についての説明だけを取りあげて、どういう実験データと矛盾するのかを示すことにする。拡張版のほうについては、附章でその問題点を指摘する。

この章で取りあげる最後の説は、左右軸劣後説である。この説は、第2章「さまざまな説明」には登場しなかった。比較的新しい説である。まず、この説が鏡映反転をどういうふうに説明するのかを紹介した上で、この説と矛盾する実験結果をいくつかあげる。附章では、この説をさらに詳しく反証する。

この説は、はじめは「単純な説明」として提案されたのだが、私が公表した実験結果を説明しようとして修正を重ねていくうちに、次第に複雑怪奇な説明になっていった。「単純な説明」が辿るこうした運命についても、附章に詳しく記すことにしたい。

第2章「さまざまな説明」で紹介した言語習慣説と対面遭遇スキーマ説については、やはり、附章で実験データに照らして、第2章では触れなかった問題点をあぶり出すことにする。

1 「鏡像と重なる」という説明

移動方法説と左右対称説

鏡のなかで左右が反対に見える理由については、移動方法説でも、左右対称説でも、根本のところは共通していた。「鏡と向かいあっているとき、回転移動をして、自分自身の鏡像に後ろから重なりあうところを想像すると、左右が反対になる」という説明である。違っていたのは、回転移動をする理由だけである。

「なぜ回転移動をするのか」という疑問にたいして、イギリスの哲学者ピアースは、「水平な地面の上を歩くのが、人間にとっては、いちばん自然な移動方法だからだ」と答えた。移動方法説である。だが、「水平な地面の上を歩く」というだけなら、回転せずに、まっすぐ進んでいって、自分の鏡像に重なってもかまわないことになる。しかし、そういうふうに移動すると、左右ではなく、前後が反対になってしまい、左右の鏡映反転が説明できなくなる。

ピアースは、「回転して後ろから重なれば、重なったときに形の違いがあまり目立たないから、回転移動をするのだ」と説明した。左右対称説である。ファインマンの説明も、本質的にはこれと変わらなかった。

回転移動をする理由はともあれ、左右が反対に見える原因は同じなので、移動方法説と左右対称説は、まとめて検討することにしよう。

鏡像に重なる理由

移動方法説にしても、左右対称説にしても、回転移動をする理由は説明されているが、そもそも、「なぜ鏡像に重なるところを想像しなければならないのか」という肝心なところについては、説明が抜けている。自分の鏡像を見れば、それだけで、人間の形をしていることは分かるし、映っているのが自分であることも分かる。わざわざ鏡像に自分が重なるところを想像する必要はない。では、なぜ、そんな想像をしなければならないのだろうか？

多重プロセス理論の場合も、視点(座標系)の回転変換を仮定しているが、回転変換をする理由は、はっきりしている。身体の左右対称な部分を「右」「左」という方向の用語で同定するために、その身体自身の視点をとることである。

実験データも、この仮定を裏づけている。たとえば、リボンの位置について判断したとき、実物の実験者については、すべての被験者が実験者の視点からリボンの左右を判断した(図5‐20(a)(c))とか、被験者自身の鏡像については、抽象的な「左右」を判断した場合よりも、「左腕」か「右腕」かというように、身体部位を判断した場合のほうが、鏡像の視点から左右を判断する割合が高くなった(図5‐19(b)(d))とかいったデータである。

人間以外の鏡映反転

実験では、人間以外の物体の鏡像についても、被験者は左右の鏡映反転を認知した。たとえば、ぬいぐるみの犬(図5‐27)やモデルカー(図5‐30)である。これらの対象が鏡に映っている場合、人体とはそもそも形が全然ちがうので、後ろからまわりこんで重なろうと、直進していって重なろうと、さしたる違いはない。どちらにしても、「ズレが目立たなくてすむように重なる」というわけにはいかない。となると、「後ろからまわりこんで重なるから、左右が反対になるのだ」という説明は成り立たなくなってしまう。

犬の場合は、「自分がまわりこむのではなく、実物の犬がまわりこむところを想像するのだ」という説明ができるかもしれない。しかし、この説明は、モデルカーの場合には成り立たない。実験⑤では、実物のモデルカーは箱で隠されていて、そのハンドルは被験者には見えていなかったからである。

左右が非対称な人体

第2章の第2節「左右対称説」で紹介したように、イスラエルの心理学者ナヴォンとイギリスの心理学者グレゴリーは、「片腕の人物も自分の鏡映反転を認知する」と主張し、「左右がほぼ対称でなくても左右反転を認知するのだから、左右対称説は間違っている」と批判した。

かれらは、自分自身の直観的な判断にもとづいて、そう主張しただけで、片腕の人物がじっさいに鏡映反転を認知することを立証してみせたわけではなかった。しかし、実験④と実験⑤では、片腕の人物とおなじく、左右がはっきりと非対称に見える姿をした被験者について、自分自身の左右反転を認知するかどうかを調べた(図4-5)。視点反転のケースなので、否認者もいて、「事実上すべての被験者」ということではなかったが、それでも、七〇%の被験者が左右反転を認知した。じっさいに認知されたこの左右反転にかぎっていえば、ナヴォンとグレゴリーが主張するとおり、たしかに左右対称説では説明がつかない。

表象反転

しかし、なんといっても、イメージの回転移動を仮定する説の最大の欠点は、文字の鏡映反転が説明できないことである。このことは、第2章ですでに指摘した。観察者が自分のイメージをどう回転しても、文字の鏡像とうまく重ねあわせることはできない。したがって、文字の鏡像については、「左右が反対に見える」という実験データは、いっさい説明できないのである。もちろん、自分のイメージは、地図とも重ねあわせることができないので、地図の鏡像の左右が反対に見えるという現象(図5-12、図5-13)も説明できない。

第2章では、「自分ではなく、鏡と向かいあっている実物の文字が回転移動するところを想像する」という代案も検討してみた。そのときは、「なぜ実物の文字とその鏡像を重ねあわせなければならないのか、必然性がない」という話をしたが、必然性の問題を棚上げにして、とにかく「重ねあわせる」と仮定することにしてみても、実験データとのあいだには齟齬が生じるのである。

実物の文字のイメージを回転移動して、後ろから鏡像に重ねあわせると、かならず左右が反対になる。だとすれば、かならず左右反転が認知されるはずである。ところが、実験データは、左右反転が認知されない場合もあることを示している。

いちばん分かりやすい例は鏡映文字の「F」だろう。鏡映文字の場合も、「実物の文字のイメージを回転移動して、後ろから鏡像に重ねあわせると、かならず左右が反対になる」という点では、正字の場合とまったく変わらない。にもかかわらず、鏡映文字を印刷した紙が鏡と向かいあっていたときには、鏡像の左右反転は認知されなかったのである(図3-7、図5-1(b))。切り抜いた「F」がこちらを向いている場合にも同じことがいえる(図5-2(a)、図5-3)。いずれにしても、「実物の文字のイメージを回転移動する」という代案は、うまく機能しないのである。

このように、「鏡像と重なる」という説明は、「なぜ重ならなければならないのかが説明できない」という根本的な問題をかかえている上に、実験データとも一致しない。この説は、一番人気ではあるが、やはり「正しい説明」とはいえないのである。

2　物理的回転説

物理的回転説のロジック

【物理的回転説の内容をご記憶の読者は、この項は省略して、つぎの項に進んでいただいてさしつかえない】

物理的回転説は、視覚心理学の世界的権威だったリチャード・グレゴリーが提案した説明である[Gregory 1987]。物理的回転説の核心は、「鏡映反転の原因は物理的な回転だ」という主張である。

まず、文字が書いてある紙を回転する場合を思い出してみよう(図2－6)。観察者が文字と鏡の両方に正対しているときには、観察者には、紙に書いた(左右が反対になっていない)普通の文字は見えるが、鏡像は見えない。鏡像を見るためには、紙を裏返さなければならない。このとき、上下軸を中心にして一八〇度の回転をすると、文字は左右が反対になる。その反対になった文字がそのまま鏡に映るので、鏡像は左右が反対に見えることになる。

つぎは観察者が回転する場合である(図2－7)。こんどは、はじめから文字は鏡と正対している。観察者のほうは、文字と鏡のあいだで、はじめは鏡に背を向けて、実物の文字と正対している。当然、(左右が反対になっていない)普通の文字は見えるが、鏡像は見えない。鏡像を見るためには、観察者は鏡のほうに向き直らなければならない。つまり、上下軸を中心にした一八〇度の回転をするわけだが、このとき、観察者の左右が反転する。鏡は紙に書いた文字の左右を反転したりはせず、そのまま映すだけだが、観察者のほうの左右が反対になったので、相対的には、文字の鏡像と観察者とのあいだでは左右が逆になっていて、観察者から見ると、文字の鏡像は左右が反対になっているように見える。
これが、物理的回転説による鏡映反転の説明である。回転するのが文字であれ、観察者であれ、いずれも物理的な回転である。その物理的な回転が左右反転のもとになっているので、グレゴリーは、「鏡映反転の原因は物理的回転だ」と主張したのである。

いきなり見た鏡像

物理的回転説は、文字の鏡映反転は、かなりうまく説明できるようにみえるが、それでもなお、実験結果のなかには、うまく説明できないものも少なくない。そのひとつは、いきなり見た鏡像の左右反転である。

物理的回転説では、左右反転を認知するためには、回転する前に見た実物と、回転した後に見た鏡像を比較しなければならない。もし、じっさいにそういう比較をしているのなら、回転もせず、実物も見ず、いきなり鏡像を見た場合には、比較ができないのだから、左右反転は認知しないはずである。

実験②では、「いきなり鏡像を見る」という場面を設定した。鏡の向かい側の壁に「F」を印刷した紙を貼っておき、その上に白紙を重ねて貼り、「F」が見えないようにしておく。被験者は、文字を貼った壁に背を向けて、鏡に正対する。そこで、実験者が、「F」の上に重ねてあった白紙をめくり、「F」が鏡に映るようにする。被験者は、その鏡像を見て、左右が反対になっているかどうかを判断したのである。

この実験では、事実上すべて（九八％）の被験者が左右反転を認知した。被験者の目の前で、「F」や

「D」などの文字を鏡に向けたときと変わらない結果である。

この場面では、被験者は、紙に印刷した実物の「F」は見ていない。実物の「F」を見たあとで鏡のほうに向き直るという回転もしていないし、「F」を印刷した紙を鏡のほうに向けるという回転もしていない。にもかかわらず、被験者は左右反転を認知したのである。この左右反転は、物理的回転説では説明がつかない。

じつは、日常生活のなかでも、こういう場面は珍しくないのである。たとえば、車を運転しているとき、バックミラーに映った広告板の文字は、左右が反対に見える。その広告板の実物を直接見たことはないにもかかわらず、である。

このことを見越して、多くの国では、救急車の前面に、“AMBULANCE”(救急車)という言葉(または、それに相当する言葉)が左右反対に書いてある。そうすれば、バックミラーに映ったときには、普通に“AMBULANCE”と読めるので、すぐに道を譲ってもらえるだろう、というわけである。

最初に実物を見ていないにもかかわらず、鏡のなかで左右が反対に見えるのは、なぜなのだろうか？……答はかんたん。鏡像を、実物の文字とではなく、文字の表象と比較しているからである。表象と比較すれば、はじめに実物を見ていなくても、左右が反対になっていることは、すぐに分かるというわけである。……この説明は、まさしく、多重プロセス理論による表象反転の説明にほかならない。

鏡映文字

いまの例とは逆に、「回転をしても、左右反転を認知しない」という場合もある。

鏡映文字を鏡に映した場合である。実験④では、紙に印刷した「F」の鏡映文字を被験者の目の前で鏡に向けて、その鏡像(図3‐7)を見てもらったにもかかわらず、ほぼすべて(九六%)の被験者が左右の鏡映反転を否認した(図5‐1(b))。鏡に映っているのは、普通の「F」の形なのだから、常識的に考えれば、これは「あたりまえ」である。しかし、回転をしたにもかかわらず、左右反転が認知されなかったのだから、物理的回転説とは真っ向から矛盾することになる。

実物と鏡像の両方を同時に目で見て比較できる場合(光学反転)とはちがい、鏡像しか見えない場合には、鏡像は表象と比較するほかない。表象と比較して、左右が反対になっていれば、左右反転を認知するし、反対になっていなければ、左右反転は認知しない。物理的回転説は、こうした鏡像と表象との関係を見落としているので、表象の役割を示すさまざまな実験事実が、どれもうまく説明できないのである。

未知の文字

そうした実験事実のひとつは、未知の文字を鏡に映したときの結果である。この場合にも、表象の決定的な役割が露わになる。

実験②で使ったヒエログリフ(図5‐5)は、どの被験者にとっても未知の文字だった。つまり、その表象は、だれも持ちあわせていなかった。そのヒエログリフが鏡に正対していたとき、「左右は反対になっていますか?」という質問にたいして、被験者の答は、「はい」「いいえ」「わかりません」のあいだで、ほぼ三等分された(図5‐6)。左右が反転しているのかいないのか、自信をもって判断することはできなかったわけである。「F」のとき、事実上すべての被験者が「はい」と答えていたのとは好対照である。

ヒエログリフ「髪」(図5-5(a))は正字、ヒエログリフ「鼻」(図5-5(b))は鏡映文字だったが、被験者の答には、実質的な違いはみられなかった。一方、「F」の場合は、正字のときには、ほぼすべての被験者が「はい」と答え(図5-1(a))、鏡映文字のときには、ほぼすべての被験者が「いいえ」と答える(図5-1(b))という正反対の結果になった。こちらも好対照である。ヒエログリフの場合は、頭のなかに表象がないので、見えているのが正字の鏡像だろうと、鏡映文字の鏡像だろうと、違いはないわけだから、当然といえば当然の結果である。

キリル文字の場合(図5-7)も、キリル文字を知らない被験者の答は、ヒエログリフの場合と同様、バラバラになった(図5-8(a)(b))。しかし、キリル文字を知っている被験者は、正字の鏡像(図5-7(b))には全員が「はい」と答え、鏡映文字の鏡像(図5-7(a))には全員が「いいえ」と答えた(図5-8(d)(c))。

おなじような違いが地図の場合にも観察された。日本地図が鏡に正対していたときには(図5-12)、ほぼ全員が左右反転を認知した(図5-13)。鏡に映っている対象が文字ではなくても、その対象について、左右の違いがはっきりした表象をもっている場合には、左右の鏡映反転は認知されるのである。

しかし、表象をもっていないニューヨーク州の地図の場合(図5-14)には、被験者の答はバラバラになった。その地図をそのまま印刷した場合でも、左右反転して印刷した場合でも、実質的な違いはなかった(図5-15)。

こうした実験事実は、いずれも、鏡映反転の認知には、表象と鏡像との関係が重要な役割を果たしていることを物語っている。物理的回転は、鏡映反転の直接の原因ではないのである。

物理的回転の役割

ここで、物理的回転は鏡映反転とどういう関係にあるのか、もう一度考えてみることにしよう。はじめに観察者が鏡と文字に正対している場合には、文字を回転しなければ、観察者は文字の鏡像を見ることができない。はじめに観察者が鏡に背を向けて文字と正対している場合には、観察者が回転しなければ、やはり文字の鏡像を見ることはできない。こうして物理的回転をすれば、多くの場合、左右の鏡映反転が認知されることは事実である。

しかし、鏡映文字の例からも分かるように、「物理的回転をすると、かならず鏡映反転が認知される」というわけではない。また、「いきなり見た鏡像」の例から分かるように、物理的回転をしなくても、鏡映反転が認知される場合もある。そうしてみると、「物理的回転は、鏡映反転に不可欠の要因とはいえない」ということが分かる。

左右が反対になった文字を見るためには、鏡のまえで物理的回転をする必要はない。たとえば、紙に鏡映文字を書いてみればいい。鏡映文字は、たしかに左右が反対に見える。あるいは、印鑑の文字を直接見てもいい。彫ってある文字は、だれの目にも左右が反対に見える。

だが、「左右が反対」というのは、何と比べて「反対」なのだろうか？　いうまでもなく、「表象と比べて」である。鏡映文字も、印刻文字も、記憶にある文字の形を基準にして判断したときに、「左右が反対」ということになるのである。

鏡像の左右が表象の左右と反対なら、かならず左右の鏡映反転が認知されるし、反対でなければ、左右の鏡映反転は認知されない。鏡像の上下が表象の上下と反対なら、上下の鏡映反転が認知されるし、反対でなければ、上下の鏡映反転は認知されない。鏡映反転が認知されるかどうかを決めているのは、物理的回転ではなく、あくまでも鏡像と表象とのあいだの方向関係なのである。

ヒエログリフであれ、あるいは、マヤ文字であれ、西夏文字であれ、見たことのない文字をはじめて見せられたとき、仮にその文字をよく見てから、文字が書いてある紙を鏡のほうに向けたとすると、文字の形が記憶に残っていれば、「左右が反対になっている」と感じることだろう。しかし、この場合でも、鏡像と比較したのは、実物の文字ではなくて、記憶のなかに残っているその文字の表象なのだから、「左右が反対になっている」という印象を生みだしたのは、やはり、物理的な回転ではなく、表象との比較だということになる。

表象と鏡像とのあいだの左右反転は、たしかに、物理的回転によって作りだされる場合もある。そうした場合が多いことも事実である。しかし、鏡映文字の鏡像が示しているように、左右反転は、物理的回転によって消えてしまうこともある。鏡映反転の認知において、物理的回転の役割は、あくまでも副次的なものにとどまるのである。

3　左右軸劣後説

「多重プロセス理論の説明は複雑すぎる」と感じる人は少なくないようだ。そう感じる人のなかには、

「もっと単純な説明ができるはずだ」と考え、じっさいに「単純な説明」を提案する人もいる。

ニュージーランドの心理学者マイケル・C・コーバリス[Corballis 2000]と、大阪府立大学名誉教授で放射線物理学の専門家である多幡達夫[Tabata & Okuda 2000]は、多重プロセス理論[Takano 1998]を「複雑すぎる」と退け、それにかわる新たな説明を提案した。どちらの説明も、基本的には、同じ説明原理にもとづいているので、まず、その説明原理から紹介することにしよう。この本では、その説明原理を「左右軸劣後の原理」と呼ぶことにする(「劣後」は「優先」の反意語)。なぜそう呼ぶのかは、この先を読んでいただければ、自ずと明らかになると思う。

左右軸劣後の原理

「左右軸劣後の原理」というのは、「左右軸は、上下軸と前後軸が決まった後でないと決められない」という原理である。

コーバリスと多幡は、「物体は、みな近似的に左右対称な形をしている」と主張する。一方、上下と前後は、明白に非対称な形をしている。人間の身体を思い浮かべてみよう。身体の右半分と左半分は、たしかに、ほぼ対称な形をしている。一方、頭と足の形はまったく違うし、顔と後頭部の形もまったく違う。

このような形をした物体に座標系を設定しようとすると、上下と前後は、形の違いにもとづいて、かんたんに決めることができる。頭のあるほうが「上」で、足のあるほうが「下」、目鼻のあるほうが「前」で、目鼻のないほうが「後ろ」である。しかし、どちらが「右」でどちらが「左」かを決めようとすると、右目と左目も、右手と左手も、みな形がよく似ているので、形の違いだけからでは決めることができない。そのため、形の違いにもとづいて、まず上下軸と前後軸を設定し、左右軸は、それに合わせて設定するほかない。

こうして、上下軸と前後軸は「優先軸」となり、左右軸は「劣後軸」となる。これが「左右軸劣後の原理」である。

この原理を用いて、かれらは鏡映反転をつぎのように説明した。

物体が鏡に正対しているときには、物体の前後軸が鏡面と垂直になるので、鏡像の前後軸は光学的に反転する。上下軸と左右軸は、光学的には反転しない。しかし、前後軸が反転しているので、上下軸か左右軸か、どちらかは反転させなければならない(なぜ反転させなければならないのかについては、つぎの項で述べる)。しかし、上下軸は優先軸であり、鏡像の形から決まってしまうので、反転させるわけにはいかない。そこで、劣後軸である左右軸を反転させることになる。そうすると、鏡像は、左右軸が反転しているので、実物とくらべたときには、「左右が反対になっている」ということになる。左右軸劣後説によれば、これが左右の鏡映反転が生じる理由なのである。

方向の整合性

この説明のなかで、前後軸が反転していると、なぜ上下軸と左右軸のどちらかを反転しなければならないのかについては、コーバリスも多幡も明記はしていないのだが、方向の整合性を保つためにちがいない。

方向の整合性については、第3章の第5節「視点反転」のところで詳しく説明したが、もう一度、かんたんに確認しておくことにしよう。前後軸と左右軸を上から見たとき、「右」は、「前」から時計まわりに九〇度の方向になる（イメージが浮かんでこない場合は、図3−11を参照していただきたい）。しかし、前後軸だけを反転すると、「右」は、「前」から反時計まわりに九〇度の方向、すなわち、はじめの座標系の「左」にあたる方向になってしまう。座標系によって、「右」が「左」になったり、「左」が「右」になったりしたのでは、左右をきちんと区別することはできなくなる。それを防ぐためには（いいかえると、方向の整合性を保つためには）、反転した前後軸に合わせて、上下軸か左右軸か、どちらかを反転する必要がでてくる。

これが「方向の整合性」による説明である。

文字の鏡映反転

この左右軸劣後説の致命的な欠陥は、左右非対称な文字の鏡映反転が説明できないことである。左右軸劣後説の大前提になっているのは、「物体は、みな近似的に左右対称な形をしている」という主張である。この主張を聞いて、「なるほど」という気がするだろうか？

たしかに、人間の身体をはじめとして、左右が近似的に対称な形をしている物体は数多い。しかし、左右がはっきりと非対称な形をしている物体も、決して少ないわけではない。その代表例は文字である。文字のなかには、「F」や「D」のように、左右がはっきりと非対称な形をしているものも沢山ある。しかも、文字は、鏡映反転をひき起こす典型的な対象なのである。たとえば「F」の場合、第4章で述べたように、実験①から実験⑤までを通算して、三一四名の被験者のうちの九九％、つまり、事実上すべての被験者が左右反転を認知したのである。

左右軸劣後説のように、「左右が（近似的に）対称だから鏡映反転が起きるのだ」と主張すると、左右が明らかに非対称な文字の場合は、鏡映反転が説明できなくなってしまう。当然の帰結である。じっさい、コーバリスも多幡も、文字の鏡映反転については、なんとも苦しい説明を余儀なくされている。

多幡の説明

多幡［Tabata & Okuda 2000］は、左右が非対称な文字「D」や「E」の場合にも左右の鏡映反転が起きることを認めた上で、つぎのように書いている。

> われわれは、その二次元的な非対称パターンを、われわれの記憶のなかで前もって決められている上下軸をもつ、その標準的なイメージと比較する。［Tabata & Okuda 2000, Footnote 8］

この引用箇所の前後の記述も踏まえて、わかりやすくいえば、多幡の説明はこうである。――「記憶のなかでは、DやEのイメージは、上下軸がはっきりと決まっている。鏡像を見たときには、記憶にあるこのような文字のイメージと比較する。上下軸は、記憶のなかではっきりと決まっているので、反転することはない。したがって、前後軸の反転にあわせて反転するのは、やはり左右軸になる。その結果、左右の鏡映反転が起こるのだ。」

とはいうものの、「D」や「E」について、「われわれの記憶」のなかではっきり決まっているのは、上下軸だけだろうか？　左右軸もはっきり決まっているのではないだろうか？　もし、「D」や「E」の「標準的なイメージ」のなかで、左右がはっきり決まっていないとすれば、「D」や「E」とその鏡映文字を区別することはできないだろうし、そもそも、「半円部分が直線部分の右になるように「D」を書く」というようなことすらできないはずである。

こうした常識的な事実との矛盾を避けるためには、文字の「標準的なイメージ」のなかでは、左右軸も「前もって決められている」と考える必要がある。しかし、そうすると、多幡[Tabata & Okuda 2000]からの先ほどの引用は、「上下軸」を「左右軸」に入れかえて、つぎのように書き変えてもいいことになる。

> われわれは、その二次元的な非対称パターンを、われわれの記憶のなかで前もって決められている左右軸をもつ、その標準的なイメージと比較する。

こうなると、記憶のなかで「前もって決められている」軸を持っているという点では、「左右も上下も違いはない」ということになる。だとすれば、「前もって決められている上下軸をもつ」というだけでは、「上下軸は左右軸より優先される」とはいえないことになってしまう。しかし、上下軸が優先されるのでなければ、左右軸劣後説では、左右の鏡映反転が起こることは説明できない。結局、多幡は、左右非対称な文字については、鏡映反転を説明することに成功していないのである。

コーバリスの説明

コーバリス[Corballis 2000]も、「左右軸劣後の原理」は、「左右の近似的な対称性がもとになっている」と主張しているのだが、話が文字の鏡映反転に及ぶと、急に歯切れが悪くなり、左右非対称な文字「R」の左右反転については、自ら「左右の近似的な対称性」という原理を放棄して、つぎのような言明を記している。

> 知覚された最小の非対称性という原理は、おそらく、対掌体(enantiomorph)を左右反転として見る傾向によって覆されるというほうが当たっているだろう。(p. 165)

これは驚くべき言明である。「対掌体を左右反転として見る傾向」がもっとも基本的な原理であって、「左右軸劣後の原理」は、この基本的な原理に反する場合には覆されてしまうというのである。「対掌体」については、第2章第3節「言語習慣説」のところで説明したが、コーバリスは、鏡像は「対掌体」だと考えている。したがって、この言明は、突き詰めれば、「鏡像の左右が反転して見えるのは、鏡像を左右反転として見る傾向があるからだ」と言っていることになってしまう。これでは、ただの同語反復でしかない。「説明」にはなっていない。結局、コーバリスも、左右が非対称な文字の鏡映反転を説明することには成功していないのである。

また、コーバリスは、上下軸が優先される理由として、上下が重力のはたらく方向だという事実にも触れている。もっとも、これが「左右軸劣後の原理」を生みだすもっとも基本的な原理だとまでは主張していないが。

じっさい、第5章の第3節「光学反転」のところで述べたように、重力の方向は、鏡映反転とは、まったく無関係なのである。実験②では、重力と一致する方向が上下ではなく、左右になるように、被験者と「F」が両方とも床に横たわるという状況を設定した(図5-33)。この状況では、すべての被験者が左右の鏡映反転を認知した(図5-34(a))。重力がはたらく方向にも鏡映反転が起こる以上、重力が上下軸の反転を妨げていると考えることはできない。

左右非対称な被験者

左右が明らかに非対称な物体の鏡映反転は、このように、左右軸劣後説にとっては鬼門なのだが、それは文字の場合だけにかぎったことではない。人体の場合にも同じことがあてはまる。

実験④と実験⑤では、被験者は、左右がはっきりと非対称に見える姿で鏡の前に立った(図4-5)。左右で形が違うのだから、左右軸は形の違いにもとづいて設定することができるはずである。一方、上下も非対称だから、上下軸も形の違いにもとづいて設定することができる。しかし、「方向の整合性」を保つためには、光学的に反転した前後軸に合わせて、上下軸と左右軸のどちらかは反転させなければならない。「優先軸/劣後軸」という区別はないのだから、どちらを反転させるかは「五分五分」ということになるだろう。「五〇%前後の人が左右反転を認知し、五〇%前後の人が上下反転を認知する」という予測になる。

実験データをみると、左右反転については、第4章の第5節「別解釈の検討」のところで述べたように、七〇％の被験者が左右反転を認知した（図4‐7の「被験者」）。一方、上下反転は、誰一人として認知しなかった。これだけでも、左右軸劣後説とは明白に相反する結果である。

しかも、おなじ実験④と実験⑤では、カバーもつけず、お面もつけず、普通の姿で鏡と向かいあったときにも、左右の鏡映反転を認知した被験者は、やはり、七〇％だったのである。つまり、見かけが「近似的に左右対称」だろうと、「明白に左右非対称」だろうと、左右の鏡映反転には影響がなかったわけである。

左右軸劣後説では、いま目の前にある形にもとづいて座標軸を設定することになっている。したがって、重要なのは、いま目の前にある形の左右が（近似的に）対称かどうかである。もし、（近似的に）左右対称であれば、左右軸が劣後軸となり、左右の鏡映反転が説明できる。しかし、この実験結果は、いま目の前にある形が（近似的に）左右対称であっても、はっきりと左右非対称であっても、同じように左右の鏡映反転が認知されるということを示している。こうなると、左右の鏡映反転は、「左右軸劣後の原理」では、とても説明がつかない。別の理由で生じていると考えざるをえないことになる。[20]

左右軸劣後説については、附章Aと附章B（無料ダウンロード資料）でさらに詳しく検討するが、この説が鏡映反転の説明として妥当性をもっていないことは、ここまでの検討だけからでも、もはや明白だろう。

(20) 多重プロセス理論でも、視点反転の場合には、左右の近似的な対称性が鏡映反転に絡んでくる。しかし、左右軸劣後説とはちがって、多重プロセス理論の場合は、いま目の前にある形がじっさいに左右対称かどうかは、さして重要ではない。目の前の物体について、その部位を「右」「左」という方向の用語で呼び分ける習慣をもっているかどうか、また、その物体自身の視点からその「右」「左」を判断する習慣をもっているかどうか、が重要なのである。そういう習慣が確立していれば、いま目の前にある物体が著しく左右非対称な形をしていても、その習慣は適用される。被験者がふつうにほぼ左右対称な姿をしていようと、お面とカバーをつけて明らかに左右非対称な姿をしていようと、被験者の「右手」は、被験者自身の視点から判断して「右」にあるほうの手なのである。この習慣が鏡像に適用された場合には、目の前に見える鏡像の姿が左右対称であろうと左右非対称であろうと、左右の鏡映反転が認知されることになるわけである。

第7章

科学的解決と社会的解決

ここまでつきあってくださった読者は、鏡映反転についての議論がかくも錯綜していることを目のあたりにして、意外の感に打たれたのではないだろうか。「「鏡のなかでは左右が反対に見える」というだけのことなのだから、せいぜい二、三ページもあれば片がつくはずだ」と思うのが普通だろう。ところが、じっさいには、どのような説明が正しいのかを見きわめようとすると、これだけの議論が必要になるのである(附章には、さらに入り組んだ議論が控えている)。

現象の複雑さ

議論が複雑になる理由は二つある。ひとつは、鏡映反転という現象そのものの複雑さである。もうひとつは、他説とのせめぎ合いである。

まず、現象の複雑さから。

鏡映反転は、見かけとは裏腹に、非常に複雑な現象である。このことについては、もはや多言を要しないだろう。現象そのものが複雑なので、その説明も、どうしても複雑にならざるをえない。多重プロセス理論は、ほかの説にくらべれば、たしかに複雑な説明をしているが、その複雑さは、現象の複雑さに見合った複雑さなのである。理論をこれ以上単純にすると、説明できない現象が出てきてしまう。逆に、これ以上複雑にすると、説明が冗長になってしまう。

いまの複雑さで、多重プロセス理論は、鏡像の認知をすべてきちんと説明することができる。これまでみてきたとおり、多重プロセス理論の予測と実験データとの差は、ほとんどの場合、「誤差の範囲内」におさまっている。たとえば、鏡映文字の「F」が鏡に正対しているとき(図3-7)、多重プロセス理論は、「すべての被験者が左右の鏡映反転を認知しないだろう」と予測するが、第5章で述べたように、じっさいに九六%の被験者が左右の鏡映反転を認知しなかった(図5-1(b))。予測との差は四%で、これは「誤差の範囲内」である。

一方、他説はどれも、予測を大きく外してしまうことが少なくない。たとえば、物理的回転説は、いまの場合(鏡映文字の「F」が鏡に正対している場合)、文字を鏡に映すために、上下軸を中心にして、文字を印刷した紙を一八〇度回転したのだから、「すべての被験者が左右の鏡映反転を認知するはずだ」と予測する。この予測は、実験結果とは九六%もの開きがある。どの説の場合も、このように予測とは正反対の実験結果が頻出するのである。

予測が当たらないというだけではなく、「そもそも説明がつかない」という場合も少なくない。たとえば、「鏡と向かいあっているとき、文字の左右反転は誰もが認知するのに、自分自身の左右反転は、かなりの人が認知しない」――この事実は、どの説も説明することができない。「文字の鏡映反転と自分自身の鏡映反転は、同じ原理から生じる同じ現象だ」という考えに立っている以上、自分自身の鏡映反転だけ、かなりの人が認知しないのはなぜなのか、説明のつけようがないのである。

理論外の要因

多重プロセス理論の場合も、いくつかの場面では、実験結果とのあいだに「誤差の範囲」を超える差が観察された。

たとえば、被験者と文字の両方が床の上で横向きになっていたとき(図5-33)、下の鏡に映った鏡像を実物の文字と見くらべた場合には、多重プロセス理論は、「すべての被験者が左右反転を認知し、上下反転は認知しない」と予測したが、じっさいには八%の被験者が上下反転を認知し、左右反転を認知しなかった。つまり、予測とは逆の認知をした(図5-34(c)(d))。この八%という数字は、「誤差の範囲内」にはおさまっていない。

しかし、註18で述べたように、この逆の認知は、「上下軸の選択」という別の要因によって説明することができる。ふつうに立っているときには、上下軸は一つで、選択の余地はない。しかし、床に横たわったときには、身体と一致する、床と平行な上下軸のほかに、環境にもとづいた、床と垂直な上下軸も選択することができる。「天井が「上」、床が「下」」という、重力方向と一致する上下軸である。この上下軸は鏡面に垂直なので、鏡像はこの上下軸に沿って光学的に反転する。したがって、この「環境にもとづいた上下軸」を使って判断すると、実物の文字とその鏡像は「上下が反転している」ということになる。この上下軸と直交する左右軸は鏡面と平行になるので、「左右は反転していない」ということになる。「逆の認知」は、このようにして説明することができるのである。

理論の予測が実験や観察の結果と一致しないとき、このように理論外の要因によって、その食い違いを説明することは、非科学的な詭弁ではなく、科学の世界では普通におこなわれていることである。なぜ普通におこなわれているのかというと、宇宙のなかでは、現実に、理論内の要因だけではなく、理論外の要因も作用しているからである。

たとえば、ニュートンの「万有引力の法則」は、「地球より質量の小さい物体は、地球の方向へ移動する」(つまり、落ちる)と予測するが、「地球より質量の小さい物体」は、つねに「地球の方向へ移動する」かというと、現実には、そんなことはない。木の葉は地面から舞い上がるし、鳥は空に飛び立つ。しかし、木の葉が舞い上がるところを見て、「ニュートンの「万有引力の法則」は間違っている」と主張する人はいないだろう。「引力とは別の力がはたらいたときには、引力の作用が打ち消されてしまうこともある」ということを体験的に理解しているからである。

予測と異なる結果が得られたとき、問題になるのは、「別の要因」による説明をすることそれ自体ではなく、その「別の要因」による説明に無理がないかどうかである。

多重プロセス理論の場合には、「別の要因」による説明から無理が生じることはない。いま例にあげた床に横たわっている場面についていえば、「天井が「上」で床が「下」」という上下軸が選択できることは、常識とも一致するし、心理学的な研究の結果とも一致する(例:Rock 1974)。

さらにいえば、「別の要因」によって、多重プロセス理論の予測と実験結果のあいだに「誤差の範囲」を超えた差が生じることは、決して多くはない。生じたとしても、最大でも二〇%足らずであり、他説の場合のように、「予測と正反対の結果が出てしまう」というようなことはないのである。

他説とのせめぎ合い

鏡映反転についての議論が複雑になる理由のひとつは、いま述べたように、鏡映反転という現象そのものの複雑さなのだが、もうひとつの理由は、他説とのせめぎ合いである。

これまで、鏡映反転について論文や本を書いたり、講演をしたり、シンポジウムを開いたりしてきたが、そうした機会に痛感したことは、「単純な現象なのだから、単純な説明ができるはずだ」という思いこみがいかに強固かということだった。多重プロセス理論のように複雑な説明は、複雑だというだけで、うさん臭く感じられてしまうようなのである。

その思いこみを打ち破るためには、「単純な説明」をひとつひとつ取りあげて、それぞれの誤りを証明しなければならない。しかし、「単純な説明」の支持者は、なんとか自説を守り抜こうとして反論をしてくる。多重プロセス理論に向けて批判の矢も放ってくる。そうした反論や批判の誤りを明らかにするためには、どうしても複雑な議論が必要になってくるのである。

しかし、議論が複雑になればなるほど、いかに正しい議論であっても、それを正確に理解してもらえる見込みは薄くなっていく。とくに、「誤りを見抜くためには、視野を広くとって、いろいろな事実を考慮に入れ、ややこしいロジックを辿らなければならない」という場合には、議論の正しさを理解してもらうことは、至難の業になる。「ちょっと見」で正しく感じられる単純な批判や反論のほうが、強い説得力を発揮してしまうのである。

批判の例

たとえば、多重プロセス理論に、こんな批判が向けられたことがある。――「はじめは、「文字の鏡映反転が表象反転だ」と言っていたのに、あとになって、「文字以外の鏡映反転も表象反転だ」と言いだしている。こう一貫性がないようでは、とてもまともな理論とはいえない。」

多重プロセス理論の説明を丁寧に追ってきた読者なら、この批判が見当ちがいだということは、すぐに分かると思う。表象反転の典型例である文字の鏡映反転を調べて、その原因が判明したのであれば、同じ原因で表象反転を起こす文字以外の対象(例：地図)が見つけやすくなったとしても、なにも不思議はないからである。しかし、この程度の批判でも、ときには、多重プロセス理論を却下する充分な根拠になってしまうのである。

では、こんな批判はどうだろう？――「多重プロセス理論は、「事実上すべての人が左右反転を認知するかどうか」が表象反転と視点反転の違いだと主張している。だが、逆さになった「F」の鏡映文字が鏡に映っている場合には(図3‐2(a))、一六%もの人が左右反転を認知しなかった(図5‐9(d))。一六%というのは、あきらかに「誤差の範囲」を超えている。多重プロセス理論では、文字の鏡映反転は表象反転で、表象反転は「事実上すべての人が認知する」ということになっているが、このように、かなりの人が文字の左右反転を認知しない場合があるとすれば、「事実上すべての人が左右反転を認知するかどうか」で鏡映反転の種類を分けることはできないのではないか。」

こんどは、ここまで丁寧に読んできた読者でも、「なるほど、もっともだ」という気がしてしまうかもしれない。「文字の鏡映反転は、事実上すべての人が認知するのかどうか」というところだけを見れば、この批判が当たっているように感じられても不思議はないからである。この批判の誤りを見抜くためには、視野を広げて、関連するほかの事実や要因を考慮に入れた上で、よく考えてみなければならない。

まず、「既知の文字が正立して鏡と正対している場合には、文字の(左右の)鏡映反転は、事実上すべての人が認知した」という事実を確認しておく必要がある。この場合には、「事実上すべての人が認知するのかどうか」という判別基準にもとづいて、(文字の)表象反転と(人の)視点反転をはっきりと区別することができるのである。

一方、文字が未知の場合や、倒立している場合には、たしかに「事実上すべての人が左右反転を認知する」という実験結果にはなっていない。しかし、そうした実験結果は、「未知」あるいは「倒立」という状況に特有の要因によって説明することができるのである。

たとえば、いまの逆さになった鏡映文字の場合、「一六%の被験者が左右反転を認知しなかった」という実験結果は、文字が倒立している場合にかぎって作用する「イメージ回転」(メンタル・ローテーション)という「理論外の要因」によって合理的に説明することができる(その説明については、第5章の第1節「表象反転」で、図を使ってくわしく述べたので、必要があれば、そちらを参照していただきたい)。こうした「理論外の要因」がはたらいている場合には、実験結果と理論の予測とのあいだにはズレが生じることになるので、判別基準が厳密に適用できなくても、不思議ではない。したがって、「倒立」あるいは「未知」の場合に判別基準が厳密に適用できなくても、判別基準そのものの妥当性を疑う必要はないのである。

しかし、そのことを理解するためには、目先の議論から視野を広げ、関連するいくつもの事実や要因を考慮に入れて、よく考えてみなければならないのである。

反論の例

第6章の第3節「左右軸劣後説」では、お面とカバーをつけて、被験者の外見が著しく非対称になった場合(図4-5)の実験結果をとりあげて、つぎのように論じた。——「左右軸劣後説は、「五〇%前後の被験者が上下反転を認知する」と予測するのに、じっさいには誰一人として上下反転を認知しなかったのだから、左右軸劣後説は妥当な説明とはいえない。」

かりに、左右軸劣後説の側から、こんな反論が出てきたとしよう。——「左右軸劣後説は、上下は反転しないのに左右が反転する理由を説明しているのであって、「上下反転が認知される」というような予測はしていない。したがって、「上下反転が起こらなかった」という実験結果は、左右軸劣後説にたいする反証にはなりえない。」

シンポジウムなどでこの反論を聞いた場合には、かなりの人が「なるほど」と納得してしまうのではないだろうか。

左右軸劣後説が、「左右反転は起こるが、上下反転は起こらない」ことを説明しようとしていることは事実である。したがって、そこだけをみていると、この反論の誤りを見抜くことはできない。誤りを見抜くためには、もうすこし視野を広げて、「左右反転が起こって、上下反転が起こらない」ということを左右軸劣後説がどう説明しているのかまで考えてみなければならない。

左右軸劣後説の説明では、上下反転が起こらないのは、上下は形が違うので、その形の違いにもとづいて上下軸を設定することができるからである。左右反転が起こるのは、左右は形がよく似ているので、形の違いにもとづいて左右軸を設定することができず、そうすると、反転した前後軸に合わせて、左右軸を反転することになるからである。

ところが、左右が非対称な被験者の場合は、左右軸も、形の違いにもとづいて設定することができる。そうすると、上下軸と左右軸のあいだに優先度の違いはなくなってしまう。反転した前後軸に合わせてどちらかを反転しなければならないとしたら、どちらを反転してもいいことになる。どちらを反転するかを決める方法は、左右軸劣後説のなかには用意されていないので、無作為に決めるしかない。無作為に決めるとすれば、上下軸を反転するか左右軸を反転するかは五分五分になり、「半分ぐらいの被験者は上下反転を認知するはずだ」ということになる。

ここまで考えてくれば、左右軸劣後説の仮定からは、提唱者の意図に反して、この場合には、「五〇%前後の被験者が上下反転を認知する」という予測が論理的に導き出されてしまうということが分かる。しかし、目先の議論だけを視野に入れていたのでは、ここまではなかなか考えが及ばないのである。

科学的な解決と社会的な解決

科学的な説明の妥当性は、基本的には、「関連するすべての事実を合理的に説明することができるか」、「説明のなかに論理的な矛盾はないか」、「確立された科学的な知識体系と矛盾することはないか」といった基準にもとづいて判断されることになっている。これらの基準をクリアしていれば、科学的には、「鏡映反転」という難問は解決したことになる。

しかし、ほんとうに「解決した」ということになるためには、「科学的に解決した」ということを大方の人が認めるようになる必要がある。鏡映反転の問題は、まだその段階にまでは達していない。

今後も、多重プロセス理論にたいしては、さまざまな批判が投げかけられることだろう。他説にたいする批判には、反論が続くことだろう。一見、「ちょっと考えてみれば説明ができる」ようにみえる問題だけに、新説が出てくる可能性もある。この本の限られたスペースでは、そうした可能な議論のすべてについて、詳細な検討を加えることはできない。

読者のなかに、視野を広くとってよく考え、そうした議論の誤りを見抜くことができる「目利き」が多ければ、この問題は社会的にも解決することになるだろう。しかし、近視眼的な議論に惑わされる人のほうがずっと多いようなら、鏡映反転の問題は、そうした批判、反論、異説と複雑に絡みあったまま、今後も「未解決の問題」として残されることになるだろう。

おわりに

この研究は、私にとっては、人生の分岐点になった研究である。

多重プロセス理論による鏡映反転の説明を考えついたのは、一九九〇年代初めのことだったが、その頃、私は慢性疲労症候群という病気に苦しめられていた。この病気は、その名の通り、慢性的に疲労状態が続くという病気である。

「疲労状態」といっても、ちょっとやそっとの疲労状態ではない。学生時代、私はマンションの建設現場で肉体労働のアルバイトをしたことがあるのだが、何十キロもある鋼材を運ぶ重労働を一日続けると、夕方には疲労の極に達する。慢性疲労症候群がひどくなると、朝、それと同じぐらい疲労困憊した状態で目覚め、夜寝るまで、その状態が続くのである。

当時、私は東京の大学に勤めていて、新宿区の高田馬場で独り暮らしをしていた。場所柄、新聞には、新宿駅近くにあるデパートの折り込み広告が入ってくる。あるとき、そうした広告の中で、ちょっと変わったデザインの安価なブルゾンが目についた。買いに行きたいと思ったのだが、山手線でほんのふた駅先の新宿が遥か遠方の地に感じられて、そこに行くだけの体力も気力も、どうしても奮い起こすことができなかった。その安価なブルゾンが、手の届かない高嶺の花に見えたことを今でもよく憶えている。

同じ頃、教室で学生たちと一緒に撮った写真が残っているが、そこには、「今にも命の炎が燃え尽きようとしている」とか、あるいは、「いま化けて出てきたばかりの」とか形容したくなるほど生気のない自分の姿が写っている。

体力の低下も深刻な問題だったが、慢性疲労症候群の症状は、それだけではなかった。知力も低下してしまったのである。記憶力が低下し、思考力も低下した。教室で学生から質問を受けたとき、「簡単な質問らしい」とは思いつつも、どうしても、その質問の内容がはっきり理解できない、というようなこともあった。「IQ(知能指数)が半分ぐらいになってしまった」というのが当時の実感だった。

ここまで、「慢性疲労症候群」と書いてきたが、実は、正式にそういう診断を受けたことがあるわけではない。病院には行ったのだが、どの病院でも、いろいろと検査を受けた挙げ句に、「何でもありません」と言われるのが常だった。私が検査を受けた一九八〇年代半ばの時点では、日本の医師には、「慢性疲労症候群」という病気そのものが知られていなかったのである。後から調べて分かったことだが、アメリカでも、医学者たちの間で論争が交わされた末に、漸く「慢性疲労症候群」という新たな病気の存在が認知されたばかりの頃だった。

自分の病気が慢性疲労症候群らしいということが分かったのは、それから何年も経って、この病気がマスコミで話題になったときのことだった。この病気の症状が自分の症状とぴったり一致したのである。

しかし、病院で検査を受けていた頃は、「何でもない」と言われつづけるその一方で、病状が日増しに悪化していくという状況に直面していた。「何でもない」のでは、治療を受けることもできない。そのうちに、全く動けなくなり、天井を見ながら一人でじっと寝ているほかなくなった。このときばかりは、「遠からず命脈が尽きるに違いない」と覚悟を決めた。

しかし、幸いなことに、後から振り返ってみると、このときがどん底だった。二ヶ月ほど寝ていると、病状は僅かずつではあったが快方に向かい始め、何とか大学に出勤することもできるようになった。とはいえ、知力が著しく低下した状態での大学勤めは困難を極めた。授業中、その場で考えをまとめて説明をするということができないので、細かいところまで、全て前以て準備して行かなくてはならない。だが、知力が低下しているので、その準備が遅々として進まないのである。そうなると、とにかく時間をかけるしかない。土日も祝日も机に向かい、乏しい気力と体力を振り絞って授業の準備を続けた。そして、再び気力と体力を振り絞って授業をする。その繰り返しだった。

まことに苦痛に満ちた日々ではあった。

が、苦痛の源は、そうした苦労だけではなかった。知力が低下した状態では、大学での義務を充分に果たすことが難しかったからである。授業も研究もまともにできないのでは、ただ学生に迷惑をかけるだけの存在でしかなくなってしまう。そのことが大きな精神的負担になっていたのである。

病状は改善しつつあったものの、その歩みは遅々としていて、一進一退を繰り返し、いつになったら回復するのか、見当がつかないという状態だった。そもそも完全に回復する見込みがあるのかどうかすら分からなかった。そこで、或る日、仮にもうこれ以上は回復しないとしても、研究者を続けていくことができるのかどうか見極めるために、自分をテストしてみようと思い立った。自分自身に問題を課して、それが解けたら教職を続ける、解けなかったらやめる、と決めたのである。

その問題として選んだのが鏡映反転だった。

アメリカの大学院に留学していたとき、私は「メンタル・ローテーション」という現象をテーマにして博士論文の研究をした。「メンタル・ローテーション」というのは、第5章にも登場したイメージ回転である。イメージが回転できることを実験によって初めて立証したのは、本文でも論文を引用したシェパード(Roger N. Shepard)という高名な心理学者だった。「メンタル・ローテーション」の実験は、当時、心理学者の間では大きな話題になり、世界中で数多くの実験が行われていた。

シェパードの実験では、傾き方の違う二つの図形が提示される。被験者は、それが同じ図形か違う図形かをできるだけ素早く判断しなければならない。二つの図形が違っているときには、一方はもう一方の左右を反転した形、つまり、鏡像になっていた。ここに鏡像が登場する。

私がアメリカで博士論文の研究を始めようとしていた頃、たまたま、私がいた大学にそのシェパードがやって来て、一年間滞在することになった。シェパードは、メンタル・ローテーションの研究で鏡像を使用したことから、鏡映反転にも興味を持つようになったのだろう、授業の中で、鏡映反転の理由について、自らの説明を聞かせてくれた。しかし、その説明を聞いて、私は「なるほど」という気がしなかった。どこが間違っているとはっきり言えるわけではないものの、「どうも腑に落ちない」という感じが残ったのである。

日本に帰ってきてからも、ときどき鏡映反転の問題を思い出しては少し考えてみる、ということを繰り返していた。しかし、雲を摑むような感じで、一向に問題が解けそうな感じはしなかった。何年か経って、自分をテストしてみようと考えたとき、それまで気になっていたこの問題に取り組んでみることにしたのである。

私の専門は実験心理学だが、当時は、実験をするだけの体力がなかった。従って、実験結果を積み重ねていかなければならないような問題には、取り組むことができなかった。鏡映反転なら、鏡が一枚あれば、自分の考えた説明が正しいのかどうか、すぐに検証できる。これが、鏡映反転の問題を選んだ最大の理由だった。狭いアパートの中で、鏡のある洗面所とダイニングルームの間を行ったり来たりしながら問題を考えていたときのことは、今でもはっきりと思い出すことができる。

幸いなことに、本腰を入れて取り組んでみると、二、三日で解答が見つかった。それがこの本に記した多重プロセス理論である。解答が見つかったので、研究や授業ができるところまでは知力が回復してきたと判断し、大学を辞めずに研究を続けることにした。このとき、もし解答を見つけることができなかったら、どういうことになっていただろうか。

この本では、通常の科学論文の形式を踏襲して、「初めに過去の様々な学説を紹介し、それぞれの問題点を検討した上で、そうした問題点をうまく克服できるような説明を考える」という筋道で話を進めた。しかし、実際にこの問題を解いたときには、シェパードの説明を除くと、過去にどのような説明がなされていたのか、私は全く知らなかったのである。「自分が考え出した説明は、とうの昔に誰かが考えついたことかもしれない」とは思いつつも、実際のところはどうなのか、確かめることができなかった。当時は、パソコンに向かって、インターネットで論文が検索できるという時代ではなく、文献検索をするには、図書館に行って書庫の中を歩きまわらねばならなかった。それをするだけの体力がなかったのである。

文献検索をしたのは、それから何年かして、もう少し体力が戻ってきてからのことだった。文献を捜し出して読み、それぞれの説明のどこに問題があるのかを突きとめるためには、鏡映反転の問題を解くよりずっと長い時間を要した。そうした研究の成果をまとめた論文を学術雑誌に掲載するには、更に長い時間をかけて苦難の道のりを辿ることになったのだが、それはまた別の物語である。
鏡映反転の理由を解明した時点では、慢性疲労症候群は未だ治癒してはいなかった。鏡映反転についての論文や本が出版できるようになった頃には、「もう治った」と感じるようになっていたのだが、それでも、翌年になると、また少しだけ頭の働きが良くなっていて、前の年には未だ治りきっていなかったことが分かる、という具合だった。それを毎年のように繰り返して、到頭、「去年より頭の働きが良くなった」と感じなくなった頃には、発病してから二〇年の歳月が経っていた。三〇歳代の半ばから五〇歳代の半ばまで、研究者として最も充実している筈の時期を、闘病生活で空費してしまったことになる。研究者としては致命的な損失である。知力の低下を感じなくなってからは、少しでもその「失われた二〇年」を取り戻そうと、研究に取り組んではきたものの、研究だけに専念するというわけにもいかず、そろそろ、研究者人生も終盤にさしかかって、残り時間との競争という状況になってきた。

さて、「おわりに」をここまで読んできてくださった読者は、本文での抽象的な議論とは、あまりに趣が違うので、面食らっているかもしれない。本文では一般的な話をしていたのに、「おわりに」ではいきなり個人的な話になってしまったからである。しかし、どれほど抽象的な理論や分析も、研究者の生身の人生から生み出されたものであるからには、どこかにその研究者の人生が映し出されているものなのである。

謝　辞

大学院生あるいは学部生だったときに、共同研究者として実験の実施を担当してくれた田中章浩、小林由紀、小野利大、倉地篤、田中緑、佐藤健太郎、斎藤慎一郎の諸君に謝意を表したい。分子科学フォーラムで鏡映反転の話をする機会を与えてくださった名古屋大学の岡本祐幸教授、ロシア語既習者を紹介してくださった東京大学の金澤美知子教授、調査のために授業時間を貸して下さった東洋大学の安藤清志教授と東京電機大学の黒沢学准教授にも心から御礼を申し上げる。

認知心理学会や認知科学会で鏡映反転のシンポジウムに協力していただいた方々、特に小亀淳、多幡達夫、吉村浩一の諸氏には深く感謝している。私達は、互いに火花を散らす論敵であると同時に、同じ問題に知的探求心を燃やす同志でもある。

岩波書店の首藤英児さんには、出版に漕ぎ着けるために様々な努力をしていただいた上に、研究書としての水準を落とさずに一般書として出版をするための知恵も出していただいた。篤く御礼を申し上げたい。

実証的研究の部分は、中山隼雄科学技術文化財団の助成金、および、旧文部省の科学研究費補助金(12610074)によって可能になった。ここに記して深甚なる謝意を表する。

参考文献

Bennett, J.（1970）The difference between right and left. *American Philosophical Quarterly, 7*, 175–191.

Betrò, M. C.（1995）*Hieroglyphics: The writing of ancient Egypt*. Arnold Mondadori Editore（吉村作治監修，南條郁子訳『図説　ヒエログリフ事典』創元社，2001）.

Block, N. J.（1974）Why do mirrors reverse right/left but not up/down? *The Journal of Philosophy, 71*, 259–277.

Burgess, N.（2001）The effect of mirror-reflection on chirality and handedness can be explained without social psychology-Commentary on Navon on mirror-reversal. *Psycoloquy*（*Washington, D. C.*）, *12*（031）.

Cooper, L. A. & Shepard, R. N.（1973）Chronometric studies of the rotation of mental images. In W. G. Chase（Ed.）, *Visual information processing*. Oxford, England: Academic Press.

Corballis, M. C.（2000）Much ado about mirrors. *Psychonomic Bulletin & Review, 7*, 163–169.

Corballis, M. C.（2001）Why mirrors reverse left and right-Commentary on Navon on mirror reversal. *Psycoloquy*（*Washington, D. C.*）, *12*（032）.

Corballis, M. C. & Beale, I. L.（1976）*The psychology of left and right*. Hillsdale, NJ: Erlbaum.

Diwadkar, V. A. & McNamara, T. P.（1997）Viewpoint dependence in scene recognition. *Psychological Science, 8*, 302–307.

Duncan, J.（1987）Attention and reading: Whole and parts in shape recognition-A tutorial review. In M. Coltheart（Ed.）, *Attention and performance XII: The psychology of reading*（pp. 39–61）. Hillsdale, NJ: Erlbaum.

Feynman, R.（1983）Fun to Imagine 4: How Mirrors Turn You Inside Out. BBC 2（インタビュー・ビデオ）.

Gardner, M.（1964）*The ambidextrous universe*. New York: Basic Books（坪井忠二・小島弘共訳『自然界における左と右』紀伊國屋書店，1971）.

Gardner, M.（1990）*The ambidextrous universe*（3rd ed.）. New York: Charles Scribner's Sons（坪井忠二・小島弘・藤井昭彦訳『新版　自然界における左と右』紀伊國屋書店，1992）.

Greenberg, S. N. & Krueger, L. E.（1983）Effect of letter orientation and sequential

redundancy on the speed of letter search. *Memory & Cognition, 11*, 181-191.

Gregory, R. L.(1966)*Eye and brain: The psychology of seeing*. London: Weidenfeld and Nicolson.

Gregory, R. L.(1970)*The intelligent eye*. London: Weidenfeld & Nicolson(金子隆芳訳『インテリジェント・アイ—見ることの科学』みすず書房，1972).

Gregory, R. L.(1987)Mirror reversal. In R. L. Gregory(Ed.), *The Oxford companion to the mind*(pp. 491-493). Oxford, UK: Oxford University Press.

Gregory, R. L.(1997)*Mirrors in mind*. New York: Freeman(鳥居修晃・鹿取廣人・望月登志子・鈴木光太郎訳 『鏡という謎—その神話・芸術・科学』 新曜社，2001).

Gregory, R. L.(1998)*Eye and brain: The psychology of seeing*(5th ed.). Oxford, UK: Oxford University Press(近藤倫明・中溝幸夫・三浦佳世訳『脳と視覚—グレゴリーの視覚心理学』ブレーン出版，2001).

Haddad, H.(1996)*MAGRITTE*. Paris: Éditions Hazan(山梨俊夫・長門佐季訳『岩波世界の巨匠　マグリット』岩波書店，1996).

Haig, N. D.(1993)Reflections on inversion and reversion. *Perception, 22*, 863-868.

He, Z. J. & Nakayama, K.(1992)Surfaces versus features in visual search. *Nature, 359*, 231-233.

Hempel, C. G.(1966)*Philosophy of Natural Science*, NY: Prentice Hall(黒崎宏訳『自然科学の哲学』培風館，1967).

Huttenlocher, J. & Presson, C. C.(1973)Mental rotation and the perspective problem. *Cognitive Psychology, 4*, 277-299.

Ittelson, W. H.(1993)Mirror reversals: Real and perceived. *Perception, 22*, 855-861.

Ittelson, W. H., Mowafy, L. & Magid, D.(1991)The perception of mirror-reflected objects. *Perception, 20*, 567-584.

小亀淳(2005)　鏡像認知の論理.『認知科学』, *12*, 320-337.

小亀淳(2008a)　「鏡像の左右逆」とは何か.『認知科学』, *15*, 498-503.

小亀淳(2008b)　多幡氏への回答.『認知科学』, *15*, 506-507.

小亀淳(2008c)　高野氏への回答.『認知科学』, *15*, 510-511.

小亀淳(2008d)　多幡説への批判.『認知科学』, *15*, 516-519.

小亀淳(2008e)　高野説への批判：多重プロセス理論批判.『認知科学』, *15*, 542-545.

Kolers, P. A.(1979)A pattern-analyzing basis of recognition. In L. S. Cermak & F. I. M. Craik(Eds.), *Levels of processing in human memory*. Hillsdale, NJ: Erlbaum.

Kolers, P. A. & Perkins, D. N.(1969a)Orientation of letters and errors in their

recognition. *Perception & Psychophysics, 5*, 265–269.
Kolers, P. A. & Perkins, D. N.(1969b)Orientation of letters and their speed of recognition. *Perception & Psychophysics, 5*, 275–280.
Laurent, E.(2002)From Piaget's assimilating mind to Navon's clockland: Towards a categorical account of mirror vision. Commentary on Navon on mirror-reversal. *Psycoloquy(Washington, D. C.), 13*(005).
Mayo, B.(1958)The incongruity of counterparts. *Philosophy of Science*, 25, 109–115.
McDonald, L. & Stuart-Hamilton, I.(2003)Egocentrism in older adults: Piaget's three mountains task revisited. *Educational Gerontology, 29*, 417–425.
Morris, R. C.(1993)Mirror image reversal: Is what we see what we present? *Perception, 22*, 869–876.
Nakatani, C., Pollatsek, A. & Johnson, S. H.(2002)Viewpoint-dependent recognition of scenes. *Quarterly Journal of Experimental Psychology Section A: Human Experimental Psychology, 55*, 115–139.
Navon, D.(1987)Why do we blame the mirror for reversing left and right? *Cognition, 27*, 275–283.
Navon, D.(2001)The puzzle of mirror reversal: A view from clockland. *Psycoloquy, 12*, #17.
Navon, D.(2002a)It is not all in our mind-Reply to Corballis on Navon on mirror-reversal. *Psycoloquy(Washington, D. C.), 13*(011).
Navon, D.(2002b)It takes two for an inverse relationship-Reply to Burgess on Navon on mirror-reversal. *Psycoloquy(Washington, D. C.), 13*(012).
Navon, D.(2002c)Recognizing left-right reversal for what it is-Reply to Laurent on Navon on mirror-reversal. *Psycoloquy(Washington, D. C.), 13*(013).
大津元一・田所利康(2008)　光学入門．朝倉書店．
Pears, D.(1952)The incongruity of counterparts. *Mind, 61*, 78–81.
Piaget, J. & Inhelder, B.(1956)*The child's conception of space*(F. J. Langton & J. L. Lunzer, Trans.). London: Routledge and Kegan Paul(Original work published 1948).
プラトン(種山恭子訳，1975)　プラトン全集 12『ティマイオス：自然について』岩波書店．
Rauschenberger, R. & Yantis, S.(2001)Masking unveils pre-amodal completion representation in visual search. *Nature, 410*, 369–372.
Rayner, K. & Sereno, S. C.(1994)Eye movements in reading: Psycholinguistic studies. In M. A. Gernsbacher(Ed.), *Handbook of psycholinguistics*. New York:

Academic Press.
Rock, I.(1974) *Orientation and form.* New York: Academic Press.
Sanocki, T.(1991) Intra- and interpattern relations in letter recognition. *Journal of Experimental Psychology: Human Perception and Performance, 17*, 924-941.
佐々木正人・渡辺章(1983)「空書」行動の出現と機能――表象の運動感覚的な成分について.『教育心理学研究』, *31*, 273-282.
Schacter, D. L., Harbluk, J. L. & McLachlan, D. R.(1984) Retrieval without recollection: An experimental analysis of source amenesia. *Journal of Verbal Learning and Verbal Behavior, 23*, 593-611.
Schneider, W. & Shiffrin, R. M.(1977) Controlled and automatic human information processing: I. Detection, search, and attention. *Psychological Review, 84*, 1-190.
Shepard, R. N. & Hurwitz, S.(1984) Upward direction, mental rotation, and discrimination of left and right turns in maps. *Cognition, 18*, 161-193.
Shepard R. N. & Metzler J.(1971) Mental rotation of three-dimensional objects. *Science, 171*, 701-703.
Stroop, J. R.(1935) Studies of interference in serial verbal reactions. *Journal of Experimental Psychology, 18*, 643-662.
多幡達夫(2008a) 小亀説への批判：多幡説との比較から.『認知科学』, *15*, 504-505.
多幡達夫(2008b) 鏡像の左右逆転・非逆転：物理的局面からの解明.『認知科学』, *15*, 512-515.
多幡達夫(2008c) 小亀氏への回答：左右逆転は位置でなく形状の逆転.『認知科学』, *15*, 520-525.
多幡達夫(2008d) 高野氏への回答：座標系選択基準の付加は容易.『認知科学』, *15*, 530-535.
多幡達夫(2008e) 高野説への批判：多幡説との比較から.『認知科学』, *15*, 552-554.
Tabata, T. & Okuda, S.(2000) Mirror reversal simply explained without recourse to psychological processes. *Psychonomic Bulletin & Review, 7*, 170-173.
高野陽太郎(1987) 認知科学選書 11『傾いた図形の謎』東京大学出版会.
Takano, Y.(1989) Perception of rotated forms: A theory of information types. *Cognitive Psychology, 21*, 1-59.
高野陽太郎(1997) 岩波科学ライブラリー 55『鏡の中のミステリー』岩波書店.

Takano, Y. (1998) Why does a mirror image look left-right reversed?: A hypothesis of multiple processes. *Psychonomic Bulletin & Review, 5*, 37-55.
高野陽太郎(2001年12月) なぜ鏡の中では左右が反対に見えるのか? 第37回分子科学フォーラム, 岡崎.
高野陽太郎(2003年6月) 鏡映反転. 吉村浩一・高野陽太郎「鏡映反転:鏡の中で左右が反対に見えるのは何故か?」. 日本認知心理学会第1回大会シンポジウム, 日本大学.
高野陽太郎(2006年11月) 多重プロセス理論. 高野陽太郎・小亀淳・多幡達夫「鏡の中ではなぜ左右が反対に見えるのか?」. 日本認知科学会シンポジウム, 東京大学.
高野陽太郎(2008a) 小亀説への批判. 『認知科学』, *15*, 508-509.
高野陽太郎(2008b) 多幡説への批判. 『認知科学』, *15*, 526-529.
高野陽太郎(2008c) 小亀氏への回答:視点変換の必要性. 『認知科学』, *15*, 546-551.
高野陽太郎(2008d) 多幡氏への回答:物理的原理と認知プロセス. 『認知科学』, *15*, 555-558.
Takano, Y. (2015) Mirror reversal of slanted objects: A psycho-optic explanation. *Philosophical Psychology, 28*, 240-259.
Takano, Y. & Okubo, M. (2002) Mental rotation. In Lynn Nadel (Ed.), *Encyclopedia of Cognitive Science*. London: Macmillan.
Takano, Y. & Tanaka, A. (2007) Mirror reversal: Empirical tests of competing accounts. *Quarterly Journal of Experimental Psychology, 60*, 1555-1584.
高野陽太郎・田中章浩(2008) 多重プロセス理論による鏡映反転の説明. 『認知科学』, *15*, 536-541.
Thomas, D. E. (1980) Mirror images. *American Scientist, 243*, 158-172.
朝永振一郎(1963/ 1997) 鏡の中の世界. 『数学セミナー』, 1963年1月号(『量子力学と私』岩波文庫, 1997).
Yoshimura, H. & Tabata, T. (2007) Relationship between frames of reference and mirror-image reversals. *Perception, 36*, 1049-1056.

高野陽太郎

1950年東京生まれ．1985年Cornell大学心理学部大学院博士課程修了．Virginia大学専任講師，早稲田大学専任講師を経て，現在，東京大学大学院人文社会系研究科教授．専門は認知科学(認知心理学，社会心理学)．著書に『「集団主義」という錯覚――日本人論の思い違いとその由来』(新曜社)，『認知心理学』(放送大学教育振興会)，『心理学研究法――心を見つめる科学のまなざし』(編著；有斐閣)，『傾いた図形の謎〈認知科学選書11〉』(東京大学出版会)など．

鏡映反転―紀元前からの難問を解く

2015年7月15日　第1刷発行
2015年11月5日　第3刷発行

著　者　高野陽太郎《たかのようたろう》

発行者　岡本　厚

発行所　株式会社　岩波書店
〒101-8002 東京都千代田区一ツ橋2-5-5
電話案内 03-5210-4000
http://www.iwanami.co.jp/

印刷・三陽社　カバー・半七印刷　製本・牧製本

ISBN 978-4-00-005248-1　　Printed in Japan